普通高等学校会计系列教材

（第四版）

初级财务会计
Primary Financial Accounting

罗绍德　罗其安 主编

Primary
Financial
Accounting

暨南大学出版社
JINAN UNIVERSITY PRESS
中国·广州

图书在版编目（CIP）数据

初级财务会计/罗绍德，罗其安主编．—4 版．—广州：暨南大学出版社，2009.8（2014.7 重印）

（普通高等学校会计系列教材）

ISBN 978－7－81135－371－6

Ⅰ.①初…　Ⅱ.①罗…②罗…　Ⅲ.①财务会计—高等学校—教材　Ⅳ.①F234.4

中国版本图书馆 CIP 数据核字（2009）第 138821 号

出版发行：暨南大学出版社

地　址：中国广州暨南大学
电　话：总编室（8620）85221601
　　　　营销部（8620）85225284　85228291　85228292（邮购）
传　真：（8620）85221583（办公室）　85223774（营销部）
邮　编：510630
网　址：http：//www.jnupress.com　http：//press.jnu.edu.cn

排　版：广州市天河星辰文化发展部照排中心
印　刷：广东省农垦总局印刷厂

开　本：787mm×960mm　1/16
印　张：21
字　数：400 千
版　次：2004 年 9 月第 1 版　2009 年 8 月第 4 版
印　次：2014 年 7 月第 9 次
印　数：22001—24000 册

定　价：38.00 元

前言

会计是一门应用性很强的学科，也是一门历史悠久的学科。从简单的序时记录，发展到复式记账；由手工会计处理系统，发展到会计电算化处理系统。近些年来，随着科学技术的进步和社会经济的快速发展，会计作为经济管理服务的工具越来越显得重要。

初级财务会计是会计初学者的入门课程，编者试图为读者提供一本结构严密、层次清楚、内容全新、通俗易懂的教材。本书将会计的基本理论与会计实务处理融合在一起，力图使读者在会计理论与会计实务的学习方面能很快入门，并对会计学科体系有一个全面、清晰的了解。本书注重会计的基本理论概念、基本技术方法、基本操作程序，为读者学习后续的其他会计专业课程打下坚实的基础。

本书的主要特点表现在以下几个方面：

（1）结构合理。本书构建了突出会计要素、会计循环、会计核算方法的新架构。这个新架构既注意到尽可能与国际会计惯例接轨，又注意到对我国多年来在会计研究、会计管理、会计教学中取得的实践经验进行总结和继承。会计循环是指会计从取得有关原始凭证，对其进行加工整理，一直到编制会计报告，为会计信息使用者提供会计信息的程序；它强调的是会计处理过程和步骤。会计核算方法是指在上述会计循环过程中，运用会计的基本方法和手段，如设置账户、复式记账、填制和审核凭证、登记账簿、成本计算、财产清查、编制会计报表等方法，将会计的原始凭证加工成有用的会计信息；它强调的是会计处理过程中所采用的具体会计核算方法。

（2）内容完整。编者对会计的产生与发展、会计基本职能、会计目标、会计方法、会计要素等会计的基本概念作了详细的介绍。在此基础上，着重就会计的核算方法体系中的账户设置、填制和审核凭证、复式记账、登记账簿、财产清查和编制会计报表作了全面的阐述（成本计算除外）；同时也对会计循环的全过程作了系统的说明，并运用会计核算方法，对制造业会计循环过程的实际操作程序作了介绍。本书同时论述会计核算方法与会计循环，并不是简单的重复和堆积。会计核算方法强调的是应运用哪些会计核算方法将各种会计原始凭证加工成有用的会计信息，如果不合理、正确地运用这些方法，是不能实现会计目标，不能提供有用的会计信息的。会计循环主要强调会计核算或会计处理的程序或过程，即会计人员将会计的原始凭证加工成会计报表需要经过哪些程序或过程。比方说，会计循环是路线图，会计核算方法是交通工具。既要有正确的路线图（指明方向），又要有先进的交通工具，才能保证我们能以最快的速度到达目的地。

（3）通俗易懂。本书体系严密、层次清楚、文字简练、深入浅出、通俗易懂，同时还体现了继承与发展、理论与实务、普及与提高、核算与管理、制度与教材的有机结合。

当然，会计教材的改革与建设，是一个循序渐进的完善过程，编者所作的努力和贡献只不过是我国会计改革过程中的一部分，希望本书能成为读者开启会计“迷宫”之门的金钥匙。我们还为本书编写了学习指导书，它能帮助读者提高学习效率，更容易学好和掌握会计的知识。

本书由暨南大学管理学院会计系罗绍德教授、罗其安副教授主编。第一、二、三、四、十、十二章由罗绍德教授编写；第五、十一章由罗其安副教授编写；第六、九章由暨南大学管理学院会计系张珊副教授编写；第七、八章由暨南大学管理学院会计系毛铮副教授编写。最后由罗绍德教授总纂定稿。

编者在完成本书的过程中，参阅了大量国内外的会计理论与实务的书籍和资料，特别是参考了我国财政部 2006 年 2 月 15 日发布的新的企业会计准则，并汲取了其中许多的精华，尽量使本书趋于完美。最近，我们根据 2008 年 11 月新修订的《中华人民共和国增值税暂行条例》等有关法律、法规的要求，以及读者反馈的意见，对本书又进行了全面修订并再版。由于我国会计理论体系还不够完善，会计实务处理还有待进一步的改进，加之编者水平有限，书中不可避免地会出现某些错误，希望各位同仁和广大读者指正。

编　者

2009 年 7 月

目　录

第一章　导　论

社会发展到今天，经济活动越来越复杂，人们对经济效益越来越关心，因此，加强经济活动的管理和控制，提高经济效益，已成为现代社会的客观要求。本章将从会计的产生和发展开始，阐述会计的概念、职能、目标、方法、会计学及其分支。

通过本章的学习，应该掌握以下内容：

（1）会计在我国和在西方国家的产生和发展；

（2）会计概念的几种观点；

（3）会计的基本职能和作用；

（4）会计的目标；

（5）会计的核算方法；

（6）会计学及其分支。

第一节　会计的产生和发展

人类要生存，社会要发展，就要进行物质资料的生产。生产活动是人类最基本的实践活动，是人类社会赖以存在和发展的基础。生产活动一方面创造物质财富，另一方面又要耗费劳动和资源。在一切社会形态下，人们进行生产活动时，总是力求以尽可能少的劳动耗费取得尽可能多的劳动成果。为了达到这一目的，需要对劳动耗费和劳动成果进行记录和计算，将耗费与成果进行比较，借以评价其经营业绩。会计就是为适应社会生产的发展和经济管理的需要而产生和发展的。

会计最初是作为生产职能的附带部分，即在“生产时间之外附带地把收支记载下来”。只有当社会生产力发展到一定水平，出现剩余产品以后才逐渐从生产职能中分离出来，成为独立的职能。在原始社会末期，当社会生产发展到一定水平，出现了剩余产品，社会再生产活动日益复杂时，人们单凭头脑记忆来控制生产过程已不能适应需要了。人们为了对生产过程更好地进行数量考查，就需要借助于一定的方式和方法，把有关生产过程执行情况的各种数据记录下来，于是出现了极简单的计量、记录行为，如绘图记事（数）、刻记记事（数）、结绳记事（数）、刻契记事（数），在树木、石头或龟甲兽骨上绘图、刻记符号记数等。人类最初的计量记录行为，属于一种综合性质的行为，它不仅与会计有关，而且与统计有关。以后随着商品经济的确立和发展，人们对于生产及经营过程的情况，逐步过渡到主要用货币形式进行计量和记录。这样，在极简单的计量、记录行为的基础上，就分化出了会计。

一、会计在我国的产生和发展

会计在我国产生的历史极为悠久，据有关文献考证，我国远在原始社会末期就有所谓“结绳记事”。在商代创建了从一到十的数码和数目的位值制，并有“刻契记数”之说。到西周，出现了“会计”一词。《周礼·天官》称：“司会掌邦之六典、八法、八则……而听其会计。”这便是《周礼》一书中开始出现“会计”这一名称的记载。这部书对“会计”还有更为详尽的论述。

“会”与“计”连用便构成一个中国会计发展史上具有深远意义及影响的专用名词。在西周时代，它用以表示中国人最初对会计基本概念的认识，以及这一概念的最初含义。《周礼》中把主管会计的官职称为“司会”。西周王朝设立了专门管钱粮赋税的官员，总管王朝财权的官员称“大宰”，掌握王朝计政的官员称“司会”。司会主天下之大计，计官之长。《周礼·天官》中指出：“会计，以参互考日成，以月要考月成，以岁会考岁成。”“日成”相当于旬报，“月要”相当于月报，“岁会”相当于年报。由此可见，我国在西周时代，会计方法已有相当成就。

到战国时代，《孟子·万章下》中又记录有孔子对会计之评说：“会计当而已矣。”至汉代《说文》又称：“会，合也。”清代数学家焦循在注释《孟子·万章下》关于“会计当而已矣”之说时，对《周礼》一书中的“岁会，月要，日成”之制加以考证，并结合其他诸家有关会计之说，对自西周以来关于会计的概念作出了更加明确的解释：“会，大计也。然则零星算之为计，总合算之为会。”

自春秋战国到秦代出现了“籍书”或称“簿书”，用“入”、“出”作为记录符号来反映各种经济出入事项。从西周到战国时期产生了“三柱结算法”。它是根据“收入”、“支出”、“结存”这三大结算要素而得名的。它是以“收入－支出＝结存”的关系式，结算本期财产物资增减变化过程及其结果的一种方法。“三柱结算法”在秦汉时期已得到了广泛的运用。到了唐代中期，随着封建经济的发展和经济过程的复杂化，人们在经济管理和会计核算的实践中，逐步认识到三柱结算法的不足，于是便开始构想“四柱结算法”。

在唐代中期至宋代，创建和运用了“四柱结算法”。所谓四柱，即“旧管”、“新收”、“开除”、“实在”，其含义分别相当于现代会计中的“期初结存”、“本期收入”、“本期支出”、“期末结存”。四柱之间的关系可用会计方程式表示为“旧管 + 新收 = 开除 + 实在”。四柱结算法的创建和运用，为我国会计中的收付记账法奠定了理论基础。

在宋代之后的元、明、清各代，“四柱结算法”的运用和影响已扩大到会计核算的各个方面。到明末清初，在四柱结算法原理的启示下，出现了中国固有的复式记账法的早期形态——“龙门账”。“龙门账”的创始人是山西大商人傅山（1607—1684），字青主，是明清之际的一位大学问家和大思想家。“龙门账”是把全部账目划分为“进”、“缴”、“存”、“该”四大类，设“总清账”分类进行记录。所谓“进”指全部收入，“缴”指全部支出，“存”指全部资产，“该”指全部负债（包括业主权益）。“进”、“缴”、“存”、“该”之间的关系为“进 - 缴 = 存 - 该”。每年年终结账时，一方面可以根据有关“进”与“缴”两类账目的记录编制“进缴表”计算差额，确定盈亏；另一方面还应根据有关“存”与“该”两类账目的记录编制“存该表”，计算差额。两者计算确定的差额应该相等。当时，人们把这种双轨计算盈亏并核对账目的方法叫“合龙门”。我国“四柱结算法”和“龙门账”的方法对我国近代会计中的复式记账原理产生了重大影响，但“龙门账”还不是一种成熟的复式记账法，或者说它仅仅是中国固有复式簿记的开始。

到了18世纪中叶，即清朝乾隆至嘉庆年间，受“龙门账”的影响，产生了一种比较成熟的复式簿记——“四脚账”。“四脚账”是中华民族智慧的创造，把当时的中式会计推向了一个新的发展阶段，它在我国会计发展史上占有重要的历史地位。当然，“四脚账”在当时也存在不健全、不完善的地方，还处于复式簿记的幼年时期。当它还需要成长，需要发展，需要接受记账实践的检验和充实的时候，它赖以成长和发展的条件却被人为地破坏了。1840年以后，西式簿记随着侵略者的铁蹄进入了古老的中国，从此“四脚账”便被人奚落。这时候，历史无情地告诉人们，中式会计落后了。

1840年鸦片战争以后，帝国主义的炮舰冲破了清朝的闭关自守，使中国成为一个半封建、半殖民地的社会。资本主义经济与封建经济并存，这时的中国会计相应地分为两类：一种是全盘输入英、美的资本主义国家会计，称为“西式会计”或“西式簿记”；另一种是继续沿用并改良老式的中国会计，称之为“中式会计”或“中式簿记”。20世纪二三十年代开始使用“收付记账法”，它结合了“四柱结算法”和“龙门账”的原理，吸收了“西式簿记”的优点。

解放初期，我国引进了“苏式会计模式”，一直沿用至20世纪80年代末。

随着我国市场经济的建立，“苏式会计”已不适应形势的要求了。为了适应我国改革开放的需要，使我国会计与国际会计惯例接轨，20 世纪 90 年代初，我国开始全面引进西方发达国家的先进“会计模式”。

二、会计在西方国家的产生和发展

中世纪地中海沿岸资本主义经济逐渐繁荣起来，与之相适应的会计也得到了发展。13 世纪意大利的城市金融业发展较快，14 世纪上半叶佛罗伦萨的历史学家维拉尼说：“佛罗伦萨的银行家以他们的交易支持着基督教世界大部分的商业和交通。”商业和金融业的振荡跳跃，使意大利北方经济呈现出一派兴旺景象。当时，一股越来越大的商品经济发展的浪潮，急速地席卷着意大利北方诸城市。经济的发展导致西方会计的重大发展。从事金融业的经纪人使用银行会计账簿，开始以借主和贷主的名字开立人名账户。每一人名账户都分为借贷两方：上方为借，下方为贷，每笔借贷款项分别记入一个账户的借方和另一个账户的贷方。这种记账方法被称为佛罗伦萨式簿记法（Florentine system of bookkeeping），这是借贷复式簿记的萌芽。正当佛罗伦萨式银行簿记和商业簿记方兴未艾之时，在热那亚的土地上，也产生了独具特色的簿记法，它被后世称为热那亚式簿记（Genoese system of bookkeeping）。这种方法剔除了佛罗伦萨式簿记中广泛采用的上借下贷的记账形式，而以简洁明了的左右对照的记账形式为其主要特色，并且在会计账簿组织中，卓有成效地引进了损益账户。

如果说意大利式簿记是在佛罗伦萨萌芽，并在热那亚发育和成长的话，那么，它成为以复式记账为纽带的自我平衡账户体系，可以说是在威尼斯。在西方会计史上，威尼斯式簿记（Venetian system of bookkeeping）实际上就是意大利式簿记的原型，是当时意大利簿记发展的最高峰，它集佛罗伦萨式簿记之精华，扬热那亚式簿记之长，并加以创新和发展，成为一套内容丰富、较为系统的簿记方法。这种方法后来被意大利著名数学家卢卡·帕乔利（Luca Pacioli，又译卢卡·巴其阿勒）在 1494 年出版的巨著《数学大全》，即《算术、几何、比及比例概要》（*Summa de Arithmetica*，*Geometria*，*Proportioni et Proportionalita*）一书中加以总结。《数学大全》是一部内容丰富的数学著作，其中有关簿记的篇章，是最早出版的论述 15 世纪复式簿记发展的总结性文献。它反映了到 15 世纪末期为止威尼斯式簿记的先进方法。它的出版发行，不仅是意大利数学乃至欧洲数学发展史上的重大事件，而且还有力地推动了西式复式簿记的传播和发展，为西方会计科学的建立奠定了坚实的理论基础。卢卡·帕乔利的《数学大全》由 5 部分组成：①算术和代数；②商业算术的运用；③簿记；④货币和兑换；⑤纯粹几何和应用几何。其中，论述复式簿记的是第三卷第九部第十一篇《计算与记录详论》。

19世纪英国工业革命的高涨，工厂制度的确立，尤其是股份公司的不断出现，客观上要求有一套与之相适应的会计方法。当时，产生于商业革命的意大利式簿记，已表现出对广泛使用蒸汽机为主要内容的工业革命的不适应性。由于西方资本主义企业采取股份公司组织形式把所有权与经营权分离开来，企业的股东及与企业有利害关系的集团，要求企业定期提供有关企业财务状况和经营成果的财务报表，同时要对企业提出的财务报表进行审查。于是，查账工作日趋重要，以查账为职业的会计师得到了社会的承认和重视。注册会计师接受委托，审查企业提供的财务报表，并证明是否符合公认的会计准则。经过审核的财务报表，可取信于股东和与企业有利害关系的人，因此，按照公认的会计准则，编制并向企业外部提供财务报表成为西方会计的一项重要任务。

20世纪以来，西方资本主义生产社会化程度不断提高，竞争也日益加剧，资本家为获取最大化的利润，加强了对会计的利用。不仅利用会计为企业外部提供报表，而且还利用会计分析市场行情、预测企业前景、确定企业目标、进行经营预测和决策，从而形成了管理会计与财务会计的分离。管理会计的出现，使西方会计在分析、预测和决策方面，广泛地应用数学方法，进行定量管理；在计算技术方面，由手工操作发展到机械化和电子化操作。由于电子计算机在会计中的大量应用，使现代会计在提供信息方面发挥了巨大的作用。

上述会计产生和发展的过程，可以概括说明以下两点：

（1）会计对任何社会的经济活动都是必要的，经济愈发展，会计愈重要。

（2）会计所应用的方法和技术，是随着社会经济的发展和科学技术的进步及经济管理的要求而发展变化的。

三、会计的概念和特点

1. 会计的概念

对于会计概念的表述，其关键在于如何恰如其分地反映特定时代会计工作的本质或正确揭示概念中会计的本质含义。也就是说，如何正确表述每一历史发展阶段会计的目标、会计在社会上的立足点及其作用。对会计本质的研究表述都必然涉及这些内容。

关于会计本质问题所展开的研究，是20世纪以来会计理论研究中争论最集中且分歧最大的一个方面，至今在中外，众说不一，无法定论。以下仅介绍几个主要学派的观点。

（1）会计技术论（accounting art）。

早在簿记发展阶段，一些学者从簿记在计量、记录中所表现出来的许多技巧出发，认为簿记学是建立在计算和写作的技巧（art）基础之上的，这种技巧最终可以使一定期间的经济账目产生平衡，让业主感到放心。进入会计发展阶段之后，“会计技术论”逐渐成为一个独立的流派，并曾经在20世纪50年代以前产生过很重要的影响。1941年美国会计师协会（American Institute of Chartered Accountants，简称AICA）所属会计名词委员会的《会计名词公告》（*Accounting Terminology Bulletin*）第一号《复查与提要》（*Review and Resume*）指出：“会计是一种技术，是关于诚实有效和以货币形式记录、分类、汇总具有财务性质的经济业务与会计事项，以及说明其经营成果的技术。”其后，该委员会又于1953年发布了第四十三号《会计研究公告》（*Accounting Research Bulletins*，简称ARBs），重申会计是一门技术。可见技术论仅强调会计的反映职能，并据此强调它的服务性作用。在20世纪80年代出版的《美国百科全书》中也明确写道：“会计是分析和说明经济数据的技术。”同期出版的《大英百科全书》中也写道：“会计是记录、分类和汇总企业交易与说明其成果的技术。”这是一种比较传统的会计观。

（2）会计管理活动论（accounting management）。

在19世纪末20世纪初，伴随着由簿记（bookkeeping）阶段向会计（accounting）阶段的演进，会计已成为公司经营管理工作中的一个重要组成部分。正如人们已熟知的，与此同时，通过美国会计界与工程技术界共同研究，作为会计学中的一门分支学科——管理会计于20世纪20年代诞生了。这可以说是科学家、经济学家和会计学家在管理认识方面的一次趋同。

会计管理活动论者认为，从20世纪20年代开始，发达国家的会计工作发生了一系列的重大变化。具体表现在：①大量引入现代科学方法，扩大信息处理范围，提高信息处理质量，会计信息的重要性日益显著。②内向服务进一步发展，不断向企业内部各单位、管理部门、技术业务领域渗透，与企业内部经营管理活动结合得更加紧密。③充分发挥会计信息的反馈控制作用，在此基础上开拓了“服务经营，参与决策”的新领域，会计工作从传统的记账、算账、报账向预测、决策转化。这表明会计工作的内容和结构出现了质的飞跃。

由于传统的会计理论把会计看成是与人们的管理活动相分离的一种独立的提供数据的技术方法，因此，在理论研究中出现主、客体分离，致使一些纯方法性问题长期无法从理论上认清。虽然存在会计技术和方法的特殊性，但是，不能因此而否定会计的社会属性。会计这种社会现象的产生与发展固然与生产活动有关，但无论如何不能把它看成是生产活动本身，而只能视为对生产经营活动进行管理的一种活动。也就是说，会计这一社会现象属于管理范畴，是人们的一种管理活动。如果离开了作为管理者之一的会计人员，离开了对经济活动行使诸如反映、监督以至预测、决策等这些管理职能，会计则会变得“捉摸不定”。事实上，会计的职能总是通过会计工作者从事的多种形式的管理活动实现的。离开会计人员的管理活动，世界上并不存在一种独立的会计，因此，会计管理活动论把会计定义为：会计是以货币为主要计量单位，对企业、事业等单位的经济活动进行连续、系统、全面、综合地反映和监督的一种管理活动。

我国于1980年1月在会计学术研讨会上首次提出“会计管理”这个概念，于次年在财政部印发的《全国会计工作会议纪要》中最早使用了“会计管理”这一名词。随后，会计名宿杨纪琬、阎达五教授在《经济理论与经济管理》杂志上发表了题为“论会计管理”的文章，正式指出：“会计这一社会现象属于管理范畴，是人们的一种管理活动。会计的功能总是通过会计工作者从事的多种形式的管理活动实现的。”成圣树教授等在题为“论会计是经济管理的重要组成部分”一文中指出：“会计是经济管理的核心，是反映和控制经济活动并使之达到一定目的的一种能动行为，是组织且具有管理职能的一种管理活动。”这是20世纪在我国比较流行的会计观。

（3）会计信息系统论（accounting information）。

20世纪美国著名会计学家利特尔顿（A. C. Littleton）认为：“会计的显著目的在于对一个企业的经济活动提供某些有意义的信息。”在20世纪30至70年代，系统论、信息论、控制论的出现，为企业“管理信息系统”的建设奠定了理论基础。围绕企业管理问题，也必须从系统的角度来考虑会计方面的问题，以便使会计成为“管理信息系统”中的有机组成部分，这就是“会计信息系统”的提出，加上电子计算机与会计的结合应用，“会计信息系统论”学派由此产生了。

最早从信息系统方面明确表述会计定义的是1966年美国会计学会（American Accounting Association，简称AAA）发布的《会计基本理论说明书》，该说明书第五章“会计的若干概念性基础”一节指出：“从本质上讲，会计是一个信息系统。”1970年美国注册会计师协会（American Institute of Certified Public Accountants，简称AICPA）所属“会计原则委员会”（Accounting Principles Board，简称APB）发布的第四号公报中指出：“会计是一种服务活动。它的功能是提供有关经济事项的定量信息。该类信息主要是财务性的，而且是对经济决策有用的。”与此同时，美国学者西德尼·戴维森（Sidny Daridson）主编的《现代会计手册》的序言中将会计定义为：“会计是一个信息系统——一种用来将一个企业或其他实体的有意义的经济信息传达给有关部门的信息系统。”

会计信息系统论在20世纪80年代引入我国并经过我国一些著名会计学家

的研究，在此基础上，为适应环境的变化，我国学者作出了新的论断。以葛家澍教授为代表的学者们对会计所作的定义为："会计是旨在提高企业和各单位活动的经济效益，加强经济管理而建立的一个以提供财务信息为主的经济信息系统。"

会计信息系统论者认为会计是一个经济信息系统。其理由有：①经济信息系统这一概念比较准确地表述了现代会计产生以来就始终存在的反映职能，或"提供数据和信息为信息使用者服务"的职能。②经济信息系统这一概念能突出在市场经济条件下，会计必然有以提供财务信息为主的特点。③经济信息系统这一概念考虑到了现代会计的新内容及其发展。因为，迄今为止，会计所运用的信息加工方法已形成了一个严密而复杂的体系，从而在企业中成为一个能把数据转化为信息的系统。在这个系统中，不论用何种手段处理数据，均可理解为一个由若干要素组成的有机整体，它们都能用"系统"两个字加以概括。作为一个系统，会计可以理解为具有两个以上的方法或程序，为完成处理数据和提供信息的功能而组成的一个方法体系；也可理解为具有数据处理对象，由信息管理部门和人员来掌握，为信息提供和信息使用而进行一系列工作的程序。

系统是指由两个以上的要素组成，具有特定功能和特殊目标的统一体。它输入的是会计数据，输出的是财务信息和其他经济信息。信息是系统所传递和处理的对象，是各种事物的特征及其变化的反映，是可能影响系统使用者的决策的有关知识。财务信息是指能够用货币表现的那部分经济信息，即反映企业资产、负债、所有者权益、收入、费用、利润等发生增减变化情况及其结果的信息。

会计信息系统论自20世纪60年代以来在世界会计界占主导地位，并具有深远影响。根据目前学术界的研究动态，这一观点在今后相当长的时期内可能不会有多大的变化。这种会计观是目前在世界范围内较流行的观点。

把会计称为"一门技术"、"管理活动"或"信息系统"均是可以的。但需要明白的是，会计在执行反映职能时，就是提供财务信息；会计在执行监督职能时，就是利用会计信息进行控制，是一种管理活动；会计作为一种管理活动是通过提供信息和利用信息来实现的；会计作为一个信息系统，既提供信息，又使用信息。

会计是通过会计确认、会计计量、会计记录、会计报告等过程提供会计信息的，同时，又利用已经提供的信息对企业经营活动的过程及其结果进行分析、考核。提供信息是通过会计的反映职能来实现的，利用信息是通过会计的监督职能来完成的。事物是不断发展变化的，用现代科学技术的新成就来充实和拓展会计概念，是会计自身发展的客观要求。“会计管理活动”和“会计信息系统”的概念也会随着经济发展而不断发展。

2. 会计的特点

会计的特点是指会计学科与其他学科相比所体现的不同之处。会计的特点表现在以下3个方面：

（1）会计以原始凭证为依据。

以原始凭证为依据是会计的特点之一。会计的原始凭证就像制造企业的原材料一样，没有原材料是无法生产出产品的。没有原始凭证就没有办法加工出会计信息使用者所需要的对决策有用的信息，也就无法评价和衡量经营者的经营责任完成得如何。会计人员提供的信息是以原始凭证为依据，对原始凭证进行加工整理，然后生产出的会计信息使用者需要的会计信息。所以，原始凭证的真实可靠、合理合法直接影响会计信息的有用性，原始凭证是会计信息的基础。

（2）会计以货币作为主要计量单位。

计量单位一般有：货币量或价值量、实物量、劳动工时量。在市场经济发达的条件下，为了有效地管理企业，就需要广泛地利用综合的价值形式，反映企业生产资料的占用，物化劳动和活劳动的消耗，产品销售收入的实现及利润的形成和分配情况。只有货币计量才具有综合性，能将企业的各种资源及经济活动情况进行综合反映。因此以货币作为主要计量单位是会计的特点之二。

（3）会计反映具有连续性、系统性和完整性。

连续性是指会计对各项经济业务应当按照其发生的时间顺序依次进行记录，而不能有所中断。经常要用到的术语有“承上年”和“转下年”，等等。系统性是指会计提供的会计信息必须在科学分类的基础上形成相互联系的有序整体，而不能杂乱无章。这也要求会计人员必须采用系统的会计核算方法来实现会计目标。完整性是指凡属会计应该反映的内容都要全面完整地记录，不得有任何遗漏。

第二节 会计职能

一、会计的职能

会计的职能（accounting function）是指会计在企业经营管理过程中具有的功能。马克思关于会计的论述指出：“会计是对生产过程的控制和观念总结。”这是对会计职能的科学概括。控制就是监督，总结就是反映。因此，会计的基本职能是反映职能、监督职能。《中华人民共和国会计法》第五条规定：会计机构、会计人员依照本法规定进行会计核算，实行会计监督。这也说明了会计的基本职能是会计核算或反映，会计监督或控制。

1. 会计的反映职能

会计的反映职能（accounting reflection）主要是从数量方面反映各单位的经济活动情况，为企业内部和外部单位及个人提供财务信息。会计从数量方面反映各单位的经营活动，可以采用3种计量形式，即实物量、价值量和劳动工时量。实物量是根据各种经济现象的特性，按实物单位进行的计量，如台、件、千克、吨、米等。以实物量进行计量的缺陷是不能综合地反映经济现象及其结果，只能单个地进行反映。按劳动工时进行计量尽管能解决综合反映问题，但由于各经济单位机械化、电子化程度不同，劳动生产率水平不同，从而使得不同经济单位的经济现象及其结果不可比较。价值量是以一定的货币单位为统一计量标准，对经营活动进行综合反映，这是近代会计的一个重要特点。会计通过以货币为主要计量单位，对企业经营情况进行确认、计量、记录、计算、加工整理，综合地反映企业的经营结果，为企业内部经营管理和外部投资者、债权人及与企业有关的其他单位和个人提供重要的财务信息。

反映过去与预测未来紧密相关。随着经济的发展、经营规模的扩大、市场竞争的日趋激烈，在经营管理上需要加强预测。因此，会计需要通过反映过去，提供综合的财务信息，以便经营管理者作出正确经营决策和投资者作出新的投资决策。

会计对企业经营活动及其结果进行反映所提供的财务信息必须符合以下要求：①正确性。它表明会计提供的信息应该是正确的，而不是错误的。②准确性。它表明会计提供的信息不仅要正确，同时还应该是准确的，而不是估算的。③及时性。它表明会计应及时地为会计信息使用者提供他们所需要的会计信息。过时的信息，对信息使用者来说是没有意义的。④完整性。它表明会计在反映企业经营活动时，应该全面完整地反映，而不应该提供零散的和抽样的会计信息。

2. 会计的监督职能

会计的监督职能（accounting control）是指会计对其主体的经营活动按照会计的目标进行调整，使之达到预期的目的。

会计监督主要是监督和控制会计主体将影响其价值变化的经济活动。会计控制要控制企业与会计目标相偏离的经济现象，即审查各项经营活动是否符合《会计法》、《企业会计准则》等有关财经政策、法令法规和有关制度，是否有铺张浪费、贪污盗窃的情况。通过会计控制，及时发现存在的问题，发现偏离会计目标的情况，以便采取措施，加以修正和调整，使之朝着正确的目标进行。

虽然会计监督主要是利用价值形式进行监督，但同时可以以实物形式进行会计监督，如对某些资产的收、发、领、退，都要以凭证为依据，要在会计账簿中进行收、发、领、退及结存的数量登记，并定期进行清查盘点，核对实物，从而保证企业资产的安全。

总而言之，会计的反映职能，主要是通过对会计资料加工整理，为企业内部经营管理者、外部投资者、债权人及与企业有利害关系的其他团体和个人等提供财务信息。会计的监督职能，是对企业经济行为按照会计目标进行监督和控制，以保证企业的经营活动朝着预定的目标进行，即使有时发生偏离，也能及时调整。会计反映职能是会计监督职能的基础，是为会计监督工作服务的；而会计监督则是现代会计部门适应市场竞争环境的变化、强化企业内部管理、增强企业竞争能力以及参与企业经营决策之首要职能。会计的这两个基本职能是相辅相成、密切结合的。企业要达到预期的经营目标，必须要运用会计的专门方法，发挥会计的反映和控制职能来实现。会计既要对企业经营情况及结果及时进行反映，又要随时调整企业经营活动中偏离目标的现象。

二、会计的作用

会计的职能是指会计内在的、固有的功能。会计的作用是指会计在履行其职能时所产生的客观效果。会计作为信息收集和处理的一种重要方法、手段或工具，其作用可以从两个方面来考察：①会计在企业内部经营决策上的作用；②会计对企业外部投资者、债权人及与企业有经济利益关系的其他单位和个人等制定决策的作用。

1. 会计在企业内部经营决策上的作用

一个企业在整个经营过程中的活动大致可分为 6 个方面：①资金筹集活动；②内外部投资活动；③材料采购活动；④生产经营活动；⑤产品销售活动；⑥利润分配活动。企业管理者在组织和管理这些活动的过程中，都必须依赖于企业会计人员提供重要的会计信息，在这些信息的基础上作出有关决策。这些活动和决策问题包括的内容如表 1－1 所示。

表 1－1　企业内部决策问题

经营活动类型	需要决策的主要问题
①资金筹集活动 企业的创立者和经营管理者必须筹集足够资金以满足企业生产经营的需要。	a. 应该筹集多少资金？ b. 通过何种筹资方式取得资金？
②内外部投资活动 企业经营管理者将所筹资金投放于生产经营的各个方面，包括流动或长期资产投资及对外投资。	a. 固定资产投资比例？ b. 流动资产投资比例？ c. 对外投资比例和形式？
③材料采购活动 企业管理者为组织生产提供材料。	a. 采购材料的种类？ b. 采购地点、运输方式等？
④生产经营活动 企业管理者组织和管理生产经营过程。	a. 生产何种产品，提供什么劳务？ b. 生产产品的数量、品种、质量要求？
⑤产品销售活动 企业管理者尽力销售所生产的产品或提供的劳务，加速资金周转。	a. 销售渠道、销售方式？ b. 销售数量、销售价格？ c. 结算方式？
⑥利润分配活动 企业管理者或公司董事会决定利润的分配方案。	a. 利润分配政策的确立？ b. 利润的发放和留成比例？

从以上内容可以看出，企业管理者对企业内部各项经济活动所作的决策，不能凭个人的主观意志和经验，而必须依据可靠的资料和数据。只有会计部门才能提供综合的、有助于经营管理者作出正确决策的重要信息。

2. 会计对企业管理者以外的单位和个人制定决策的作用

会计信息对于企业经营管理者来说的确太重要了，除了企业经营管理者以外，还有一些外部单位及个人对企业会计信息非常关心。他们是：①企业投资者（企业所有者）；②企业债权人；③企业职工；④政府部门，如税务、财政、工商等部门；⑤企业顾客。这些单位和个人在进行各自的决策时，需要以企业的会计信息为依据。表 1－2 列出各种会计信息使用者需要依据会计信息作出各种重要决策的问题。

表 1-2 各信息使用者对会计信息的要求及决策

会计信息使用者的要求	需要决策的问题
①企业投资者（企业所有者）	
a. 了解企业目标和前景。	a. 是否向该企业投资？
b. 了解企业盈利活动和能力。	b. 向该企业投资多少？
c. 了解企业利润分配的政策。	c. 是否转移投资或追加投资？
②企业债权人	
a. 了解企业的偿债能力。	a. 是否贷款？贷多少？
b. 了解企业的经营状况。	b. 是否追加或收回贷款？
c. 了解企业的发展前景。	c. 采用何种贷款方式？
③企业职工	
a. 了解企业对职工的态度。	a. 是否向该企业申请应聘？
b. 了解企业的工资水平。	b. 是否继续在此工作？
c. 了解企业的福利待遇。	c. 是否要求辞退工作？
④政府部门	
a. 了解企业遵纪守法情况。	a. 是否向该企业投资？
b. 了解企业履行社会责任情况。	b. 是否扶持该企业？
c. 了解企业的纳税情况。	c. 是否减税、免税？
⑤企业顾客	
a. 了解企业产品质量、价格。	是否购买该企业产品？
b. 了解企业售后服务。	

第三节 会计目标

会计作为一个信息系统，输入的是数据，输出的是信息。信息的输出必须有预期的目标，没有明确的目标，会计系统就会失去运行的方向。因此，明确会计目标对于进一步发挥会计的职能具有重要意义。

一、会计目标的概念

什么是会计目标（accounting objective）？对于这一问题有多种回答。对于会计目标，可以从会计是干什么的角度来探讨，也可以从完成会计工作所应达到的目标来揭示。由此可见，会计目标这一概念的内容极其丰富，具有多义性。然而，只要认真探究作为演绎推理出发点的会计目标的本质，这种多义的概念就能归纳为：会计目标是指会计的目的或宗旨，是会计人员在一定时期内和一定条件下从事会计实践活动所追求和希望达到的预期结果。会计目标是连接会计理论与会计实践的纽带和桥梁。

现代会计是一个人造的经济信息系统。会计目标是会计系统运行的出发点和归宿点，它决定着会计系统运行的方向。只有确定了符合客观实际的会计目标，以此作为会计理论结构的最高层次，并指导会计准则的制定和会计业务的处理，会计系统才能发挥它在企业经营管理中的应有作用。

二、会计目标的内容

会计目标直接反映着社会经济的变化，制约和影响会计的外部环境因素多种多样，所有因素的变化都会要求重新确定或调整会计目标，而会计又必须与不断变化着的外部环境相适应。

会计目标源于会计信息使用者的需要。会计信息使用者需要哪些会计信息，决定了会计的目标。因此，在确定会计直接目标之前，必须先明确会计信息的使用者是谁。一般来说，在社会主义市场经济条件下，会计信息使用者主要有会计主体本身、投资者、债权人、与企业有经济利益关系的其他经济单位，如税务部门、银行、财政等，还有注册会计师事务所和审计部门等。

美国会计学界率先对会计目标进行了研究。1966 年以美国会计学会名义出版的《基本会计理论》明确指出："会计的目标是……提供有关的信息。"在美国，关于会计目标存在两种不同的观点。

经管责任观注重的是委托者和受托者之间的相互关系。会计人员服务于委托者的需要。会计人员应该把注意力集中于客观的信息上，公允地报告会计信息。既不损害委托者，也不损害受托者。会计的首要目标是计量受托业绩。会计人员利用记录与报告来实现所追求的目标。

决策有用观以决策者，即会计信息使用者为中心，而把会计信息提供者的意愿置之度外。决策有用观认为，会计的首要目标是提供对使用者决策有用的信息。决策有用观认为，明确经管责任是从属于提供决策信息的。美国会计学会前会长索罗门斯指出："明确经管责任的主要内容是业绩评估，而业绩评估旨在为决策提供依据。两者虽是互相关联的会计目标，但确定经管责任构成决策的一部分。"

在美国，决策有用观代表主流派的观点。在其他国家，会计注重"真实公允地表达"受托责任。美国著名的会计学家 A. C. 利特尔顿认为："会计的首要目标是向管理当局提供控制信息或报告受托责任的信息。"

综上所述，会计目标归纳如下：

（1）提供对会计信息使用者决策有用的信息；

（2）提供管理当局运用企业资源的责任与业绩信息。

我国2006年2月15日发布的《企业会计准则——基本准则》对会计目标的规定是：财务报告的目标是向财务会计报告使用者提供与企业财务状况、经营成果和现金流量等有关的会计信息，反映企业管理层受托责任履行情况，有助于财务会计报告使用者作出经营决策。

第四节 会计方法

会计方法（accounting method）是会计人员为反映和监督具体会计内容，完成会计目标的手段。会计作为一门独立的学科，在理论和方法上具有系统的理论和专门的方法。在会计核算过程中各种方法相互配合、相互渗透，形成一个完整的会计方法体系。只有运用会计的专门方法，对会计资料进行加工、处理，才能达到会计目标，完成会计的任务，为会计信息使用者提供满意的会计信息。

会计方法包括三大内容，即会计核算方法、会计分析方法和会计检查方法。会计核算是会计的基本环节；会计分析是会计核算的继续和发展；会计检查是会计核算的必要补充。其中会计分析方法、会计检查方法分别在财务分析和审计学书籍中专门介绍，本书主要介绍会计的核算方法。

会计核算方法是对会计对象（会计要素）及其具体内容进行连续、系统、全面、综合的记录、计算、反映和控制所应用的专门方法。会计核算方法有7种：设置账户、复式记账、填制和审核凭证、登记会计账簿、成本计算、财产清查、编制会计报表。

一、设置账户

设置账户（set up account）是对会计核算对象——会计要素的具体项目进行分类反映和监督的一种专门方法。设置账户是会计核算的基础工作，就像对一个图书馆的各种书籍进行分别归类一样。没有设置账户，会计工作无法进行，更谈不上做好会计工作。因此，按照会计要素的各个项目正确设置各种账户，对于填制凭证、登记会计账簿和编制财务报表具有十分重要的意义。

二、复式记账

复式记账（double entry）是对企业发生的每项会计业务，至少要在两个或两个以上的账户中进行记录的一种专门方法。与复式记账相对应的是单式记账。单式记账法对于企业发生的会计事项只需在一个账户中进行登记。采用复式记账法比单式记账法要先进和科学得多：由于复式记账法至少要在两个账户中进行登记，能相互联系地反映经济业务的来龙去脉，有利于了解经济业务内容和核算在会计账簿记录中是否正确，并通过账户记录的发生额和账户余额进行试算平衡，为编制会计报表提供依据。

三、填制和审核凭证

填制和审核凭证（fill in and audit voucher）是采用具有一定格式的经济业务的原始证明文件记录经济业务，明确经济责任和据以登记会计账簿的一种方法。任何经济业务都必须要取得原始凭证，并且要经有关人员进行审核，确定无误的原始凭证方能据以记账。审核原始凭证的过程是保证会计信息质量的关键环节，填制凭证是会计循环的首要阶段。

四、登记会计账簿

登记会计账簿（posting）是以记账凭证为依据，连续、系统、全面、科学地把各项经济事项分类过入相关的具有一定格式账页上的一种方法。登记会计账簿必须以记账凭证为依据，按照规定的会计科目，在有关的账页中，序时地、分门别类地登记，并定期进行对账、调账、结账，做到会计账簿记录准确，为编制会计报表提供资料。

五、成本计算

成本计算（cost calculation）是指按照一定的成本计算对象收集和分配应计入产品成本的各项费用，从而计算总成本和单位产品成本的一种方法。计算成本的主要目的是确定其价值的补偿额度，反映企业成本水平的高低，促进企业通过降低成本、节约耗费，提高经济效益。

六、财产清查

财产清查（property check）是通过定期盘点实物、货币和核对账目，并及时调整记录，以保证账实、账账、账证、账表相符的一种方法。财产清查主要是通过对账和盘点实物进行的。在会计核算中，可能会出现自然的和人为的各种原因（物质自然损耗、升溢、管理不善造成遗失、被盗、记账错误等）使账面余额与实际结存数发生差异和账与账之间出现不一致。应通过定期清查、核算，进行必要的账项调整，以保证会计信息的可信性和有用性。

七、编制会计报表

编制会计报表（prepare accounting statement）或财务报表，是按照规定的账表格式，定期汇总日常的会计核算资料，以综合、全面反映企业经营业绩和财务状况及其变动情况的一种方法。财务报表所提供的信息是各信息使用者要求的重要信息。绝大多数会计信息使用者，特别是企业外部单位或个人对会计信息的要求不是会计凭证和会计账簿，而是通过加工以后的财务报表信息。财务报表也是会计人员通过加工整理后的完工产品，对会计信息使用者进行决策作用很大。

以上7种会计核算方法按其运用程序来说，填制和审核凭证是首要环节，登记会计账簿是中间环节，编制会计报表是最终环节。这3个环节环环相扣，构成企业会计循环的三大基本步骤，其他方法与此紧密相连。会计核算方法的顺序执行构成会计循环，会计循环的完成需要借助于会计的各种方法。这既体现了会计方法与会计循环的区别，又说明了会计方法与会计循环的密切关系。会计核算的各种方法是相互联系、紧密配合的，各种专门方法构成了一个完整的会计核算方法体系。

第五节　会计学及其分支

会计学分为企业会计与预算会计两大类别，其中企业会计又分为管理会计与财务会计；预算会计又分为财政总预算会计、行政单位会计和事业单位会计。会计学及其分支可用图1-1表示。

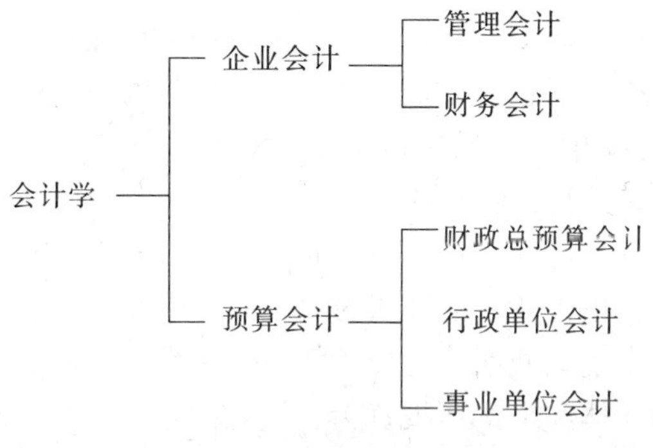

图1-1　会计学及其分支

一、企业会计

企业会计（enterprise accounting）或称营利组织会计（operating organization accounting），是服务于某一以营利为目的的经济组织的会计。

从前述会计的产生和发展过程已经了解到，世界上第一部从理论上探讨复式记账的原理及其具体应用的“簿记学”，一直到15世纪末（1494年）才问世，而它只不过是意大利人卢卡·帕乔利所著的《算术、几何、比及比例概要》中的一章而已。在此之后几乎停滞了四百多年，直到19世纪末20世纪初，英国在产业革命的影响下，产生了适应大生产需要的公司组织，企业的所有权与经营管理权相分离，因而对簿记提出了更高的要求，即不仅要记账、算账、提供经济信息，而且要能审核账目、查错防弊；不仅要求能解释经济信息，而且要研究对资产的估价方法及其有关的理论。在这样的情况下，才由英国学者皮克斯利（F. W. Pixley）、迪克西（L. R. Dicksee）和乔治·李斯尔（George Lisle）把簿记学推进到会计学。当时英国就成了全世界的会计研究中心。

第一次世界大战后，美国的经济资源和工厂设备不仅保持完整无缺，而且大发战争横财，从而使美国在经济实力、科学技术和经营管理方面完全取代了大不列颠帝国的统治地位，会计理论研究中心也就转移到了美国。当时泰罗（F. W. Taylor）的科学管理正在美国的企业中得到广泛推行，会计学为了紧密配合科学管理来提高企业的生产效率和工作效率，就将“标准成本”、“差异分析”等专门方法引进到会计方法体系。同时还有少数学者提出“管理会计”（managerial accounting）这个词汇，主张把会计服务的重心放在加强企业内部管理上。在这种情况下，传统的那部分会计工作就被称为“财务会计”（financial accounting）。因此，真正意义上的管理会计是从财务会计学派生出来的一门独立的新兴学科（也有人认为，管理会计与财务会计是同时由传统会计分开的），是资本主义生产发展的必然结果。

财务会计与管理会计最本质的区别是：

财务会计是对外会计（external accounting），是通过记账、算账，并定期编制财务会计报告，提供企业一定日期的财务状况以及一定期间的经营成果和现金流量情况的一整套信息处理系统。其服务主要是外向的，侧重于对企业外界有经济利益关系的团体和个人（投资者、债权人等）提供会计信息。

管理会计是对内会计（internal accounting），主要是通过一系列专门方法，利用财务会计提供的资料及其他资料进行整理、计算、对比和分析，使企业各级管理人员能据以对日常发生的一切经济活动进行规划与控制，并帮助其作出各种专门决策的一整套处理系统。其服务主要是内在的，侧重于加强内部管理的需要，为企业内部各级管理人员提供经营决策所需的信息。

二、预算会计

预算会计又分为政府会计（governmental accounting）和非营利组织会计（non-operating organization accounting），指服务于某一非营利组织的专业会计。

企业或营利性组织，即使从事了多种不同的业务，但对外财务报告仍然以单一的经济为主体。而政府机构的活动则受到法律的规定与限制，它必须按特定的来源取得收入，并按特定的目的支用经费。因此，政府机构就应以有特定来源与特定用途的基金作为其会计个体。由于每一基金的来源都按相关法令用于特定的目的，政府会计的账务记录必须完全分立，以反映由政府机构所收到的资产，并确保支出仅为授权的目的而为。也就是应按各个基金分设账户，列示资产、负债及基金余额，以及收入及支出情况，以此编制各单独的财务报表，揭示其资产获得的资金来源及经费运用的去向。政府会计又包括财政总预算会计和行政单位会计。

财政总预算会计是指各级财政部门核算、控制政府预算执行和财政周转金等各项财政性资金活动的专业会计。

行政单位会计是指对各级行使国家权力、管理国家事务、维护社会公共秩序、进行各项行政管理工作的国家机构等单位预算资金及其他资金的运动进行反映和控制的专业会计。

非营利组织会计，也就是事业单位会计，是指对为社会而非为某一个人或组织谋取利益的会计个体的资金收支情况进行反映和控制的专业会计。主要包括高等院校、公立医院、文化事业单位、福利机构、慈善机构和基金代理机构的会计。

复习思考题

1. 简述中西会计产生和发展的历史。

2. 会计的基本职能有哪些？怎样理解？

3. 会计的作用有哪些？会计的职能和作用有何不同？

4. 何为会计目标？其具体内容是什么？

5. 会计管理活动论和会计信息系统论有何不同？你的观点偏向于哪一种？为什么？

6. 会计方法和会计核算方法的关系是怎样的？

7. 会计核算方法有哪些？各种方法之间的联系怎样？

8. 你学习会计课程之前，对会计有何了解？

主要名词

会计　簿记　四柱结算法　龙门账　会计管理活动论　会计信息系统论　会计技术论　会计职能　会计反映　会计控制　会计目标　会计方法　会计核算　会计分析　会计检查　设置账户　复式记账　审核凭证　登记账簿　成本计算　财产清查　编制会计报表

第二章　会计要素与会计等式

通过第一章的学习，我们对会计的反映职能和监督职能有了一般的了解。但是，对会计反映和监督的具体内容是什么，我们尚未作进一步的阐述。会计反映和监督的具体内容是会计要素，即资产、负债、所有者权益、收入、费用和利润等会计要素。在了解会计要素的同时，还应了解它们之间的关系，即会计等式。

通过本章的学习，应该掌握以下内容：

（1）会计要素的含义、内容及分类；

（2）动态会计要素和静态会计要素；

（3）各会计要素的概念和特点；

（4）会计等式及各种变换形式。

第一节　会计要素

对于一个庞大的图书馆来说，如果不对图书进行科学的分类，要有效地管理好图书、方便各读者查找借阅是不可能的。因此，科学的分类，对管理来说是至关重要的。会计管理也是如此。

一、会计要素的含义

每一个会计主体所发生的经济业务是多种多样、错综复杂的。如果会计采用流水账的方式，对价值量发生变化的项目不进行分门别类的反映，只是杂乱无章地作一堆记录，就不能满足会计信息使用者的需要。所以，会计应该对由于经济业务的发生所引起的价值量发生变化的项目加以归类，对每一个类别进行恰当的命名。这些类别就是会计要素（accounting factor）。

会计要素是构成会计客体的必要因素，是对会计事项所确认的项目进行的归类。会计要素是设定会计报表结构和内容的基础，也是进行确认和计量的依据。我国《企业会计准则——基本准则》和《企业财务会计报告条例》对会计要素的概念作了规定，会计要素分为资产、负债、所有者权益、收入、费用和利润。其中，前 3 个要素反映价值运动的相对静止状态，称为静态要素或资产负债表要素；后3个要素反映价值运动的显著变动状态，称为动态要素或利润表要素。

二、静态会计要素

会计要素可分为静态要素和动态要素。静态要素（static factor）是对价值运动的某一时点呈现的会计项目所作的归类。它包括资产、负债和所有者权益，是会计要素的基本要素。

1. 资产

（1）资产的概念。资产（assets）是指企业由过去的交易或事项形成的、由企业拥有或者控制的、预期会给企业带来经济利益的资源。资产包括各种财产、债权和其他权利。被确认为资产的对象是企业从事生产经营的物质基础，是能为企业带来未来利益的经济资源。它们要么是生产经营过程中不可缺少的要素，要么用于对外投资，都可以为企业的未来带来一定的经济利益。

（2）资产的特点。资产的特点主要表现在以下几个方面：

①资产的实质是经济资源。之所以把资产叫做经济资源，其原因之一是：资产是企业通过当前或过去的生产和交换而取得的对它的使用和支配的权利。例如，资产可以当做一种购买力来使用（如货币资金），可以是一种要求付款的权利（如应收账款等），可经出售而转变为某种货币资金或某种债权，可以为企业提供服务和效用。资产作为一种经济资源，必须有益于企业生产经营者，是企业生产经营的基本条件和基础。

②资产是由过去的交易、事项所形成的。资产的成因是资产存在和计价的基础。未来的、尚未发生的事项的可能后果不能确认为资产，也没有可靠的计量依据。

③资产必须是企业拥有或能够控制的经济资源。一项经济资源要成为某个企业的资产，必须是该企业拥有或能够控制的，否则就不能成为企业的资产。值得注意的是，一项资产是否属于某一企业，从会计角度和法律角度得出的结论可能不一定相同。法律上的所有权概念是会计进行资产计量的一项依据，但却不是唯一的依据。法律上的所有权是从形式上判断一项资产是否归属于企业的一项依据，而在实际经济业务中，一些资产从法律形式上尽管不属于企业所有，却作为企业的资产列入资产负债表中，如融资租赁的固定资产。

④资产应该预期能给企业带来经济利益。强调未来的经济利益流入是资产定义的一大改进，也是对资产作为经济资源这一本质属性的突出强调。按照这个规定，企业的一些已经不能带来经济利益流入的项目，例如，陈旧毁损的实物资产、已经无望收回本利的债权等，都不能再作为资产出现在会计报表中。

现在很多企业资产和利润被虚夸、会计信息失真、潜亏严重，其中很重要的原因之一就是在会计核算上没有强调构成资产的这一标准或有意违反这一标准，从而导致许多已经不能带来未来经济利益的项目被列为资产，形成巨额的不良资产，积重难返。实际上，对一些资产项目采用账面价值与可收回金额孰低的原则列报，对存货、应收账款、固定资产、在建工程、无形资产、短期投资、长期投资等资产项目提取减值准备（跌价准备），也是强调资产这一属性的具体体现。可以说，强调资产的这一属性是我国企业会计制度改革的重大突破之一，对于挤干企业会计信息中的“水分”、促使企业会计信息真实完整地反映客观实际情况，具有非常重要的意义。

⑤资产是可以用货币来计量的。以货币作为主要计量尺度是会计核算的重要特征，如果属于某一企业控制的一项资源不能用货币计量，它就不能列为企业的资产。例如，人力资源是企业的一项重要资源，但人力资源还不能用货币计量（尽管当前有不少会计界人士正在探索人力资源会计问题，但人力资源的价值确定仍是一个尚待解决的难题），所以，人力资源还不能作为企业的资产项目列于资产负债表上。

（3）资产的分类。企业的资产种类繁多，各式各样，为了进一步掌握资产要素，便于资产计量，有利于资产管理，有必要对资产按不同标准进行分类。对资产进行科学、合理的分类是进行会计核算和编制财务报告的基础。

①企业的资产按照是否具有实物形态分类，可分为有形资产和无形资产。有形资产（tangible assets）是指具有一定实物形态的资产，如房屋及建筑物、办公设备、机器设备、材料和产成品等。有形资产是企业的主要资产。无形资产（intangible assets）是指可以长期使用而没有实物形态的资产，如专利权、商标权、著作权、土地使用权和非专利技术等。它们都可以在企业若干经营周期内使用，并为企业带来经济利益，所以，无形资产是企业的一种重要的资产。

②企业的资产按照计价方式分类，可分为货币性资产和非货币性资产。货币性资产（monetary assets）是指企业持有的现金及将以固定或可确定的金额的货币收取的资产，如库存现金、银行存款、应收账款、应收票据以及准备持有到期的债券投资。非货币性资产（nonmonetary assects）是指以实物形态或非货币形式存在的资产，如厂房、机器设备、预付账款、存货、无形资产、股权投资以及不准备持有到期的债券投资。

③企业的资产按照流动性分类，可分为流动资产和非流动资产。流动资产（current assets）是指在1年或1个营业周期内变现或耗用的资产。这里所说的1个营业周期，是指从用现金（包括银行存款，下同）购买材料到销售产品变为现金所需要的时间。企业拥有的流动资产包括货币资金、存货、短期投资、应收及预付款

项等。非流动资产（noncurrent assets）是指不属于流动资产的经济资源，包括长期投资、固定资产、在建工程、无形资产、递延资产和其他资产。

（4）资产的内容。企业资产一般可分成流动资产、长期投资、固定资产、无形资产、递延资产和其他资产。

①流动资产。流动资产是指可以在 1 年或者超过 1 年的 1 个营业周期内变现或者耗用的资产。流动资产包括库存现金及各种存款、短期投资、应收及预付款项、存货等。

库存现金是指存放在企业出纳手中（保险箱）的现款。各种存款是指储存在银行及其他金融机构的款项。库存现金及各种存款是企业资产中流动性最强的流动资产。库存现金和各种存款应当分币种（如人民币、美元、英镑等）进行反映。

交易性金融资产是指能随时变现，且持有时间不准备超过 1 年的有价证券及其他投资。交易性金融资产主要包括短期股票投资和短期债券投资等交易性金融资产。

应收及预付款项是指企业因生产经营活动而发生的与其他单位的往来款项所形成的债权，包括应收票据、应收账款、其他应收款、预付账款、预付及待摊费用等。

存货是指企业在生产经营过程中为销售、生产或耗用而储存的商品、产成品、半成品、在产品以及各种材料、燃料、包装物、低值易耗品等。企业应根据其经营管理的需要，对存货的各个项目分别进行反映。

②长期投资。长期投资是指不准备在 1 年内变现的投资，也就是说，持有时间超过 1 年的投资。长期投资与前述短期投资的区别，主要表现在该项投资持有时间的长短和投资的目的。如果投资的目的是为了长期持有而不准备在近期内售出，应作为长期投资处理。相反，准备在 1 年内售出的投资，由于某种原因未能如期出售，持有时间虽超过了 1 年，仍然应作为交易性金融资产投资。长期投资包括长期股权投资、持有至到期投资和其他长期投资。

③固定资产。固定资产是指使用年限较长（1 年以上）、单位价值较高，并在使用过程中保持其原有物质形态的资产。具体包括房屋及建筑物、办公设备、机器设备、运输设备和工具器具等。固定资产的主体是劳动资料，其特点是可以多次参与生产经营活动，在被替换以前保持原来的物质形态不变。它的价值因物质损耗、陈旧过时等原因逐渐地、部分地转移到它所参与的生产经营活动中去，构成产品成本或价值的一部分。

④无形资产。无形资产是指企业长期使用而没有实物形态，能给企业带来收益的资产，包括专利权、非专利技术、商标权、著作权、土地使用权等。无

形资产的特点是不存在实物实体，表明企业所拥有的一种特殊的权利，有助于企业获得超额收益。

⑤递延资产。递延资产或长期待摊费用是指不能全部计入当年损益，应当在以后年度内分期摊销的各项费用，包括开办费、租入固定资产的改良支出、股票债券发行费用等。递延资产的特点为：它是已经发生支出的费用；发生费用所产生的效益主要体现于以后的会计期间；它必须从以后期间的收入中得到补偿。

⑥其他资产。其他资产是指除以上各项目以外的资产，如特种储备物资、冻结物资和冻结存款等。特种储备物资是指由于特殊的目的而储存的各种财产物资，如商业企业的战备粮、战备盐等。冻结物资是指由于战争等原因企业不能灵活调度的各种财产物资，或因诉讼被保全、查封的各种财产物资。其他资产的主要特点就在于该资产不参加企业正常的生产经营活动，与企业正常的生产经营活动没有直接的关系。

资产的内容如图 2 - 1 所示。

- 资产
  - 流动资产
    - 库存现金
    - 银行存款
    - 交易性金融资产
    - 应收及预付款
      - 应收票据
      - 应收账款
      - 其他应收款
      - 预付账款
      - 预付及待摊费用
    - 存货
      - 库存商品　产成品　半成品
      - 在产品　原材料　燃料
      - 包装物　低值易耗品
  - 长期投资
    - 长期股权投资
    - 持有至到期投资
    - 其他投资
  - 固定资产
    - 房屋　建筑物
    - 办公设备　机器设备
    - 运输设备　工具器具
  - 无形资产
    - 特许经营权　专利权
    - 商标权　著作权
    - 非专利技术　土地使用权
  - 递延资产
    - 开办费
    - 租入固定资产的改良支出
    - 股票债券发行费用
  - 其他资产
    - 特种储备物资
    - 冻结物资
    - 冻结存款

图 2 - 1　资产的内容

2. 负债

（1）负债的概念。负债（liabilities）是指由过去的交易或事项形成的、预期会导致经济利益流出企业的现时义务。负债是债权人对债务人资产的要求权。企业所承担的债务是由过去已发生的经济业务引起的现时义务。这些义务的了结通常应通过企业付出资产（如现金、银行存款、产品等）或向债权人提供劳务等方式来进行，会导致经济利益流出企业。负债有狭义和广义之分。上面所定义的负债为狭义的负债，仅指债权人的权益，会计上所称的负债一般为狭义的负债。目前，狭义的负债概念也是世界各国通用的负债概念。广义的负债是指企业资产负债表中的全部权益，即包括企业债权人权益和投资者权益（所有者权益）。也就是说，广义的负债包含了狭义的负债和投资者权益。

（2）负债的特点。负债的特点主要表现在以下几个方面：

①负债是由过去的交易、事项所形成的现时义务。企业已收到其他企业或个人提供的资产或劳务，而现在仍然存在的债务，应列为企业的负债。反之，如果必须根据将来的交易或将来的会计事项才能确定的债务，则不能列为企业的负债。

②负债是企业未来经济利益的流出。负债一般都有明确的债权人和偿付日期，它必须在未来某个时间以资产或劳务偿付。当然，有的负债有明确的债权人，但偿付日期不明确。但是，明确的债权人和偿付日期并不是确认负债的唯一条件。只要是负债，便需要进行偿付，将来肯定要以资产或劳务偿付。

③负债必须能以货币计量，是可以确定或估计的。会计的基本特征是以货币作为主要计量尺度，凡是不能用货币计量的经济业务均不能构成会计核算的内容。所以，负债也必须符合会计的这一基本特征。

（3）负债的分类。负债的种类很多，各种负债的特点各不相同。只有对负债进行科学的分类，才能掌握各类负债的性质，以便对负债进行正确的会计处理。

①企业负债按照金额是否明确，可以分为两类：第一类是应付金额肯定的负债，这类负债是指在确认负债时，有明确的偿付金额和偿付期，如短期借款、长期借款、应付票据、应付账款、应付债券等。第二类是应付金额不能肯定的负债，这类负债是指在确认负债时，偿付金额事先无法肯定或者需要进行估计，如预提财务费用。

②企业负债按照其流动性分类，可以分为流动负债和长期负债。流动负债是指在 1 年或者超过 1 年的 1 个营业周期内需清偿的债务。如短期借款、应付票据、应付账款、预收账款、应付职工薪酬、应交税费、应付股利、其他应付款和预提费用等都属于流动负债。长期负债是指偿还期在 1 年或者超过 1 年的 1 个营业周期以上的债务，如长期借款、应付债券和长期应付款等。

（4）负债的内容。按照负债的流动性将负债分为流动负债和长期负债。

①流动负债。流动负债是指在1年内或超过1年的1个营业周期内到期，需要偿还的债务。流动负债主要包括短期借款、应付账款、应付票据、预收账款、应付职工薪酬、应交税费、应付股利、其他应付款、预提费用等。

短期借款是指企业从银行等金融机构借入的临时周转的短期资金。

应付账款是指企业在生产经营过程中因购买商品或接受对方提供的劳务而发生的债务。它不包括除购买商品或接受劳务以外发生的其他应付款项。

应付票据是指企业生产经营过程中发生的承诺在不超过1年以内，按票面规定的日期支付的商业汇票。它是企业必须按照票据上规定的时间、数额、利息计算方法等支付的债务。

预收账款是指在生产经营过程中收取的购买单位预付给本单位的购货款。

应付职工薪酬是指企业已经发生但尚未支付给职工的各种薪酬，包括计入工资总额的各种工资、津贴、补贴和奖金及各种福利费等。

应交税费是指企业应当上交国家财政的流转税（如营业税、增值税）、所得税等。应交税费应在每一会计期末，根据实际发生营业收入和实际实现的利润数额计算确定。

应付股利是指企业确定利润分配后，尚未支付给投资者的股利。对于应付股利来说，应分别对确定的应付股利和实际支付的股利进行反映。

其他应付款是指企业与其他单位或单位内部以及企业与个人发生的商品销售和提供劳务以外的各种应付款项。

预提费用是指企业在生产经营过程中实际已经发生耗费，预先提取但尚未支付的费用。预提费用并不是企业真正的债务，而是相对将来的实际支付责任而形成的。

②长期负债。长期负债是指偿还期在1年以上或超过1年的1个营业周期以上的债务。也就是说，凡不需要在1年内或超过1年的1个营业周期以内清偿的负债，就是长期负债。长期负债一般包括长期借款、应付债券、长期应付款等。

长期借款是指企业从银行等金融机构和其他单位借入的资金。

应付债券是指企业通过发行公司债券，从社会上筹集资金而发生的债务。

长期应付款包括引进设备款、融资租入固定资产应付款等。

负债的内容如图2-2所示。

- 负债
  - 流动负债
    - 短期借款　应付账款　应付票据　预收账款
    - 应交税费　应付职工薪酬　预计负债
    - 应付股利　预提费用　其他应付款
  - 长期负债：长期借款　应付债券　长期应付款

图 2-2　负债的内容

3. 所有者权益

（1）所有者权益的概念。所有者权益（owner's equity）是指企业资产扣除负债后由所有者（投资人）享有的剩余权益，又称为股东权益或净资产。企业的投资人，对国有企业来说是国家，对独资或合伙企业来说是业主或合伙人，对股份公司或有限责任公司来说则是股东。企业的净资产是指企业总资产扣除企业承担负债后的剩余部分。在数量上，所有者权益等于企业全部资产减去负债后的余额。所有者权益包括企业的投资人对企业投入的资本以及由此形成的资本公积、盈余公积和未分配利润等。所有者权益的确认主要依赖于其他会计要素，尤其是资产和负债的确认；所有者权益金额的确定也主要取决于资产和负债的计量。

（2）所有者权益的特点。所有者权益与负债都是企业的资金来源，但是，所有者权益有其自身的特点。这里，着重通过对所有者权益和负债的对比来说明所有者权益的特点。所有者权益和负债的区别主要表现在以下 3 个方面：

①性质不同。负债是债权人对企业全部资产的求偿权，企业往往在取得资产的同时承担了债务，所取得的资产便是债务资产。债务资产的取得是有偿的，债务人在取得债务资产后的一定时日要付出一定量的资产，以履行偿还本金的义务。

所有者权益是企业投资者对企业净资产的求偿权。投资人在对企业进行投资时，企业收到的资产叫做所有权者资产。取得所有权者资产无需偿还本金（资本金），但是，将来要用经营所得付出一定量的收益性资产。

②权限不同。从权益持有者（债权人和所有者）与企业经营管理的关系来看，债权人一般没有参与企业经营管理的权利，只有到期收取本金及利息的权利；而所有者则有权参与企业经营管理和收益分配，并享有清算时的剩余财产分配权。

③偿付期不同。就负债来说，不管是流动负债还是长期负债，都有约定的偿付期。但是，所有权者资产是企业接受的一项永久性投资，在企业存续期间内投资人不得任意抽回，即所有者权益的偿付是没有期限的。

因此，企业在会计确认、计量和报告中应当严格区分负债和所有者权益，以如实反映企业的财务状况，尤其是企业的偿债能力和产权比率等。

（3）所有者权益的分类和内容。所有者权益具体包括企业投资人对企业的投入资本以及形成的留存收益。投入资本（capital input）又分为实收资本或股本和资本公积；留存收益（earning retained）又分为盈余公积和未分配利润。

①实收资本或股本。企业要进行生产经营活动，首先必须取得资金，需要投资者对本企业投入注册资本。实收资本或股本是企业所有者权益构成的主体，是企业注册成立的基本条件之一，也是企业正常运行所必需的本钱。实收资本或股本为确定的股东所有。

②资本公积。资本公积是指企业收到投资者出资额超过其在注册资本或股本中所占份额的部分形成的公积金，还包括直接计入所有者权益的利得和损失。它由所有股东共同享有。资本公积包括股本溢价、法定财产重估增值等。

③盈余公积。盈余公积是指企业按照国家有关规定从利润中提取的各种积累。企业盈余公积包括法定盈余公积和任意盈余公积。法定盈余公积是指企业按照国家的有关规定从实现的净利润中提取的公积而形成的积累。任意盈余公积是指企业从实现的利润中按照国家有关规定提取法定公积后，根据企业董事会的决定提取的各种积累。

④未分配利润。企业未分配利润是指企业留于以后年度分配的利润或待分配利润。企业的未分配利润，是本年度的税后利润经过提取公积（包括法定公积和任意公积）、分配利润（或股利）后剩余的利润。

所有者权益的内容如图 2－3 所示。

- 所有者权益
  - 实收资本（股本）
    - 国家投入资本
    - 法人投入资本
    - 个人投入资本
    - 外商投入资本
  - 资本公积
    - 股本溢价
    - 法定财产重估增值
    - 其他方式形成
  - 盈余公积
    - 法定盈余公积
    - 任意盈余公积
  - 未分配利润

图 2－3　所有者权益的内容

三、动态会计要素

动态要素（dynamic factor）是指对价值运动的显著变动状态所呈现的会计项目所作的归类。也就是说，动态要素项目是反映企业运用其资产所产生的经营结果的项目；动态要素是对这些动态项目所作的归类。动态要素包括收入、费用和利润。

1. 收入

（1）收入的概念。收入（revenue）是指企业在日常活动中形成的、会导致所有者权益增加的、与所有者投资无关的经济利益的总流入。我国《企业会计准则——基本准则》定义的收入仅指营业收入，是一种狭义的收入，包括销售商品收入、劳务收入、利息收入、使用费收入、租金收入，但不包括为第三方或客户代收的款项。正确地理解收入的概念是做好收入核算的重要前提。在理解收入概念时要注意以下几点：

①日常活动的含义。日常活动是指为企业完成其经营目标而从事的所有活动以及与之相关的其他活动。如制造企业销售产品、商品流通企业销售商品、出租固定资产、商业银行提供贷款服务、广告商提供广告策划服务等。

②经济利益的含义。经济利益是指现金或最终能转化为现金的非现金资产。

③收入、收益和利得的关系。收入是指企业通过销售商品、提供劳务或让渡资产使用权等日常活动而获得的经济利益的总流入，即未扣除其代价或费用的毛收入；收益、利得或损失属于利润的范畴，收益或利润是指企业通过销售商品、提供劳务或让渡资产使用权等日常活动而获得的经济利益的净流入，即收入减去其费用后的净额；利得则是源于日常活动以外的活动所形成的收益。利得是企业边缘性或偶发性交易或事项的结果，如固定资产和无形资产转让的收益。利得属于那种不经过经营过程就能取得或不曾期望获得的收益，如企业接受政府的补贴、获得赔款等。

（2）收入的特点。收入的特点主要表现在以下几个方面：

①收入是在企业的日常经营活动中产生，而不是在偶发的交易或事项中产生的。企业的收入是通过销售商品、提供劳务等日常活动取得的，而不是从处置固定资产等非正常活动中取得的。

②收入可能表现为企业资产总额的增加或负债数额的减少，或者两者兼而有之。企业资产总额之所以增加，负债数额之所以减少，是因为企业从事了生产经营活动并取得了经营成果。

③收入可能导致企业所有者权益增加。收入的实现表示所有者权益的增

加，费用的发生表示所有者权益的减少。实际上，收入减费用后的净额为正，才会最终引起所有者权益增加，为负则会引起所有者权益减少。这里仅指收入实现可能会引起所有者权益增加。

④收入只包括本企业经济利益的流入，不包括为第三方或客户代收的款项，如企业代国家收取的增值税、银行代收储户的利息税、旅行社代客户收取的飞机票、门票款等。

（3）收入的分类和内容。对收入可以作不同的分类。按收入的性质分类，可分为销售商品收入、提供劳务收入和让渡资产使用权取得的收入。按企业经营业务的主次分类，可分为主营业务收入和其他业务收入。不同行业的主营业务收入所包含的内容不同。主营业务收入一般占企业收入的比重较大，对企业的经济效益有较大影响。其他业务收入一般占企业收入的比重较小。

值得注意的是，主营业务和其他业务的划分是相对而言的。某一业务收入在一个企业是主营业务收入，在另一个企业则可能是其他业务收入。就一个企业来说，判断某项业务是主营业务还是其他业务，其标准是看该项业务收入占全部营业收入的比重和该项业务的经常性程度。

还要注意的是，预收款项不是营业收入。有时，企业在出售商品或提供劳务之前就收到了款项，在企业出售商品或提供劳务之前，这笔预收账款是本企业的负债。只有当企业交付商品或提供劳务之后，这笔债务才算清偿，负债才转变成营业收入。

2. 费用

（1）费用的概念。费用作为会计要素或会计报表的构成内容之一，是和收入相对应而存在的。我国《企业会计准则——基本准则》将费用（expense）定义为“企业日常活动中发生的、会导致所有者权益减少的、与向所有者分配利润无关的经济利益的总流出”；将成本定义为“为生产产品、提供劳务而发生的对象化的费用”。

费用和成本是两个不同的概念，两者之间既有联系也有区别。成本是按一定对象所归集的费用，是对象化了的费用。生产成本是相对于一定的产品而言所发生的费用，是按照产品品种等成本计算对象对当期发生的费用进行归集而形成的。费用是资产的耗费，它与一定的会计期间相联系，而与生产哪一种产品无关；成本与一定种类和数量的产品相联系，而不论发生在哪个会计期间。

（2）费用的特征。费用具有以下两个基本特征：

①费用最终将会减少企业资源。这种减少具体表现为企业资金流出，从这个意义上说，费用在本质上是企业的一种资产流出，它与资产流入企业所形成的收入相反。

②费用最终会减少企业所有者权益。通常，企业的资金流入（收入）会增加企业的所有者权益；相反，资金流出会减少企业的所有者权益，即形成企业的费用。但是，企业在生产经营过程中，有的支出是不应归于费用的。例如，企业以银行存款偿付一项负债，这只是一项资产和一项负债的等额减少，对所有者权益没有影响，因此不构成费用；又如，企业向投资者分配股利或利润，这一资金流出虽然减少了企业的所有者权益，但其属性是对最终利润的分配，不是经营活动的结果，也不应作为费用。

（3）费用的分类及内容。为了便于合理地确认和计量费用，正确地计算产品成本，应恰当地对费用进行分类。对费用进行分类有不同的分类标准。

①费用按照经济内容（或性质）分类，可分为劳动对象方面的费用、劳动手段方面的费用和活劳动方面的费用。这在会计上称为生产费用要素，如外购材料、外购燃料、外购动力、工资、提取职工福利费用、折旧费、利息支出、税金、其他费用。

②费用按照经济用途分类，首先要将企业发生的费用分为应计入产品成本、劳务成本的费用（产品制造成本）和不应计入产品成本、劳务成本的费用（期间费用）两类。对于应计入产品、劳务成本的费用可进一步分为直接费用和间接费用。其中直接费用包括直接材料、直接人工和其他直接费用；间接费用指制造费用。对于不应计入产品成本、劳务成本的费用（期间费用）可进一步分为管理费用、财务费用和销售费用。

费用的分类如图 2－4 所示。

- 费用
  - 制造成本：直接费用；间接费用（制造费用）——参与成本计算，计入产品成本
  - 期间费用：管理费用；财务费用；销售费用——不参与成本计算，直接计入当期损益

图 2－4　费用的分类

3．利润

利润（profit or income）是指企业在一定会计期间的经营成果，是衡量企业经营业绩的重要指标。通常情况下，如果企业实现了利润，表明企业的所有者权益将增加，业绩得到了提升；反之，如果企业发生了亏损（即利润为负

数），表明企业的所有者权益将减少，业绩下滑了。利润往往是评价企业管理层业绩的一项重要指标，也是投资者等财务报告使用者进行决策时的重要参考。

不同的企业有着不同的利润构成。我国《企业会计准则——基本准则》规定，利润要素包括收入减去费用后的净额、直接计入当期利润的利得和损失等。其中收入减去费用后的净额反映的是企业日常活动的经营业绩，即营业利润；直接计入当期利润的利得和损失反映的是企业非日常活动的业绩，即营业外收入和营业外支出。

营业利润是企业经营成果的主要部分。营业利润是企业营业收入减去营业成本、期间费用（包括管理费用、财务费用、销售费用等）、营业税金及附加和资产减值损失，加上投资净收益等后的余额。

投资净收益是指对外投资收益与投资损失的差额。投资收益主要包括对外投资分得的利润、股利、债券利息、投资到期收回或者中途转让取得的款项高于账面价值的差额等。投资损失主要是指投资到期收回或者中途转让取得的款项低于账面价值的差额等。

直接计入当期利润的利得和损失，是指应当计入当期损益、最终会引起所有者权益发生增减变动的、与所有者投入资本或者与所有者分配利润无关的利得或者损失。利得是指除收入和直接计入所有者权益项目外的经济利益的净流入。损失是指除费用和直接计入所有者权益项目外的经济利益的净流出，包括：赔偿金，违约金，公益救济性捐赠，固定资产盘亏、报废、毁损和出售的净损失等。企业应当严格区分收入和利得、费用和损失之间的区别，以更全面地反映企业的经营业绩。

第二节　会计等式

由前面的阐述可以知道，会计要素可分为资产、负债、所有者权益、收入、费用和利润。每个会计要素都具有其自身的特点，各自包含不同的内容。但是，各个会计要素之间也存在一些内在的、必然的联系并形成会计的等式，称为会计平衡式（accounting equation）或会计方程式。下面分别介绍会计要素之间的关系。

一、静态要素之间的关系

1. 资产和权益的静态平衡关系

任何一个会计主体拥有一定数额的资产，就必然存在相应的权益（负债和所有者权益）。资产和权益是相互依存的。没有资产就没有权益；同样，资产也不能脱离权益而独立存在。从任何一个会计时点（静态）来看，一个会计主体有多少资产，必定有多少权益；有多少权益，必定有多少资产。资产和权益是同一资金的两个不同方面，因此，一个会计主体的资产总额与其权益总额必然相等。这就形成了会计的基本平衡式：

$$资产=权益 \quad ①$$

这里的权益是广义的权益，它包括投资者的权益和债权人的权益。投资者的权益即企业所有者权益，债权人的权益即企业负债。由于权益包括债权人权益（负债）和所有者权益，所以，①式又可表示为：

$$资产=负债+所有者权益 \quad ②$$

这一会计等式为会计的基本平衡式。它表明了3个静态要素之间的关系，它既是企业价值运动的起点，又是企业价值运动在一定时期的终点。所以，它是设置账户的依据，也是记录每一项引起会计要素变动的经济业务的出发点，更是复式记账法的基础。

【例1】 W公司2009年1月31日的资产与权益的状况如表2-1所示。

表2-1 单位：元

资产项目	金　额	权益项目	金　额
现金	2 500	负债：	
银行存款	24 000	短期借款	37 500
应收账款	3 500	应付账款	52 500
原材料	30 000		
在产品	15 000	所有者权益：	
库存商品	25 000	股本——甲	150 000
固定资产	150 000	未分配利润	10 000
资产合计	250 000	权益合计	250 000

表2-1说明，W公司2009年1月31日拥有的资产总额为250 000元，这些资产表现为各种不同的形态。对于250 000元资产，债权人的权益为90 000

元，所有者的权益为160 000元。权益总额为250 000元，与资产总额250 000元保持着平衡关系。

2. 资产和权益的动态平衡关系

资产总额和权益总额在某一时刻是相等的。但是，企业在生产经营过程中，有时只是资产内部发生变化，有时只是权益内部发生变化，有时资产和权益同时发生变化。发生变化以后，企业的资产总额和权益总额是否仍然会相等呢？这需要进一步说明。一个企业在生产经营过程中发生的会计事项是非常繁多的，内容各不相同。但是，从它们对资产、负债和所有者权益所引起的变化来看，不外乎以下9种类型：

（1）一项资产增加，另一项资产减少。

【例2】2月2日，W公司（以下业务均为该公司2月份发生的业务）开出支票从银行提取现金1 500元。

这一会计事项的发生导致企业的一项资产——库存现金增加1 500元；同时，导致企业的另一项资产——银行存款减少1 500元。企业2月2日各项资产、负债和所有者权益状况与1月31日相同。所以，发生该项经济业务以后，企业的资产总额仍为250 000元，负债和所有者权益的合计数仍为250 000元，平衡关系仍然成立。

发生的此类业务使得某些资产增加，而另一些资产减少，资产的增加额等于资产的减少额。所以，此类业务发生，不会影响到资产总额与权益总额的平衡关系，即不会影响"资产 = 负债 + 所有者权益"的平衡关系。

（2）一项负债增加，另一项负债减少。

【例3】2月3日，W公司再向银行借款4 500元直接归还前欠大华工厂的货款。

这一会计事项的发生使得企业的一项负债——短期借款增加4 500元；同时，又使得企业的另一项负债——应付账款减少4 500元。发生此项业务以后，企业的资产总额为250 000元，负债和所有者权益合计数仍为250 000元，没有影响其平衡关系。

发生的此类业务使得企业的某些负债增加，而另一些负债减少，负债的增加数和负债的减少数相等，故发生此类业务后和发生此类业务前相比较，负债总额相同。此类业务的发生并未涉及到资产和所有者权益项目的变化，所以，此类业务的发生不会影响到“资产＝负债＋所有者权益”的平衡关系。

（3）一项所有者权益增加，另一项所有者权益减少。

【例4】2月6日，W公司的甲投资者将一部分投资50 000元转让给该公司的乙投资者。

甲投资者将其投资转让给乙投资者，使得甲投资者的权益减少50 000元；同时，乙投资者的权益增加50 000元。发生此类业务以后，企业的资产总额为250 000元，负债和所有者权益的合计数为250 000元，平衡关系没有受到影响。

此类业务的发生使得企业一部分所有者的权益增加，而另一部分所有者的权益减少，增减金额相等，故发生此类业务后与发生此类业务前相比较，所有者权益总额相同。此类业务的发生并没有影响到资产和负债，因此，此类业务的发生不会影响到“资产＝负债＋所有者权益”的平衡关系。

（4）负债增加，所有者权益减少。

【例5】2月17日，经过研究，决定给投资者分配上年的利润4 000元，暂时尚未分发。

对于W公司来说，决定分配给投资者的利润尚未分发，形成了企业的一项负债——应付股利4 000元；同时，减少了所有者权益——未分配利润4 000元。发生此类业务以后，企业的资产总额为250 000元，负债增至94 000元，所有者权益减至156 000元，但负债和所有者权益的合计数仍为250 000元，平衡关系并没有被破坏。

发生的此类业务使得企业的负债增加，而所有者权益减少，增减金额相等，故发生此类业务后和发生此类业务前相比较，负债和所有者权益的合计数相同。此类业务并没有对企业的资产产生影响，所以，此类业务的发生不会影响到“资产＝负债＋所有者权益”的平衡关系。

（5）负债减少，所有者权益增加。

【例6】2月18日，企业将所欠丙的债务转为丙的股份14 000元。

丙的债权转为丙对企业投资的股权，会使企业所有者权益增加14 000元；与此同时，所欠丙的债务减少14 000元，表示企业的负债减少。发生此类业务以后，企业的资产总额为250 000元，负债减至80 000元，所有者权益增至170 000元，负债和所有者权益的合计数仍为250 000元，平衡关系仍然成立。

此类业务使得企业的负债减少，所有者权益增加，增减金额相等。所以，此类业务发生后与此类业务发生前相比较，负债和所有者权益的合计数相同。此类业务并未涉及到企业的资产，所以，此类业务的发生也不会影响到“资产＝负债＋所有者权益”的平衡关系。

（6）资产增加，负债增加。

【例7】2月19日，从C公司购入材料10 000元，款项未付（所有购入材料和销售产品的业务均不考虑增值税）。

购入材料使得企业的资产——原材料增加10 000元；同时，企业的负债——欠C公司的货款也增加了10 000元。这一变化的结果，使得企业的资产总额由2月18日的250 000元变为260 000元；同时，也使得企业的负债增至90 000元，所有者权益170 000元保持不变，负债和所有者权益的合计数由250 000元增至260 000元。可见，平衡关系仍未打破。

此类业务使得企业的资产和负债都有所增加，但增加金额相等，而此类业务又没有涉及所有者权益。所以，发生此类业务以后，“资产＝负债＋所有者权益”的平衡关系仍得以维持。

（7）资产增加，所有者权益增加。

【例8】2月23日，甲投资者给企业投资1项固定资产，价值为200 000元。

甲投资者投入固定资产，使得企业的资产——固定资产增加200 000元；同时，甲对企业的投资增加，使得甲投资者的权益增加。投入固定资产后，企业的资产总额由2月19日的260 000元变成460 000元；所有者权益增至370 000元，负债未变，仍为90 000元，负债和所有者权益的合计数也由2月19日的260 000元增至460 000元。平衡关系依然存在。

发生的此类业务使得企业的资产和所有者权益都有所增加，增加的金额相等，而此类业务又没有涉及负债。所以，此类业务的发生不会影响到“资产＝负债＋所有者权益”的平衡关系。

（8）资产减少，负债减少。

【例9】2月26日，企业以银行存款归还银行借款20 000元。

银行借款得以清偿，一方面减少企业的负债——短期借款20 000元；同时，减少企业的银行存款20 000元。银行借款归还以后，企业的资产总额由2月23日的460 000元变成440 000元，负债减少了20 000元，负债减至70 000元，所有者权益370 000元未变。负债和所有者权益的合计数也由460 000元减至440 000元。平衡关系仍然存在。

此类业务使企业的资产和负债都有所减少，减少的金额相等，而此类业务并没有涉及所有者权益。因此，此类业务的发生不会破坏“资产＝负债＋所有者权益”的平衡关系。

（9）资产减少，所有者权益减少。

【例10】2月28日，经协商，甲投资者撤走企业的新设备1台，价值120 000元，作为减少对企业的投资。

将设备撤走，会减少企业的资产——固定资产120 000元；撤走设备的同时，甲投资者对企业的投资也减少了120 000元，也就是减少了甲这个投资者的权益。此笔业务发生后，企业的资产总额由2月26日的440 000元减至320 000元；所有者权益减至250 000元，负债为70 000元未变，负债和所有者权益的合计数也由440 000元降至320 000元。平衡关系没有受到影响。

上述9类业务又可以归为两大类：一类是不影响总额变动的业务。如前述的【例2】至【例6】5类业务。这些业务的发生，不会影响到资产总额和权益总额，即这些业务发生后和发生前相比较，资产总额和权益总额均相同。企业发生这5笔业务以前资产总额和权益总额为250 000元，到2月18日发生了总共5笔业务以后，企业的资产总额和权益总额依然为250 000元。另一类是影响总额变动，但不影响平衡关系的业务。如前述的【例7】至【例10】4类业务。这些业务的发生会使得资产总额和权益总额发生变化，但是，发生变化以后，资产总额仍然等于权益总额。企业发生这些业务以前的资产总额和权益总额（2月18日的余额）均为250 000元，发生了4笔业务以后，资产总额和权益总额都变成了320 000元（2月28日的余额）。

每笔业务发生以后，资产、负债和所有者权益项目的余额，以及所有业务发生后各个具体项目的增减变动及结余情况见表 2－2、表 2－3。

表 2－2 资产权益余额表 单位：元

2009 年 月	日	业务号	资产余额	权益余额 负债	所有者权益	合计
2	1		250 000	90 000	160 000	250 000
	2	1	250 000	90 000	160 000	250 000
	3	2	250 000	90 000	160 000	250 000
	6	3	250 000	90 000	160 000	250 000
	17	4	250 000	94 000	156 000	250 000
	18	5	250 000	80 000	170 000	250 000
	19	6	260 000	90 000	170 000	260 000
	23	7	460 000	90 000	370 000	460 000
	26	8	440 000	70 000	370 000	440 000
	28	9	320 000	70 000	250 000	320 000

引起资产、负债和所有者权益 3 个静态要素发生变化的会计事项有前述 9 类，并且也只可能是这 9 类（复杂的经济业务可分解成这 9 类当中的两类或两类以上），而在这 9 种情况下，以下平衡关系始终存在：

资产＝负债＋所有者权益

所以，静态要素之间的关系如②式所示。

根据②式的基本方程式，我们还可以推导出如下两个方程式：

负债方程式：

负债＝资产－所有者权益 ③

所有者权益方程式：

所有者权益＝资产－负债 ④

表 2－3　　所有业务发生后各项目变动及结余　　单位：元

资产项目	期初金额	变动情况		期末余额	权益项目	期初金额	变动情况		期末余额
		增	减				增	减	
库存现金	2 500	1 500		4 000	负债				
银行存款	24 000		21 500	2 500	短期借款	37 500	4 500	20 000	22 000
应收账款	3 500			3 500	应付账款	52 500	10 000	18 500	44 000
原材料	30 000	10 000		40 000	应付股利		4 000		4 000
在产品	15 000			15 000	股本(甲)	150 000	200 000	170 000	180 000
库存商品	25 000			25 000	股本(乙)		50 000		50 000
固定资产	150 000	200 000	120 000	230 000	股本(丙)		14 000		14 000
					未分配利润	10 000		4 000	6 000
资产合计	250 000	211 500	141 500	320 000	权益合计	250 000	282 500	212 500	320 000

二、动态要素之间的关系

在每一个会计期间（如 1 个会计年度），企业运用其资产进行经营活动，会发生物质的消耗，生产出新的产品，然后将产品销售出去，取得一定的销售收入；同时，在其生产经营过程中，为取得产品销售收入，会发生各种经营管理费用。由于企业在主要生产经营活动中的投入可转为费用（成本），而其产出则称为收入。把收入和费用进行配比，假设企业没有发生利得或损失，其差额反映了企业在一定期间内的生产经营成果，即纯收入，也称为利润。收入不足抵补费用就会发生亏损。这样，在收入、费用和利润 3 个会计基本要素之间就形成了另一个具有特定数量关系的会计等式：

收入－费用＝利润（或亏损）　⑤

上述公式侧重反映了价值运动的动态表现。

【例 11】某企业在某一月内实现收入总额 300 000 元，为取得该收入而发生的营业成本为 120 000 元，为组织企业生产经营活动而发生行政管理费用 40 000 元，销售费用 30 000 元，借款利息费用 20 000 元，则企业当期的利润计算如下：

企业当期利润 = 营业收入 －（营业成本 + 管理费用 + 销售费用 + 财务费用）
= 300 000 －（120 000 + 40 000 + 30 000 + 20 000）
= 90 000（元）

三、静态要素与动态要素之间的关系

通过前面的分析，我们已经知道：会计的动态要素是会计要素在显著变动时所呈现的状态，而静态要素是引起这种显著变动的原因或变化的结果。这就是说，企业运用静态要素而产生了动态要素的变动及其结果，其结果最终又表现为企业所有者权益的增加（利润）或减少（亏损），它们之间是相互联系的。例如，收入的实现，必然伴随着资产的增加或负债的减少，资产增加或负债减少是实现收入的原因。实现收入表明会增加所有者权益；费用的发生，必然伴随着资产的减少或负债的增加，减少资产或增加负债是发生费用的结果。费用的发生表明企业所有者权益的减少。某一时期的收入减去其费用后的差额若为正数，表示企业实现了利润，也表现为企业期末净资产的增加，增加了企业所有者权益，即资本增值了。某一时期的收入减去费用后的差额若为负数，表示企业发生了亏损，也表现为企业期末净资产的减少，减少了企业所有者权益，即资本减值了。本期实现的利润或亏损在未分配之前，是所有者权益的组成部分。所以，我们将会计静态要素和动态要素之间的这种关系联系起来，用公式表示如下：

资产 = 负债 + 所有者权益
↑（利润未分配前）
收入 － 费用 = 利润

即

新的资产 = 新的负债 +［新的所有者权益 +（收入 － 费用）］ ⑥

公式⑥是公式②和公式⑤的综合反映。其中的会计基本要素展示了会计内容的各个组成部分在企业生产经营活动中的变动情况及其变动结果。由此可见，这3个平衡关系，即3个平衡公式既勾画出了价值运动的动态形式，又反映了价值运动的静态形式。

复习思考题

1. 什么是会计要素？会计要素可以按哪些标准分类？

2. 什么是资产？其特点如何？

3. 资产的内容包括哪些？

4. 为什么说无形资产应属于资产要素？

5. 什么是负债？其特点和内容分别是怎样的？

6. 什么是所有者权益？所有者权益与负债有何联系与区别？

7. 收入的内容有哪些？

8. 费用的内容是怎样的？

9. 利润是怎样形成的？

10. 为什么说“资产=负债+所有者权益”？

11. 试述资产与权益的动态平衡关系。

12. 试述静态要素与动态要素之间的关系。

主要名词

会计要素　动态要素　静态要素　资产　流动资产　固定资产　负债　短期负债　长期负债　所有者权益　实收资本　资本公积　留存收益　收入　费用　利润　会计等式

习题一

一、目的：练习会计要素的分类。

二、资料：

表2-4　　单位：元

序号	经济内容	资产	负债	所有者权益	收入	费用	利润
1	库存现金						
2	成品库中的完工产品						
3	从银行获得的短期借款						
4	在银行的存款						
5	企业的机器设备						
6	未缴纳的增值税						

（续上表）

序号	经济内容	资产	负债	所有者权益	收入	费用	利润
7	应收回的货款						
8	预先收到的订货款						
9	材料库中的原材料						
10	销售产品的收入						
11	销售产品发生的广告费						
12	销售材料的收入						
13	收到的投入资本						
14	对外进行的投资						
15	支付的订货订金						
16	发生的办公费用						
17	年末未分配的利润						
18	本期发生的管理费用						
19	本年累计实现的净利润						
20	企业的房屋和建筑物						
21	企业的专利技术						
22	车间内未完工的产品						
23	应付职工的工资						
24	股本的溢价						
25	投资获得的收益						
26	发生的利息费用						
27	企业以前购入的国库券						
28	材料库中的低值易耗品						
29	尚未缴纳的所得税						
30	等待摊销的费用						

三、要求：判断上述经济内容分别属于哪个会计要素，请在对应的栏目内打“√”。

习题二

一、目的：练习对经济业务的分类。

二、资料：大宇厂2009年3月份发生下列经济业务：

(1) 3月3日，企业通过银行收到长江厂投资800 000元。

(2) 3月6日，从银行提取现金10 000元备用。

(3) 3月8日，通过银行收回惠通公司前欠的货款48 000元。

(4) 3月11日，企业通过银行归还前欠大华公司的货款50 000元。

(5) 3月14日，与银行协商后，将前欠银行的1 000 000元长期贷款转作银行对本企业的投资。

(6) 3月16日，经本企业同意，东风公司抽走原投入的固定资产200 000元。

(7) 3月19日，企业改造设备，从银行获得长期借款150 000元。

(8) 3月20日，生产车间为生产甲产品领用原材料10 000元。

(9) 3月22日，月末结转完工甲产品的生产成本450 000元，数量为3 000件。

(10) 3月24日，向银行借入流动资金借款50 000元，直接归还前欠大华公司的货款。

(11) 3月25日，企业从净利润中提取法定盈余公积金200 000元。

(12) 3月31日，企业宣布分派上年度现金股利500 000元给股东，股利尚未发放。

三、要求：根据资料，分析各项经济业务的类型，填入表2－5。

表2－5

经济业务类型	业务序号
1. 一项资产增加，另一项资产减少	
2. 一项负债增加，另一项负债减少	
3. 一项所有者权益增加，另一项所有者权益减少	
4. 一项负债增加，一项所有者权益减少	
5. 一项负债减少，一项所有者权益增加	
6. 一项资产增加，一项负债增加	
7. 一项资产减少，一项负债减少	
8. 一项资产增加，一项所有者权益增加	
9. 一项资产减少，一项所有者权益减少	

第三章　账户和复式记账

会计目标是根据会计主体所发生的各项经济业务，采用一套科学的会计方法，为企业内部和外部单位或个人提供财务报表形式的会计信息。设置账户和复式记账是实现会计目标的重要方法。本章将详细介绍设置账户的意义、账户结构、会计科目与账户的联系以及复式记账法的借贷记账原理。

通过本章的学习，应该掌握以下内容：

（1）设置会计账户的意义；

（2）会计账户的结构；

（3）会计科目与会计账户的关系；

（4）单式记账法与复式记账法；

（5）借贷记账法的基本原理。

第一节　设置账户

会计要完成其任务，实现其目标，需要采用一系列专门方法，其中首要的工作就是要科学地设置会计科目和账户。

一、设置账户的意义

一个企业的经营资金，从其资金的运用方面看，是各项资产；从其资金的来源方面看，是各项负债和所有者权益。企业的资产与负债和所有者权益是企业经营资金的两个不同方面。企业在生产经营过程中，由于人力、物力和财力的消耗，不断地发生费用支出；由于产品生产，不断形成产品成本；又由于产品的销售、收入的实现，不断取得业务收入和其他收入；还由于税金的解缴和利润的分配，不断使企业经营资金退出企业。所有这些经济业务的发生都会引起企业资产、负债和所有者权益发生增减变化，并且都要反映到企业财务报表内有关项目的记录中。是否要将每一经济业务所引起的资产、负债和所有者权益的变化，都在企业财务报表中作出相应的反映呢？当然，不可能也没必要在每发生一笔经济业务时，就编制一次财务报表，因为一笔经济业务只能引起财务报表内少数项目发生变化，为此而一次又一次地编制财务报表，是得不偿失的。加上这样一次又一次地编表，并没有记录企业经济业务，也没有加以分类归纳，更不能反映出由于企业经营过程的进行而引起的企业资产、负债和所有者权益的变化情况及其结果。为了系统地、分门别类地、连续地记载企业的生产经营情况及其资产、负债和所有者权益的增减变化结果，提供完整的财务报表信息，就必须设置账户。

设置账户（set up account）是根据经济管理的要求，按照会计要素，对企业不断发生的经济业务进行日常归类，从而反映、监督会计要素各个具体类别并提供各类动态、静态指标的一种专门方法。设置账户是会计核算的一种专门方法。账户（account）是用来记录各个会计科目所反映的经济业务内容的一个空间或场所。每一个账户既要有明确的内容（这个内容是由会计科目决定的），又要有一定的结构和便于记载的格式。将性质相同或者相近的经济内容归纳为一个项目，每一个项目设置一个账户来记载，这样，每一个账户就代表某一类的经济内容。每一个账户都是根据企业经济管理的要求，按照会计要素分类的项目所设置的。会计要素的分类项目，在会计上称为会计科目。会计科目是账户的名称，是不同经济内容（即会计要素）的分类标志。例如，企业日常经营活动中少不了现金，为了反映和监督现金的收支及结存情况，企业可以设置一个“现金”账户，把有关现金收入和现金支出逐笔地记载在该账户内。这样，既可以在这个账户中看到现金的每笔收支和全部收支，还可以随时结算余额，知道企业出纳（casher）手中还结余多少现金。

企业日常发生的大量经济业务全部都要按照会计要素的分类标志——会计科目分门别类地记载在各个账户之中，并在账户之间进行清理结算。企业的财务状况和生产经营结果要通过各个账户来反映。企业的债权、债务及所有者权益要通过有关账户来监督，以保证其财产完整无缺。所以，设置账户是做好会计工作、完成会计任务、实现会计目标的重要环节。

一个企业应该怎样设置账户，设置多少账户，是由企业的会计科目决定的。会计科目的设置又取决于会计要素分类的大小。会计要素分类的大小最终取决于企业的管理要求、管理水平、规模大小、业务繁简，既不要过分复杂烦琐，增加不必要的工作量，又不要过分简单粗糙，使各项会计要素混淆不清，不能满足会计信息使用者的需要。

综上所述，设置账户具有以下两个重要作用：

（1）设置账户能按照经济管理的要求分类地记载和反映经济业务。如果企业没有设置账户，会计人员不能将企业发生的经济业务按照科学的方法进行整理分类、记录反映和归纳综合，其结果只能提供杂乱无章、无头无绪的无用信息。通过设置和运用账户，对企业发生的经济业务进行整理分类、科学归纳，再分门别类地记录，可以提供各类会计要素的动态和静态指标。

（2）设置账户能为编制财务报表提供重要依据。企业财务报表是定期地对企业日常核算资料进行汇总，综合、全面、系统地反映企业财务状况和经营业绩的重要信息文件。财务报表的信息是否准确，在很大程度上取决于账户的记录结果是否正确，因为财务报表是根据账户的期末余额（资产负债表）和发生额（利润表）编制的。账户的记录如果发生错误将直接影响财务报表信息的正确性，直接影响会计信息使用者的决策行为。因此，合理地设置账户，正确地将经济业务记入账户是会计核算工作最基本、最重要的环节。

二、账户的基本结构

账户的结构（account structure）是指账户由哪些内容构成。由于设置账户的目的是按照会计要素的具体类别记录经济业务并提供其动态和静态指标，而会计要素具体类别的内容变动又总是以“增加”、“减少”的形式表现出来，因此，在设计账户结构时，一般应有 3 个基本部分：①账户名称；②账户方向（账户记录的内容的增加、减少）；③账户余额。其格式如表 3－1 所示。

表 3－1a

左方	**账户名称** 右方
期初余额	
本期增加	本期减少
期末余额	

表 3－1b

左方 **账户名称**	右方
	期初余额
本期减少	本期增加
	期末余额

1. 账户名称

账户名称（account title）就是会计科目。给账户冠上名称后，就为账户所登记的经济内容作了规定，即只能登记规定范围以内的经济内容，不能登记规定范围以外的任何经济内容。只有这样，才能分门别类地、清晰地记录和归类反映企业发生的经济业务，提供有用的会计信息。这就像图书馆为什么要在书架上贴上各种书籍的分类标志一样，如果图书馆所有的书都没有按分类标志存放在书架上，而是杂乱地堆在一起，那就不便查找某一本书，也就无法管理图书。

2. 账户方向

账户方向（account direction）是指在账户的什么地方记录经济业务的增加和减少。也就是说，在账户中怎样反映经济业务的增加和减少。

在借贷记账法中，账户有借方（debit 或 Dr）和贷方（credit 或 Cr）。早在1211 年，佛罗伦萨银行就有两套会计账簿，现珍藏于佛罗伦萨梅迪切奥 · 劳伦齐阿图书馆。这两套会计账簿记账形式均为上下叙述式，每张账页分为上下两部分，账页的上部为借方，下部为贷方。随着会计的发展，现代会计的账户一般分为左方和右方。左方为借方，右方为贷方。究竟哪一方记录经济内容的减少，哪一方记录经济内容的增加，这要取决于账户的经济性质。账户按其经济性质一般分为资产类、负债类、所有者权益类、费用类、收入类、利润类六大类账户。资产类账户和费用类账户的借方登记资产和费用的增加，贷方登记资产和费用的减少；负债类账户、所有者权益类账户、收入类和利润类账户的贷方登记负债、所有者权益、收入、利润的增加，借方登记负债、所有者权益、收入、利润的减少。如表 3－2 所示。

表 3－2

借　**资产**　贷

借	贷
期初余额 本期增加	本期减少
期末余额	

借　**负债**　贷

借	贷
本期减少	期初余额 本期增加
	期末余额

借　**所有者权益**　贷

借	贷
本期减少	期初余额 本期增加
	期末余额

借　**费用**　贷

借	贷
本期增加	本期减少或转出

借　**收入**　贷

借	贷
本期减少或转出	本期增加

利润类

①期末转入各项费用 ②转出的利润	①期末转入各项收入 ②转出的亏损

我们可以用一个“T”形账户加以说明。如表 3－3 所示。

表 3－3

借	账户名称　　贷
资产增加	资产减少
费用增加	费用减少
负债减少	负债增加
所有者权益减少	所有者权益增加
收入减少	收入增加
利润减少	利润增加

账户的余额一般在增加方，但收入、费用、利润类账户结账后一般无期末余额。

3. 账户余额

账户余额（account balance）是指账户借方总金额与贷方总金额之间的差额。如果账户期初借方余额加本期借方发生额合计大于本期贷方发生额，则账户有借方余额；如果账户期初贷方余额加本期贷方发生额大于本期借方发生额，则账户有贷方余额。一般情况下，资产类账户的期末余额在借方，所有者权益类账户、负债类账户的期末余额在贷方。

$$\text{资产账户期末借方余额}=\text{资产账户期初借方余额}+\text{资产账户本期借方发生额合计}-\text{资产账户本期贷方发生额合计}$$

$$\text{负债账户期末贷方余额}=\text{负债账户期初贷方余额}+\text{负债账户本期贷方发生额合计}-\text{负债账户本期借方发生额合计}$$

$$\text{所有者权益账户期末贷方余额}=\text{所有者权益账户期初贷方余额}+\text{所有者权益账户本期贷方发生额合计}-\text{所有者权益账户本期借方发生额合计}$$

我们这里所介绍的账户结构为了教学上和科研上的方便，采用“T”字形的账户结构。在实际工作中，为了满足企业经济管埋和会计核算的需要，账户的结构与这并不完全一致，甚至有些账户的结构相当复杂（表 3－4）。但是，账户中作为专门记录经济业务“增加”、“减少”、“余额”这 3 个内容的栏目总是不可缺少的，因此账户的“借方”、“贷方”和“余额”也就成为账户名称之外的最基本的组成部分——基本结构。

表 3－4 的账户格式是在实际工作中经常使用的。上端标明账户名称，如“固定资产”、“银行存款”等；第①②栏是年月日栏，记载登记账户的日期；

第③栏是凭证号数栏，记载记账凭证种类号数；第④栏是摘要栏，用简洁的语言说明经济业务的内容，如“从银行提现备用”、“报销差旅费”等；第⑤栏是借方金额栏，记载经济业务发生引起该账户借方发生额的数额；第⑥栏是贷方金额，记录经济业务发生引起该账户贷方发生额的数额；第⑦栏为余额方向栏，如果是借方余额，在第⑦栏写一个“借”字并将金额填在第⑧栏，如果是贷方余额，则在第⑦栏写一个“贷”字并将金额填入第⑧栏。如果借贷轧平没有余额，则在第⑦栏写一个“平”字，在第⑧栏写一个“0”。

表 3－4　　　　账户格式

账户名称＿＿＿＿＿＿

年		凭证号数	摘要	借方金额	贷方金额	借或贷	余额
月	日						
①	②	③	④	⑤	⑥	⑦	⑧

第二节　账户与会计科目

一、会计科目的层次

会计科目（account title）是对会计要素进行分类的标志，它是设置账户的直接依据。在我国财政部门制定的统一会计制度中，会计科目为其重要组成部分。对会计科目的名称、编号、核算内容及账务处理方法都加以具体规定，就是为了使基层企业在账户设置和账户核算内容口径一致的基础上正确提供财务报表的各项指标，也便于对基层企业会计工作加强指导。尽管行业之间有些差别，但是，会计科目的经济性质不外乎资产、负债、权益、成本、损益 5 大类。

会计科目一般可分为 3 级：一级科目、二级科目、三级或明细科目。企业应根据财政部门统一规定的一级科目设置总分类账户或一级账户，根据企业的具体情况和管理的要求按照二级科目或明细科目设置二级账户或明细分类账户。每一个会计科目要编列一个“科目编号”，科目编号应当层次分明，能反映科目的类别、性质及排列顺序。一般先编类号（一位数），后编科目号（两位数、三位数）。在科目号中可以预留空号，以便科目增减变动时，不致影响整体科目号的顺序。会计科目编号的作用是：能使账户的排列有一定的顺序，能从编号反映科目的类别，使用会计科目时不易混淆；特别是在填制财务报表时，科目内容口径一致，便于翻阅和查账。应该注意，在填制会计凭证及登记会计账簿时，可以只填会计科目名称，不填会计科目编号或同时填会计科目编号和会计科目名称，但不可以只填会计科目编号而省去会计科目名称，那样容易造成差错，使日后查账困难。我国 2006 年 12 月 29 日发布的《企业会计准则——应用指南》规定的常用会计科目如表 3－5 所示。

表 3－5　　统一会计科目表

顺序号	编号	科目名称	顺序号	编号	科目名称
		一、资产类	28	2211	应付职工薪酬
1	1001	库存现金	29	2221	应交税费
2	1002	银行存款	30	2232	应付股利
3	1121	应收票据	31	2241	其他应付款
4	1122	应收账款	32	2251	预提费用
5	1123	预付账款	33	2501	长期借款
6	1221	其他应收款			三、所有者权益
7	1231	坏账准备	34	4001	实收资本
8	1402	材料采购	35	4002	资本公积
9	1403	原材料	36	4101	盈余公积
10	1405	库存商品	37	4103	本年利润
11	1411	周转材料	38	4104	利润分配
12	1481	待摊费用			四、成本类
13	1511	长期股权投资	39	5001	生产成本
14	1601	固定资产	40	5101	制造费用
15	1602	累计折旧			五、损益类
16	1603	固定资产减值准备	41	6001	主营业务收入
17	1604	在建工程	42	6051	其他业务收入

(续上表)

顺序号	编号	科目名称	顺序号	编号	科目名称
18	1606	固定资产清理	43	6111	投资收益
19	1701	无形资产	44	6301	营业外收入
20	1702	累计摊销	45	6401	主营业务成本
21	1703	无形资产减值准备	46	6402	其他业务成本
22	1801	长期待摊费用	47	6403	营业税金及附加
23	1901	待处理财产损溢	48	6601	销售费用
		二、负债类	49	6602	管理费用
24	2001	短期借款	50	6603	财务费用
25	2201	应付票据	51	6701	资产减值损失
26	2202	应付账款	52	6711	营业外支出
27	2203	预收账款	53	6801	所得税费用

会计科目虽然是对会计要素的具体内容进行分类的标志，但各个不同的会计科目是对会计要素进行分类的结果。会计科目仅仅是一种分类，它不能记录和反映各经济内容的增减变动情况及其结果。因此，需要根据规定的会计科目开设相应的账户。账户是按照会计科目设置并具有一定格式，用来分类、连续、系统地记录经济业务的账页。它由账户名称（会计科目)、账户的格式组成。

二、会计科目与账户的关系

会计科目和账户既有联系，又有区别。在实际工作中，人们往往将其混为一谈。

1. 联系

会计科目和账户的联系表现在：账户是根据会计科目设置的。会计科目是账户的名称，没有会计科目，就无法设置账户。即使设置了很多账页，若没有冠上相应的会计科目，会计人员也无法按经济业务分门别类地进行记录和反映。就像图书馆有了许多书架，而书架上未标明应放和所放书籍的标志，图书管理人员将无法分门别类地将书摆在书架上，更难查找所要的书籍。但是，只有会计科目而没有账户，会计人员也无法把所发生的经济业务记录下来。就像图书馆有了各种分门别类的书籍标志，由于没有书架，图书管理人员无法将购回的大量书籍分类地存放起来。因此，会计科目和账户是相互依存、密切联系的，只有把会计科目和账户有机地结合起来，才能完成记账的任务。

2. 区别

会计科目和账户虽有密切的联系，但两者有着本质的区别，主要表现在：①两者的概念不同。会计科目是对会计要素进行分类的标志；账户是记录由于发生经济业务而引起会计要素的各项目增减变化的空间场地。这就像门牌号码和房子的区别一样。②两者的形态不同。会计科目仅仅是一个分类的标志，它没有结构，不能记录和反映经济业务内容。账户有借方、贷方和余额，账户能记录和反映经济业务的增减变动情况及结果。除此之外，账户与会计科目的区别还表现在设置账户是会计核算的重要方法之一；会计科目的设置则是会计制度的组成部分。

第三节 复式记账原理

一、记账方法的种类

设置账户是会计核算过程的基本环节，在设置账户的基础上，如何将企业日常发生的经济业务准确地记入各有关账户中，则是由记账方法决定的。因此，要正确地记录经济业务，除设置账户以外，还应该采用科学的记账方法。记账方法是指根据一定的原理，运用一定的记账符号和记账规则，记录经济业务于账簿之中的一种手段。记账方法按其记录是否完整分为单式记账法和复式记账法。

1. 单式记账法

单式记账法（single entry method）是对发生的经济业务，只通过一个账户进行单方面的登记。它不要求作全面的、相互联系的登记。如对销售一批产品取得1 000元现金的经济业务，只在“现金”账户中记录增加额，不需反映收入的实现、存货的减少；对以银行存款5 000元购入材料一批的经济业务，只在“银行存款”账户中记录减少额，不需记录材料存货的增加。单式记账法主要记录现金、银行存款，“人欠我、我欠人”的增减变动情况。对于存货的增减、费用的增减、收入的实现等不作记录。因此，单式记账法的记录结果，不可能提供比较全面、完整的会计信息，同时，单式记账法记录的正确性难以保证。由于单式记账法不能全面、完整地反映企业每项经济业务，因而它不适应经济活动比较复杂的企业要求，也难以满足企业不断提高经营管理水平的需要。

2. 复式记账法

复式记账法（double entry method）是与单式记账法相对应的一种记账方

法。复式记账法是指对每笔经济业务发生所引起的一切变化，都以相同的金额在两个或两个以上的账户中进行相互联系的登记。例如，企业销售一批产品收到3 000元存入银行。对于这笔经济业务，采用复式记账法，一方面需要在“银行存款”账户中登记银行存款增加了3 000元，另一方面需要以相等的金额在“主营业务收入”中登记收入增加了3 000元，即要在两个或两个以上的账户中以相同金额进行登记。

采用复式记账法，能够把企业发生的每笔经济业务，相互联系地、全面地记入有关的账户中，从而能够完整地、系统地反映企业经济活动及资金变化的来龙去脉。

复式记账法同单式记账法相比，其主要特点是能完整地记录企业经济业务所引起的企业资产、负债、所有者权益的增减变化，能反映企业经济活动变化的来龙去脉，能保证会计记录的正确性。

复式记账法是经过长期的会计实践逐步形成的。在我国曾采用过3种复式记账法：①借贷复式记账法；②增减复式记账法；③收付复式记账法。其中借贷复式记账法是当今世界上比较科学、严密和完善的一种复式记账法。我国《企业会计准则——基本准则》第七条规定：会计记账采用借贷记账法。

二、借贷记账法

1. 借贷记账法的产生

借贷记账法在13世纪产生于意大利的佛罗伦萨市，是适应当时借贷资本的需要而产生的。账户的设置是将账页分割为上下两部分，账页上部分为借方，反映企业债权的发生和债务的偿还；下部分为贷方，反映企业债务的发生和债权的收回（表3-6）。

表3-6a

张三（借主）

借方	企业记借主张三借入数
贷方	企业记借主张三归还数

表3-6b

李四（贷主）

借方	企业记贷主李四收回数
贷方	企业记贷主李四贷出数

这时的“借”、“贷”是从借贷资本家的角度出发的，“借”、“贷”分别指借主和贷主。因此记录对象只限于借主和贷主，不能记录购入的各种财物。从记录的形式、记录的范围和记账符号考察，这种人名账户还不可避免地带有“稚气”，但它对复式簿记的进一步健全开创了一个良好的开端。继人名账户以后，佛罗伦萨人又把精力主要放到如何设置和运用物名账户上，在只记录人的

债权债务的基础上，又将物的增减变化也纳入了记录范围，从而开拓了会计账簿记录对象的新领域，并且使“借”、“贷”的原意消失，逐渐转为纯技术符号。14 世纪热那亚也产生了独具特点的簿记方法：账户设置将每一账页分割成上下两方的形式改变成左右两方，左侧为借方，右侧为贷方（表 3－7）。

表 3－7a

张三（借主）

借方	贷方
借主方	
企业记录借主 张三的借入数	企业记录借主 张三的归还数

表 3－7b

李四（贷主）

借方	贷方
	贷主方
企业记录贷主 李四的收回数	企业记录贷主 李四的贷出数

这种左右对照的账户形式的出现，是会计管理的要求和经济发展的必然结果。15 世纪威尼斯簿记法的产生使借贷记账法得到了更进一步的完善。巴尔巴里戈家对余额账户的设置尤具意义。通过余额账户，所有总账的借方记录和贷方记录的余额得到了统一的汇总反映。借助于余额，人们还试图利用贷方余额合计必须等于借方余额合计的原理，进行平衡试算，以验证账目记录的正确性。所以，余额账户实际上就是试算表，是资产负债表的雏形，是体现复式记账思想的财务报表发展的第一阶段。

20 世纪 50 年代在我国出现了几次全国性的关于记账方法问题的争论，其争论的焦点都集中在高度抽象、高度概括的记账符号“借”、“贷”二字上，试图用别的符号代替它，从而产生了我国特有的增减记账法和收付记账法。20 世纪 80 年代以后，借贷记账法在我国渐渐得以恢复。特别可喜的是，我国于 1992 年颁布的《企业会计准则—— 基本准则》已明确规定企业会计采用借贷记账法。

2. 借贷记账法的内容

借贷记账法（debit/credit double entry bookkeeping system）是借贷复式记账法的简称。借贷记账法的概念，可通过以下表述概括其实质：借贷记账法是以“借”、“贷”为记账符号，运用复式记账原理登记经济业务的一种记账方法。具内容特征表现在以下几个方面：

（1）记账符号。记账符号（entry mark or symbol）是指用来确定发生的经济业务应当记入某一账户的特定部位（或方向）的标志。只有按照记账符号的方向去记账，才能避免差错，保证会计记录的正确性。不同的记账方法有自己特有的记账符号。记账符号是记账方法的重要因素，它体现出特定的记录方法的一个特征，可以说它在特定的记录方法中有着非常重要的地位。借贷记账法采用的记账符号是“借”（debit，简写为 Dr）、“贷”（credit，简写为 Cr）二字。“借”、“贷”二字最初分别有借进、贷出之实际意义，随着物名账户和资本、费用、收入账户的出现，“借”、“贷”已失去原有意义，仅仅作为符号或标志。

（2）会计平衡公式。会计平衡公式（accounting equation）是设置账户、复式记账和编制财务报表的重要依据。不同记账方法对客观存在的平衡有不同的认识。借贷记账法的平衡公式是：

资产 = 负债 + 所有者权益

利润 = 收入 - 费用

资产 = 负债 + 所有者权益 + 收入 - 费用

资产 = 负债 + 所有者权益 + 利润

（3）账户的设置。借贷记账法的账户设置与上述平衡公式存在着内在联系。按照平衡公式左边资产的有关具体项目设置的账户，一般都属于借方余额型账户；按照平衡公式右边负债和所有者权益的有关具体项目设置的账户，一般都属于贷方余额型账户。除此之外，为了核算企业的收益，还要设置损益类账户，包括收入类账户和成本、费用、支出类账户。损益类账户年末一般没有余额，所以称为虚账户（nominal account）或临时性账户（temporary account）。资产、负债、所有者权益类账户年末一般都有余额，所以称为实账户（real account）或永久性账户（permanent account）。

企业经济业务的发生，无论多么复杂，不外乎资产、负债、所有者权益、收入、费用、利润的增减变化。在这些变化中，何者视为“借”，何者视为“贷”是有一定规律可循的。会计要素的变化情况一般有 12 项：

①资产增加	②资产减少
③负债增加	④负债减少
⑤所有者权益增加	⑥所有者权益减少
⑦费用增加	⑧费用减少
⑨收入增加	⑩收入减少
⑪利润增加	⑫利润减少

“借”、“贷”与增减不完全相同，究竟什么时候记入账户的借方、什么时候记入账户的贷方，取决于会计要素的性质。一般来说，凡引起资产增加时，

应记入资产账户的借方；相反，凡引起资产减少时，应记入资产账户的贷方。凡引起负债或所有者权益增加时，应记入负债或所有者权益账户的贷方；相反，凡引起负债或所有者权益减少时，应记入负债或所有者权益账户的借方。由于收入、利润的增减为所有者权益的增减，所以收入、利润账户借、贷与所有者权益账户借、贷是一致的；由于费用的增减为所有者权益的减增，所以费用账户借、贷与所有者权益账户借、贷相反，而与资产账户的借、贷是一致的。

（4）记账规则。记账规则（recording regulation）不是由人们的主观意志作出的规定，而是记账方法各组成要素有机结合构成的方法体系本身的内在要求。记账规则可以作为该种记账方法记录经济业务的指导，也可以用来作为事后检查记账、算账是否正确的依据。因此，记账规则的科学与否直接体现该种记账方法的科学与否。

借贷记账法的记账规则是什么？是否科学？我们可以通过以下例子加以归纳、总结。

如果从资产、负债、所有者权益、费用和收入 5 个要素考察的话，企业经济业务归纳起来不外乎 25 类。由于“收入 - 费用 = 利润”，从资产、负债、所有者权益和利润 4 个要素考察的话，企业经济业务归纳起来不外乎 16 类。又由于利润也就是所有者的权益，从资产、负债、所有者权益 3 个要素考察的话，企业经济业务不外乎 9 类，如图 3 - 1 所示。

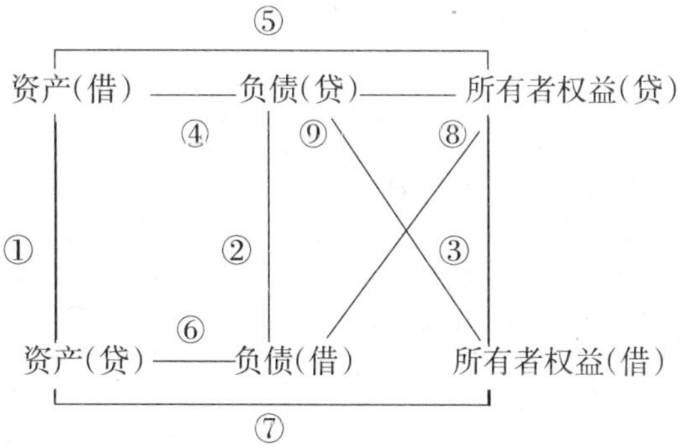

①资产与资产交换
②负债与负债交换
③所有者权益与所有者权益交换
④以负债取得资产
⑤资产、所有者权益同增
⑥以资产偿还负债
⑦放弃资产减少权益
⑧增加所有者权益减少负债
⑨承担负债减少所有者权益

图 3 - 1　会计要素变动关系

【例1】企业收到投资者投入现金20 000元。

此经济业务一方面引起企业现金增加20 000元，同时，引起实收资本或股本增加20 000元，即资产与所有者权益同时增加。现金增加表示资产增加，应记入“库存现金”账户的借方；实收资本或股本增加表示所有者权益增加，应记入“实收资本”或“股本”账户的贷方。其情形如表3－8所示。

表3－8a

库存现金

借	贷
①20 000 （资产增加）	

表3－8b

股本

借	贷
	①20 000 （所有者权益增加）

【例2】企业以现金4 000元购入设备1台。

此经济业务一方面引起现金资产减少4 000元，同时，引起设备资产增加4 000元，即资产内部一增一减。现金减少表示资产减少，应记入“库存现金”账户的贷方；设备增加表示资产增加，应记入“固定资产”账户借方。其情形如表3－9所示。

表3－9a

固定资产

借	贷
②4 000 （资产增加）	

表3－9b

库存现金

借	贷
①20 000	②4 000 （资产减少）

【例3】企业购买材料8 000元，货款暂欠，材料已验收入库。

此经济业务一方面引起材料增加，同时引起负债——应付账款增加，即资产与负债同时增加。材料增加表示资产增加，应记入“原材料”账户的借方；应付账款增加表示负债增加，应记入“应付账款”账户的贷方。其情形如表3－10所示。

表 3－10a

借 **原材料** 贷

借	贷
③8 000	
（资产增加）	

表 3－10b

借 **应付账款** 贷

借	贷
	③8 000
	（负债增加）

【例 4】企业从银行取得短期借款 5 000 元偿还应付账款。

此经济业务一方面引起短期借款增加，同时，引起应付账款减少，即负债内部一增一减。短期借款增加表示负债增加，应记入“短期借款”账户的贷方；应付账款减少表示负债减少，应记入“应付账款”账户的借方。其情形如表 3－11 所示。

表 3－11a

借 **应付账款** 贷

借	贷
④5 000	③8 000
（负债减少）	

表 3－11b

借 **短期借款** 贷

借	贷
	④5 000
	（负债增加）

【例 5】企业以现金 3 000 元偿还银行短期借款。

此经济业务一方面引起现金减少，同时引起短期借款减少，即资产与负债同时减少。现金减少表示资产减少，应记入“库存现金”账户贷方；短期借款减少表示负债减少，应记入“短期借款”账户的借方。其情形如表 3－12 所示。

表 3－12a

借 **短期借款** 贷

借	贷
⑤3 000	④5 000
（负债减少）	

表 3－12b

借 **库存现金** 贷

借	贷
①20 000	②4 000
	⑤3 000
	（资产减少）

【例 6】以现金 2 000 元退还某投资者的投入资本。

此经济业务一方面引起现金减少，另一方面引起实收资本减少，即资产与所有者权益同时减少。现金减少表示资产减少，应记入“库存现金”账户的贷方；实收资本减少表示所有者权益减少，应记入“实收资本”或“股本”账户的借方。其情形如表 3－13 所示。

表 3－13a

股本

借	贷
⑥2 000 （所有者权益减少）	①20 000

表 3－13b

库存现金

借	贷
①20 000	②4 000 ⑤3 000 ⑥2 000 （资产减少）

【例 7】企业宣布发放股利 6 000 元。

此经济业务一方面引起应付股利增加，另一方面引起利润分配增加（权益减少），即负债增加，所有者权益减少。应付股利增加表示负债增加，应记入“应付股利”账户的贷方；利润分配增加表示所有者权益减少，应记入“利润分配”账户的借方。其情形如表 3－14 所示。

表 3－14a

利润分配

借	贷
⑦6 000 （所有者权益减少）	

表 3－14b

应付股利

借	贷
	⑦6 000 （负债增加）

【例 8】企业将应付账款 3 000 元转化为资本。

此经济业务一方面引起实收资本增加，另一方面引起应付账款减少，即负债减少，所有者权益增加。实收资本增加表示所有者权益增加，应记入“实收资本”或“股本”账户的贷方；应付账款减少表示负债减少，应记入“应付账款”账户的借方。其情形如表 3－15 所示。

表 3－15a

应付账款

借	贷
④5 000 ⑧3 000 （负债减少）	③8 000

表 3－15b

股本

借	贷
⑥2 000	①20 000 ⑧3 000 （所有者权益增加）

【例9】企业按规定标准提取盈余公积1 600元。

此经济业务一方面引起盈余公积增加1 600元，另一方面引起利润分配增加1 600元，即所有者权益内部一增一减。盈余公积增加表示所有者权益增加，应记入“盈余公积”账户的贷方；利润分配增加表示所有者权益减少，应记入“利润分配”账户的借方。其情形如表3－16所示。

表3－16a

借　　利润分配	贷
⑦6 000 ⑨1 600 （所有者权益减少）	

表3－16b

借　　盈余公积	贷
	⑨1 600 （所有者权益增加）

上述9项经济业务，可用综合方式列表（表3－17）。

表3－17

经济业务	资产		= 负债		+ 所有者权益	
	借（＋）	贷（－）	借（－）	贷（＋）	借（－）	贷（＋）
①	20 000					20 000
②	4 000	4 000				
③	8 000			8 000		
④			5 000	5 000		
⑤		3 000	3 000			
⑥		2 000			2 000	
⑦				6 000	6 000	
⑧			3 000			3 000
⑨					1 600	1 600
	32 000	9 000	11 000	19 000	9 600	24 600
	23 000		= 8 000		+ 15 000	

根据以上9项经济业务的记录情况，我们不难发现，借贷记账法本身存在着这样一个客观规律，即任何一笔经济业务发生而记入账户时，都要记入一个账户（或几个账户）的借方，同时，还要记入在另一个账户（或几个账户）的

贷方。没有哪笔经济业务发生只记入账户借方而不记入账户贷方，也没有只记入账户贷方而不记入账户借方的情况。因此，人们对这一规律用 10 个字归纳为“有借必有贷，借贷必相等”。这就是借贷记账法的记账规则。借贷记账法的这一记账规则，已成为借贷记账法完整的科学方法体系的一个重要因素。它与借贷记账法的其他内容（平衡公式、记账符号、账户设置和试算平衡等）一并构成完整的、科学的借贷记账法的方法体系。

（5）试算平衡。试算平衡（trial balance）是借贷记账法完整方法体系的又一重要因素。人们在记账的过程中不可避免地会出现某些错误。记账的结果是否正确？用什么方法检查？不同的复式记账法在这方面各不相同，借贷记账法试算平衡的方法有两种：

①账户本期发生额试算平衡。由于借贷记账法的记账规则是“有借必有贷，借贷必相等”，即每一笔经济业务发生都有借方发生额和贷方发生额，并且借贷金额相等，因此企业在一定时期内无论发生多少笔经济业务，都能保证所有账户的借方发生额合计数等于所有账户的贷方发生额合计数，这就叫做本期发生额试算平衡。其公式是：

所有账户本期借方发生额合计 = 所有账户本期贷方发生额合计

②账户余额试算平衡。借贷记账法的会计平衡式是“资产 = 负债 + 所有者权益”。无论企业发生多少经济业务，这一平衡公式必定成立。我们可以从表 3 - 17 中发现这一点。由于资产类账户的余额一般在借方，负债类和所有者权益类账户的余额一般在贷方，损益类账户一般无余额，因此，余额试算平衡的公式为：

所有账户借方余额之和 = 所有账户贷方余额之和

或：

资产类账户借方余额之和 = 负债、所有者权益类账户贷方余额之和

如果试算平衡成立，则说明有关经济业务在数字计算、账户使用及登记方向等方面基本正确（不一定绝对正确），可据以编制财务报表。如果试算平衡不成立，则说明有关经济业务在数字计算、账户使用或者登记过程中有错误，必须及时查明，并予以更正。

三、借贷记账法的优点

借贷记账法自 1905 年传入我国，经历了不同发展阶段，逐步得到完善。

实践证明，借贷记账法的方法体系严密完整，能够系统、全面地反映经济活动的变化情况，是一种比较科学的记账方法。其优点主要有：

（1）记账规则科学。借贷记账法的记账规则以“有借必有贷，借贷必相等”10个字高度概括，言简意赅、含义明确、易记易用。根据“有借必有贷，借贷必相等”的规则进行记账的结果，可以做到时时平衡、处处平衡，即所谓“自动平衡”，而且这种平衡方法简便易行，有利于防止或减少差错，从而保证会计信息的正确性。

（2）对应关系清楚。由于借贷记账法的记账规则是“有借必有贷，借贷必相等”，按照此规则将经济业务记入账户后，能清楚地反映账户之间的对应关系，并能体现出经济活动中价值运动的来龙去脉。

（3）试算平衡简便。每一项经济业务发生，都是按照一方面记入有关账户的借方，另一方面记入有关账户的贷方，并且借方和贷方以相等金额进行登记，其结果是所有账户借方发生额之和必定等于所有账户贷方发生额之和。按照这一平衡原理进行试算平衡时，方法极为简便，且易于发现错误。

除此之外，采用借贷记账法有利于会计电算化的普及和发展；有利于贯彻对外开放政策，引进外资，加强国际经济合作；有利于我国会计与国际会计惯例接轨。

借贷记账法的不足是：对于初学者来说，难以理解资产和费用的增加应记入账户的借方，而负债、权益、收入的增加要记入其账户的贷方。

复习思考题

1. 什么是会计账户？为什么要设置账户？
2. 账户的基本结构是什么？
3. 在借贷记账法下，账户的借方反映什么？贷方反映什么？余额表示什么？
4. 账户与会计科目的关系如何？
5. 什么是单式记账法？什么是复式记账法？两者有何不同？
6. 借贷记账法的记账规则是什么？
7. 我国采用过哪几种复式记账法？
8. 借贷记账法的科学性主要体现在哪里？
9. 企业经济业务一般有哪几种类型？试举例说明。
10. 什么叫试算平衡？怎样进行试算平衡？

主要名词

会计账户　账户结构　账户名称　账户余额　账户发生额　会计科目　一级科目　二级科目　明细科目　单式记账法　复式记账法　借贷记账法　记账规则

试算平衡

习题一

把表3－18中的经济业务，按借贷记账法的记账规则列出各要素的对应关系：

表3－18

业务内容	借方科目	金 额	贷方科目	金 额
①以银行存款购买材料5 000元，已入库				
②从银行借入10 000元，存入银行				
③从外单位购入材料，3 000元货款暂欠				
④将现金1 000元存入银行				
⑤收到投资者投资款50 000元，存入银行				
⑥收到外单位的固定资产投资计价20 000元				
⑦以银行存款偿还应付款2 000元				
⑧以现金支付厂部电话费500元				

习题二

某企业2009年5月发生了以下经济业务：

（1）1日收到甲对企业的现金投资500 000元存入银行；乙对企业投资1台设备，协商作价200 000元；丙对企业投资1项无形资产土地使用权，协商作价300 000元。

（2）2日从银行借入短期借款400 000元存入银行。

（3）3日企业用银行存款从B公司购入一批甲材料已入库。材料的实际成本为200 000元。

（4）4日企业从A企业购入一批乙材料已入库，价款150 000元，货款暂欠。

（5）5日企业从银行借入短期借款150 000元，偿还A企业的购货款。

（6）6日生产车间从材料仓库领用材料用于生产产品A 30 000元。

（7）7日企业从银行提取现金10 000元以备零用。

（8）8日企业以银行存款35 000元购入设备1台。

（9）9日企业向股东宣告将发放现金股利250 000元，股利暂时还未发放。

（10）10 日企业经其他股东同意，丙抽回其投资 100 000 元，企业以现金支付。

（11）11 日企业以银行存款偿还银行短期借款 180 000 元。

（12）12 日经全体股东同意，将银行借款 200 000 元转作投资，银行成为企业股东之一。

（13）13 日企业预收 N 公司的购货款 40 000 元存入银行。

（14）14 日企业以银行存款 80 000 元向 H 公司投资，成为 H 公司的股东之一。

（15）15 日经全体股东同意，将以前未分配完的利润转作股本 100 000 元（分配股票股利）。

将以上各项经济业务填入表 3－19，并检验其平衡关系。

表 3－19

经济业务	资产		= 负债		+ 所有者权益	
	借（+）	贷（－）	借（－）	贷（+）	借（－）	贷（+）

第四章　会计循环

企业每天发生的经济业务多达几百甚至上千项。会计人员作为会计信息的提供者，应如何处理这些经济业务并通过加工，以满足会计信息使用者的需要呢？本章将介绍会计循环——会计人员收集资料、记录加工、编制报表、提供信息的过程。

通过本章的学习，应该掌握以下内容：

（1）会计循环及其具体内容或步骤；

（2）会计分录的分类和编制；

（3）总分类账与明细分类账的登记；

（4）试算平衡的编制；

（5）调账的类型及调账的方法；

（6）结账的方法。

第一节　会计循环概述

会计从原始凭证到编制会计报告需要经过一系列会计加工过程，这些过程或步骤被称为会计循环。会计循环这一名词是近几年从西方会计中引进来的。将会计循环与我国的会计核算方法有机结合起来，将能提供有用的会计信息。

一、会计循环的意义

会计循环（accounting cycle）是指企业会计人员根据日常经济业务，按照会计准则要求，采取专门的会计方法，将零散、复杂的会计资料加工成为满足会计信息使用者需要的信息的处理过程。之所以称为会计循环，是因为在会计期间假设的前提下，会计人员在某一会计期间内处理会计事项，均是按照比较固定并依次继起的几个步骤来完成的，下一个会计期间又是按照上一个会计期间的那些步骤处理会计事项、提供会计信息的。

正确组织会计循环的意义在于：①能将企业发生的繁多且复杂的经济业务进行收集、加工、编制报表，向会计信息使用者提供必要信息；②能将会计人员的工作组织得有条有理，按照会计循环的先后顺序，合理安排人员，进行分工协作，以保证按时、按质提供会计信息。

二、会计循环的具体内容

会计循环是会计人员在某一会计期间内，从取得经济业务的资料到编制财务报表所进行的会计处理程序和步骤。一个完整的会计循环一般包括以下 6 个步骤：

（1）编制会计分录（journalizing）。对企业发生的各种会计事项，应取得原始凭证，经由相关人员审核后，按照复式记账法原理编制会计分录，在会计分录簿中进行序时记录。

（2）过账（posting）。根据会计分录簿或记账凭证中记录的情况，将会计分录中应借、应贷金额过入相应的分类账户，包括总分类账户和明细分类账户。

（3）试算平衡（trial balance）。根据会计分录簿记录、编制本期发生额试算平衡表，或根据各分类账户的余额编制余额试算平衡表，检查其记录的正确性。

（4）调账（adjustment）。按照权责发生制的要求，对有关收入和费用账户进行调整，在会计分录簿中编制必要的调账分录并过入分类账。

（5）结账（closing）。一般于年终将收入和费用等过渡性账户（虚账户）予以结清转入本年利润账户，于下年度重新开设此类账户。同时，将资产、负债和所有者权益账户（实账户）年末结清后转入下年度期初。

（6）编制报表（prepare statements）。根据各分类账户的有关资料编制财务报表。资产负债表可根据各账户的期末余额或余额试算平衡表编制；利润表根据收入、费用账户本期发生额编制；财务状况变动表（现金流量表）根据资产负债表和利润表以及其他有关资料编制；利润分配表根据利润表和其他有关资料编制。

以上 6 个步骤是会计循环的全部内容。会计循环所包括的这些步骤，在实际工作中，一般在年终时才全部使用，平时则不一定每个步骤都要按部就班、依次办理。这是因为企业所使用的各种会计账簿，在年度中间，一般都无须经常予以结清，如收入和费用账户一般是按表结法计算各期收益，而不需要进行会计账簿结清。也就是说，平时一般只进行（1）、（2）、（3）、（4）、（6）步骤，第（5）步于年终进行。会计循环如图 4－1 所示。

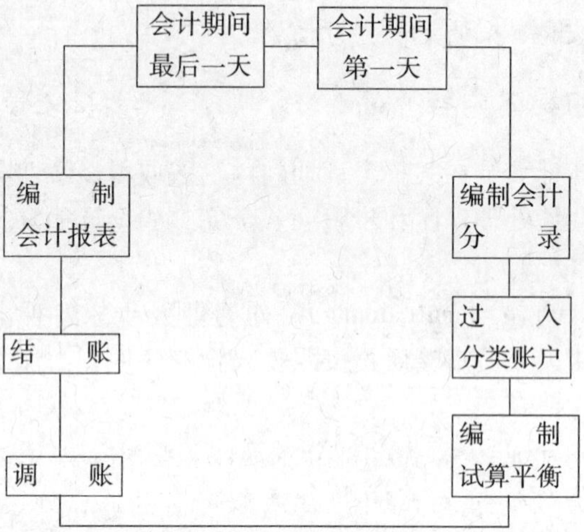

图4-1 会计循环

第二节 编制会计分录

一、会计事项

会计事项（accounting event or transaction），也叫交易事项或经济业务。会计人员需要处理的不是企业发生的所有事项，而仅仅指交易事项，即会计事项。会计上所称的交易，其含义与通常讲的交易略有不同。就会计观点而言，凡是足以使企业资产、负债、所有者权益、收入、费用、利润等要素发生增减变化的事项或行为都为会计交易事项。例如，企业销售一批产品收到现金，一方面引起企业现金资产增加，另一方面引起企业收入（所有者权益）增加。同时，一方面会引起企业库存商品资产减少，另一方面引起企业成本费用增加（所有者权益减少）。这种事项当然属于交易事项。假如企业因火灾烧毁房屋一栋，虽然从一般意义上讲这不属于交易行为，但就企业本身来说已造成损失而减少了企业资产，所以，就会计观点而言，它属于会计交易事项。相反，如果企业与他人订立购货合同或与外单位签订销货合同，虽然从一般意义上讲是一种交易行为，但是，此种事项并未引起企业资产、负债、所有者权益、收入、费用、利润等发生变化，就会计观点而言，不属于会计交易事项。因此，会计上的交易事项（会计事项）的特点有：①能够以货币计量的经济事项；②能引起企业（会计主体）资产、负债、所有者权益、收入、费用、利润增减变动的经济事项。

会计的交易事项（会计事项）可按不同的标准分为不同的种类：①按交易事项发生的地点不同，可分为对外交易事项（external transaction）和对内交易事项（internal transaction）。对外交易事项是指企业发生此笔业务与企业外部单位或个人有关，如销售产品、购入材料等。对内交易事项是指企业发生此笔业务与企业外部单位或个人无关，仅与企业内部单位或个人有关，如职工借款、车间领用材料等。②按交易内容的繁简，可分为简单交易事项和复杂交易事项。简单交易事项的发生只涉及企业两个会计科目，而复杂交易事项的发生会涉及企业两个以上的会计科目。

二、会计分录

1. 会计分录的定义

企业发生的每笔会计事项，都应该获得一张原始凭证作为会计人员记录的依据。会计人员对审核无误的原始凭证所记载的经济业务内容进行分析，按照复式记账法的规则，在相应的账户内进行会计记录，这种会计记录叫做会计分录。换句话说，会计分录（accounting entry）是会计人员根据企业经济业务发生所取得的审核无误的原始凭证，按照复式记账规则，指明应借、应贷方向，会计科目及其金额的一种记录。编制会计分录是会计循环的第一步骤，也是最基本、最重要的一个环节。它的正确与否直接影响会计循环的其他环节，且影响最后提供的会计信息的质量。因此，及时收集会计资料，严格审核会计凭证，认真分析业务内容，正确编制会计分录对提供及时、完整、高质量的会计信息具有重要意义。

2. 会计分录的类型

会计分录根据会计事项的繁简不同，可分为简单会计分录和复合会计分录。简单会计分录（single entry）是指会计事项发生只需要在两个账户中进行反映的记录。复合会计分录（compound entry）是指会计事项发生需要在两个以上账户中进行反映的记录。

会计分录的正确书写应该是先借后贷，并且借、贷符号和账户名称（会计科目）及其金额都应错开，以保持借贷账户清晰明了。“贷”的符号、会计科目、金额均应分别比“借”的符号、会计科目、金额退后一个字。借、贷符号后均带冒号“：”。在一借多贷的会计分录中可写多个“贷”，也可只写第一个“贷”，其余的“贷”可省略。在多借一贷的会计分录中，可写多个“借”，也可只写第一个“借”，其余的“借”可省略。

教学中会计分录的常用书写格式为：

借：会计科目1　　　　金额
　贷：会计科目2　　　　金额

【例1】某企业财务部门开出1张现金支票从银行提取现金1 000元作为备用金。

该项会计事项的原始凭证是财务部门自己开出的现金支票存根。该项业务发生，一方面引起财务部门的现金增加1 000元，应记入“库存现金”账户的借方；另一方面引起本企业银行存款减少1 000元，应记入“银行存款”账户的贷方。其会计分录为：

借：库存现金　　　　1 000
　贷：银行存款　　　　1 000

由于该项业务发生只需在“库存现金”、“银行存款”账户中进行记录，因此，其会计分录属于简单会计分录。

【例2】某企业购买材料5 000千克，单价10元，合计价款50 000元。以银行存款支付40 000元，余款暂欠（暂不考虑增值税）。

该项业务发生，一方面引起企业材料资产增加50 000元，应记入“原材料”账户的借方；另一方面引起企业资产减少40 000元，应记入“银行存款”账户的贷方，还引起企业负债增加10 000元，应记入“应付账款”账户的贷方。其会计分录为：

借：原材料　　　　50 000
　贷：银行存款　　　　40 000
　　　应付账款　　　　10 000

由于该项业务发生需要在“原材料”、“银行存款”、“应付账款”3个账户中进行记录，因此，其会计分录属于复合会计分录。

【例3】某企业销售一批电视机50台，单价2 000元，货款共计100 000元。其中60 000元已收到转账支票存入银行，余款对方暂欠（暂不考虑增值税）。

该项业务发生，一方面引起企业收入增加100 000元，应记入“主营业务收入”账户的贷方；另一方面引起企业银行存款增加60 000元，应记入“银行存款”账户的借方，还引起企业债权增加40 000元，应记入“应收账款”账户的借方。其会计分录为：

借：银行存款　　60 000
　　应收账款　　40 000
　贷：主营业务收入　　100 000

由于该项业务发生需要在“银行存款”、“应收账款”、“主营业务收入”3个账户中记录，因此，其会计分录属于复合会计分录。

【例1】的会计分录为一借一贷的会计分录，即简单会计分录。【例2】的会计分录为一借多贷的会计分录，【例3】的会计分录为多借一贷的会计分录，【例2】和【例3】均为复合会计分录。一笔复合会计分录可以编制成多笔简单会计分录。我们可以把【例2】的业务编制成两笔简单会计分录：

（1）借：原材料　　40 000
　　　贷：银行存款　　40 000
（2）借：原材料　　10 000
　　　贷：应付账款　　10 000

这样编制的会计分录也是正确的，只是显得有些烦琐，一般没有必要这样分开编制会计分录。另外，原始凭证也不能分开使用，一般编制会计分录是要以原始凭证为依据的。

3. 需要注意的问题

编制会计分录需要注意以下问题：

（1）每笔经济业务均需编制一个会计分录。在实际工作中，为了简化手续，减少记账工作量，也可以在对多笔同类经济业务加以汇总的基础上，编制一个会计分录。

（2）从理论上讲，只能编制一借一贷、一借多贷、多借一贷的会计分录，不能编制多借多贷的会计分录。因为，多借多贷的会计分录难以反映会计账户的对应关系。但是，随着经济业务的不断复杂化，在实际工作中也允许编制多借多贷的会计分录，以简化会计核算手续。如某职员从企业借款 5 000 元现金出差，购回原材料 4 500 元，发生各种差旅费用 2 000 元，回厂报销时，出纳付给该职员 1 500 元。该职员借款时的会计分录为：

借：其他应收款　　5 000
　贷：库存现金　　5 000

该职员回厂报销时会计分录为：

借：管理费用　　2 000
　　原材料　　4 500
　贷：其他应收款　　5 000
　　　库存现金　　1 500

（3）随着世界经济全球一体化、会计的国际化或各国会计与国际会计惯例接轨，在编制会计分录时，记账符号“借”可用Debit或Dr代替，“贷”可用Credit或Cr代替。【例1】的会计分录可写成：

Debit：库存现金　　1 000

　Credit：银行存款　　1 000

或：

Dr：库存现金　　1 000

　Cr：银行存款　　1 000

在西方会计中，也可能完全省略借贷符号，会计分录中只有“会计科目”和“金额”两项内容，一定要注意将应借的“会计科目”、“金额”与应贷的“会计科目”与“金额”错开，不能对齐。如【例1】的会计分录可写成：

库存现金　　1 000

　银行存款　　1 000

三、分录簿的格式和登记

对于企业发生的经济业务，在取得原始凭证后，应按会计分录的形式记录下来，以便作为过账的依据。在实际工作中，编制会计分录是在“记账凭证”中进行的（“记账凭证”将在后面有关章节具体介绍）。会计分录簿（journal）是一种最初记录会计分录的序时簿记，一般适用于小型企业和会计教学。

分录簿又称为日记账，是一种序时记录簿。分录簿主要用来对企业日常发生的经济业务，按照业务发生的先后顺序，指出其应借、应贷会计科目及金额并记载其发生日期与必要说明，故又称原始记录簿。在分录簿中进行登记的主要作用有：

（1）通过分录簿可以减少记账的错误。企业的会计事项如果不通过分录簿而直接记入各有关账户，就很有可能发生漏记或重记的错误，使用分录簿以后，可以使这类错误减少到最低限度。这是因为在分录簿中将每笔会计事项应借、应贷的账户记在一起，即使存在某些错误，发现问题也极为容易。

（2）通过分录簿可以了解会计事项的概貌。分录簿中的每笔分录，除了应借、应贷的账户外，还记有简要的说明。这些简要说明提供了每笔会计事项的概貌，便于了解企业的经营情况和经营过程。

（3）分录簿便于日后查考。分录簿是按照会计事项发生日期的顺序所做的会计记录，如果需要查阅过去某一日或某一期间发生的经济业务，只需查阅分录簿便能得到所需资料。

由于分录簿具有以上3个作用，所以，经济业务发生后，首先就要记入分录簿。分录簿的格式如表 4－1 所示。

表 4－1　　**分录簿格式**　　单位：元

2009 年		序号	摘要	会计科目	借方金额	贷方金额
月	日					
5	1		开出支票提取现金	库存现金	1 000	
				银行存款		1 000
	2		以银行存款购料，余款暂欠	原材料	50 000	
				银行存款		40 000
				应付账款		10 000
	8		销售产品一批，收到部分款项，余款暂欠	银行存款	60 000	
				应收账款	40 000	
				主营业务收入		100 000

第①栏为年月日。该日期为编制会计分录之日期，有时与原始凭证的填制日期相同，有时在原始凭证填制日期之后，大部分情况是后者。

第②栏为序号。该栏标明的序号是经济业务的顺序号，也可以说是记账凭证的编号。

第③栏为摘要。分录簿的摘要是会计分录的补充说明，目的是使有关人员对交易事项有更清晰的了解。摘要栏要求用简洁明了、高度概括的文字，扼要地注明每笔业务的内容事实和完成过程。

第④栏为会计科目（账户名称）。会计分录的应借、应贷科目既要列明总账科目，又要列明明细科目（有明细科目的账户）。如果一个总账科目有几个明细科目，只需写一个总账科目。

第⑤栏为借方金额，第⑥栏为贷方金额。在简单会计分录中，借、贷各有一相等之金额。若为复合会计分录，则借方金额之和必定等于贷方金额之和。

必须注意，在登记分录簿时，如果某一页最后剩余部分不够记载一笔会计事项的全部分录，可以任其空白，而将该分录全部记入下一页，切不可将它分记在前后两页上。

为了保持会计反映、控制的连续性，分录簿的第一页登记完毕，需要转入第二页时，应将借方、贷方金额分别加总，记入第一页的最后一行，并在摘要栏内写上“转次页”；在第二页首行的摘要栏内写上“承前页”。每日登记完毕，应当将借方、贷方金额加计总数，检查双方金额是否平衡。

序时账簿从分录簿开始，后来发展到普通日记账、特种日记账、多栏式日记账。在现代会计实践中，为了减少核算工作的重复劳动，一般采用以会计分录为主要内容的“记账凭证”。按照经济业务内容分类，根据经济业务发生的先后顺序依次排列、装订成册，用记账凭证代替分录簿的序时记录。

第三节 过入分类账

根据经济业务发生时取得的原始凭证，会计人员对其进行分析、审核无误后，在记账凭证上编制会计分录，这是会计循环的第一步。然后，应根据记账凭证登记有关总分类账和明细分类账，为编制会计报表提供比较总括的资料。

一、分类账的概念及其种类

会计所用的主要会计账簿，除日记账外，还有分类账。分类账（ledger）是按照会计要素的具体内容分类设置的账户，它与日记账不仅在使用程序上有先后之别，而且在记载方式上也不完全相同。经济业务发生以后，首先根据原始凭证记入分录簿或记账凭证，然后再过入分类账。一般来说，每一会计科目设立一个账户，专门记录这一科目内容的增减数额。汇集账户于一处账册，称为分类账簿。也就是说，分类账是账户的整体，账户是分类账的个体。分类账具有以下 3 个特点：

（1）为归类之会计账簿。分类账的每一账户，代表资产、负债、所有者权益、收入、费用的每一个项目；有关这一项目的经济业务，方可记入这一科目的账户内。分类账是将分录簿或记账凭证所记的内容进行重新归类，分类账的设置以会计科目为依据。

（2）为终结之记录。经济业务发生后，首先记入分录簿或记账凭证。分录簿所记载的内容，必须转记到分类账的各账户之中，以便将会计事项进行分门别类的整理。因此，分类账属于最后的终结记录。

（3）为编制报表提供依据。会计的目标是使会计信息使用者了解企业资产、负债、所有者权益的状况和经营损益之结果。依据资产、负债、所有者权益的数额可以判断企业财务状况的优劣；依据损益的数额可以判断企业经营业绩的好坏。这两者均有赖于财务报表的编制。然而，编制报表的资料，无法从分录簿或记账凭证中获得，只能从分类账中得到。

分类账按照反映经济业务的详细程度不同，可分为总分类账（general ledger）和明细分类账（subsidiary ledger）。总分类账是按照一级科目设置，提供总括资料的分类账；明细分类账是按照二级科目或明细科目设置，提供详细资料的分类账。

二、设置总分类账户和明细分类账户的意义

1. 同时设置总分类账户和明细分类账户的作用

同时设置总分类账户和明细分类账户主要是为了满足经营管理的要求。经营管理者要求会计人员一方面要提供会计要素各项目的综合总括资料，另一方面要提供会计要素各项目的详细具体资料。综合总括资料可以通过总分类账户来提供，详细具体的资料可以通过明细账户来提供。例如，“原材料”总分类账户可以提供企业在原材料方面占用的资金数额，用以反映原材料方面占用的资金是否过多、是否超过了预定限额，从而将原材料方面占用的资金控制在合理的范围之内。但是，单纯有了原材料占用的总额还不够，还需要了解各种原材料的占用情况。在实际工作中，也可能出现原材料占用总额在合理的数额之内，而个别原材料存在超储积压的情况；或者原材料总额超过了规定的限额，而个别原材料存在不足的情况。这些情况只有通过明细分类账户才能反映出来。因此，同时设置总分类账户和明细分类账户，可为经营管理者提供既综合总括又详细具体的会计信息，便于经营管理者进行生产经营控制和决策。

2. 总分类账户与明细分类账户的关系

（1）总分类账户与明细分类账户的联系：总分类账户是其所属明细分类账户的综合账户，对所属明细分类账户起着统驭作用；明细分类账户是有关总分类账户指标的具体化和必要补充，对有关总分类账户起着辅助和补充作用。明细分类账户是有关总分类账户的从属账户。总分类账户和明细分类账户都是根据同一会计事项，为说明同一经济指标，相互补充地提供既综合总括又详细具体的会计信息。

（2）总分类账户与明细分类账户的区别：总分类账户与明细分类账户除在设置的依据、提供的指标详细程度方面不同外，在使用量度上也具有不同点。由于总分类账户是按照一级会计科目设置的，主要提供综合总括资料，因此，主要采用货币量度，只反映金额，不反映数量。而明细分类账户是按照明细科目设置的，主要提供详细具体资料，因此，除了采用货币量度外，还要采用实物量度。如原材料的明细账户，既要反映金额又要反映数量。正因为总分类账户和明细分类账户提供的指标详细程度不同，采用的量度单位不同，因而，两种账户的格式也有差别。总分类账户的格式是借、贷、余三栏式；明细分类账户的格式既有借、贷、余三栏式，又有数量金额六栏式。具体格式和内容见第八章。

三、总分类账户和明细分类账户的平行过账

在进行总分类账户和明细分类账户过账时，两者是同时过入的——平行过账。两者过账没有先后之分，既不是先过总分类账户、后过明细分类账户，也不是先过明细分类账户、后过总分类账户。这种“平行过账，同时进行”并不是绝对地指两只手同时在总分类账户和明细分类账户中进行登记，主要是强调两者没有先后之分，是紧密相连的。

总分类账户和明细分类账户平行过账的要点有3个。

（1）同时过入。对于企业发生的与总分类账户和明细分类账户有关的经济业务（不是所有的业务都涉及明细分类账户），一方面要过入有关总分类账户，另一方面要随即过入该总分类账户的所属明细分类账户中。

（2）方向相同。对于企业发生的与总分类账户和明细分类账户有关的经济业务，在过入总分类账户和明细分类账户时，过入账户的方向应保持一致，即总分类账户过入借方，其所属明细分类账户也应过入借方；总分类账户过入贷方，其所属明细分类账户也应过入贷方。

（3）金额相等。对于企业发生的与总分类账户和明细分类账户有关的经济业务，在过入总分类账户和明细分类账户时，过入总分类账户的金额应该与过入其所属明细分类账户的金额之和相等。

如果严格地按照以上3个要点进行总分类账户和明细分类账户过账，过账结果必然会出现以下4项等量关系：

各总分类账户的期初余额＝其所属明细分类账户的期初余额之和
各总分类账户的本期借方发生额＝其所属明细分类账户本期借方发生额之和
各总分类账户的本期贷方发生额＝其所属明细分类账户本期贷方发生额之和
各总分类账户的期末余额＝其所属明细分类账户的期末余额之和

对于会计来说，这4项等量关系具有非常重要的意义，它们有利于错账的查找，从而保证总分类账户和明细分类账户记录的正确。

四、过账举例

【例4】假设某企业2009年5月31日资产负债表如表4－2所示。

表 4－2

资产负债表

2009 年 5 月 31 日　　单位：元

资产项目	金额	负债及所有者权益项目	金额
资产		负债	
库存现金	3 000	短期借款	3 600
银行存款	88 600	应付账款	13 000
应收账款	20 000		
存货	305 000	所有者权益	
固定资产	1 000 000	实收资本	1 200 000
减：累计折旧	100 000	资本公积	100 000
资产合计	1 316 600	负债及权益合计	1 316 600

存货 305 000 元中包括生产成本 20 000 元，库存商品 10 000 元，原材料 275 000 元。“原材料”账户的明细资料如下：

甲材料	400 吨	单价 100 元	金额 40 000 元
乙材料	5 000 千克	单价 40 元	金额 200 000 元
丙材料	3 500 件	单价 10 元	金额 35 000 元
合　计			275 000 元

“应付账款”明细资料如下：

红星厂	贷方余额	3 000 元
天心公司	贷方余额	10 000 元
合　计		13 000 元

“应收账款”明细资料如下：

五一厂	借方余额	12 000 元
八一厂	借方余额	8 000 元
合　计		20 000 元

2009 年 6 月份发生下列经济业务：

① 6 月 2 日从红星厂购入一批材料，共计货款 12 000 元，材料入库，货款尚未付。其中：

乙材料　250（千克）×40（元/千克）=10 000（元）

丙材料　200（件）×10（元/件）=2 000（元）

② 6 月 5 日生产车间生产产品领用材料一批价值 48 000 元。其中：

甲材料　20（吨）×100（元/吨）=2 000（元）

乙材料　1 000（千克）×40（元/千克）=40 000（元）

丙材料　600（件）×10（元/件）=6 000（元）

③ 6 月 8 日以银行存款偿还红星厂和天心公司的欠款 13 000 元。其中：红星厂 3 000 元，天心公司 10 000 元。

④ 6 月 10 日以银行存款从天心公司购进甲材料 30 吨，单价 100 元，共计 3 000 元，材料已验收入库。

⑤ 6 月 20 日，生产车间从仓库领取材料 5 000 元用于生产产品。其中：

甲材料　40（吨）×100（元/吨）=4 000（元）

丙材料　100（件）×10（元/件）=1 000（元）

⑥ 6 月 23 日收回购买单位应收账款 10 000 元存入银行。其中：五一厂 4 000 元，八一厂 6 000 元。

⑦ 6 月 28 日，以银行存款偿还短期借款 3 600 元。

要求根据以上业务设置各有关账户，编制会计分录，记入分录簿，平行过入总分类账户与明细分类账户并进行核对。

首先，根据经济业务和管理方面的需要，设置各有关总分类账户和明细分类账户，并登记期初余额。总分类账户包括“库存现金”、“银行存款”、“应收账款”、“原材料”、“库存商品”、“生产成本”、“固定资产”、“累计折旧”、“短期借款”、“应付账款”、“实收资本”、“资本公积”。明细分类账户有“原材料”明细账户，包括“甲材料”、“乙材料”、“丙材料”；“应收账款”明细账户中，包括“五一厂”和“八一厂”；“应付账款”明细账中，包括“红星厂”和“天心公司”。

其次，编制会计分录，登记分录簿。如表 4－3 所示。

表 4－3 **分录簿** 单位：元

2009		序号	摘要	会计分录	总账	明细账	总账	明细账
月	日							
6	2	①	购料未付款	借：原材料	12 000			
				——乙材料		10 000		
				——丙材料		2 000		
				贷：应付账款			12 000	
				——红星厂				12 000
	5	②	生产领用材料	借：生产成本	48 000			
				贷：原材料			48 000	
				——甲材料				2 000
				——乙材料				40 000
				——丙材料				6 000
	8	③	以存款还欠款	借：应付账款	13 000			
				——红星厂		3 000		
				——天心公司		10 000		
				贷：银行存款			13 000	
	10	④	以存款购买材料	借：原材料	3 000			
				——甲材料		3 000		
				贷：银行存款			3 000	
	20	⑤	生产领用材料	借：生产成本	5 000			
				贷：原材料			5 000	
				——甲材料				4 000
				——丙材料				1 000
	23	⑥	收回应收款存入银行	借：银行存款	10 000			
				贷：应收账款			10 000	
				——五一厂				4 000
				——八一厂				6 000
	28	⑦	以存款还短期借款	借：短期借款	3 600			
				贷：银行存款			3 600	
					94 600		94 600	

最后，过账。包括总分类账和明细分类账平行过账。由于总分类账户的格式一般为借、贷、余三栏式，为了减少篇幅，采用“T”形账代替总分类账，明细分类账按规定格式设置。总分类账户如表4－4所示。

表4－4 单位：元

借 **库存现金** 贷

期初余额	3 000		
发生额	—	发生额	—
期末余额	3 000		

借 **银行存款** 贷

期初余额	88 600	③	13 000
⑥	10 000	④	3 000
		⑦	3 600
发生额	10 000	发生额	19 600
期末余额	79 000		

借 **应收账款** 贷

期初余额	20 000	⑥	10 000
发生额	—	发生额	10 000
期末余额	10 000		

借 **原材料** 贷

期初余额	275 000		
①	12 000	②	48 000
④	3 000	⑤	5 000
发生额	15 000	发生额	53 000
期末余额	237 000		

借 **生产成本** 贷

期初余额	20 000		
②	48 000		
⑤	5 000		
发生额	53 000	发生额	—
期末余额	73 000		

借 **库存商品** 贷

期初余额	10 000		
发生额	—	发生额	—
期末余额	10 000		

借 **固定资产** 贷

期初余额	1 000 000		
发生额	—	发生额	—
期末余额	1 000 000		

借 **累计折旧** 贷

		期初余额	100 000
发生额	—	发生额	—
		期末余额	100 000

（续上表）

借	短期借款	贷	
		期初余额	3 600
⑦	3 600		
发生额	3 600	发生额	—
		期末余额	0

借	应付账款	贷	
		期初余额	13 000
③	13 000	①	12 000
发生额	13 000	发生额	12 000
		期末余额	12 000

借	实收资本	贷	
		期初余额	1 200 000
发生额	—	发生额	—
		期末余额	1 200 000

借	资本公积	贷	
		期初余额	100 000
发生额	—	发生额	—
		期末余额	100 000

原材料明细账分别见表4－5、表4－6、表4－7，应付账款明细账分别见表4－8、表4－9，应收账款明细账分别见表4－10、表4－11。

表4－5 **原材料明细账**

材料名称：甲材料　　　　计量单位：吨

2009年		凭证	摘要	收入			发出			结存		
月	日			数量	单价	金额	数量	单价	金额	数量	单价	金额
6	1		期初结存							400	100	40 000
	5	②	生产领用				20	100	2 000	380	100	38 000
	10	④	购入材料	30	100	3 000				410	100	41 000
	20	⑤	生产领用				40	100	4 000	370	100	37 000
	30		本期发生额及余额	30	100	3 000	60	100	6 000	370	100	37 000

表4－6 **原材料明细账**

材料名称：乙材料　　　　计量单位：千克

2009年		凭证	摘要	收入			发出			结存		
月	日			数量	单价	金额	数量	单价	金额	数量	单价	金额
6	1		期初结存							5 000	40	200 000
	2	①	购入材料	250	40	10 000				5 250	40	210 000
	5	②	生产领用				1 000	40	40 000	4 250	40	170 000
	30		本期发生额及余额	250	40	10 000	1 000	40	40 000	4 250	40	170 000

表 4－7　　原材料明细账

材料名称：丙材料　　计量单位：件

2009 年		凭证	摘要	收入			发出			结存		
月	日			数量	单价	金额	数量	单价	金额	数量	单价	金额
6	1		期初结存							3 500	10	35 000
	2	①	购入材料	200	10	2 000				3 700	10	37 000
	5	②	生产领用				600	10	6 000	3 100	10	31 000
	20	⑤	生产领用				100	10	1 000	3 000	10	30 000
	30		本期发生额及余额	200	10	2 000	700	10	7 000	3 000	10	30 000

表 4－8　　应付账款明细账　　红星厂

2009 年		凭证	摘要	借方金额	贷方金额	借或贷	余额
月	日						
6	1		期初结存			贷	3 000
	2	①	购料欠款		12 000	贷	15 000
	8	③	偿还欠款	3 000		贷	12 000
	30		本期发生额及余额	3 000	12 000	贷	12 000

表 4－9　　应付账款明细账　　天心公司

2009 年		凭证	摘要	借方金额	贷方金额	借或贷	余额
月	日						
6	1		期初结存			贷	10 000
	8	③	偿还欠款	10 000			
	30		本期发生额及余额	10 000		平	0

表 4－10　　应收账款明细账　　五一厂

2009 年		凭证	摘要	借方金额	贷方金额	借或贷	余额
月	日						
6	1		期初结存			借	12 000
	23	⑥	收回应收账款		4 000	借	8 000
	30		本期发生额及余额		4 000	借	8 000

表 4-11 应收账款明细账 八一厂

2009 年		凭证	摘要	借方金额	贷方金额	借或贷	余额
月	日						
6	1		期初结存			借	8 000
	23	③	收回应收款		6 000	借	2 000
	30		本期发生额及余额		6 000	借	2 000

第四节 试算平衡

在编制会计报表之前，需要对会计人员已作的会计记录进行一次检测，检查其会计记录是否存在差错，为提供准确无误的会计信息打下基础。

一、试算平衡的作用

企业会计事项发生时，均是根据复式记账原理在两个或两个以上的账户中，以借方、贷方相等的金额进行分录簿的记录。过入分类账户后，其账户的借、贷方向与金额没有丝毫变化，故借、贷两方数额也应相等。但是，事实上，会计事项由编制分录到过账，借方与贷方金额究竟是否相等，仍需经过一番测试、验算方可确定。此种测试、验算会计记录的过程被称为试算（trail）。由于以试算的结果是否平衡来检查会计记录和过账是否有错误，因此，这项工作又称为试算平衡。

在每一会计期间或每一会计循环过程中，试算次数的多少，应视实际情况而定。除期末必须试算一次外，其他时间可以经常试算，而不宜隔得太久，以免增加查找记录错误的困难。

编制试算平衡表的主要作用如下：

（1）试算平衡表可以用来检查分类账的过账工作和记录情况是否正确和完备。试算平衡表是根据借贷记账法规则和会计平衡公式，将各分类账户借贷数额汇列到一起，查明借贷双方是否平衡，确定会计记录和过账是否有错误的一种方法。如果试算结果不能平衡，那么，过账或会计记录中肯定有错误。但是，如果试算结果平衡了，只能说过账和会计记录基本上是正确的，并不能保证过账和记录完美无缺。这是值得注意的问题。为什么会出现此种情况呢？因为借贷双方平衡只能表示分类账户的借贷双方曾经记入了相等的金额，但是，即使记入的金额相等，也不一定就是正确、完整的记录。有许多错误对于借贷双方平衡并不产生影响，因而不能通过试算表发现。这些错误一般有以下几种：

①一笔会计事项的记录全部遗漏，或者一笔会计事项的记录全部重复，其结果仍然平衡。这是因为等量减等量其差仍然相等或等量加等量其和仍然相等的道理。

②在编制会计分录时，一笔会计事项的借贷双方都少记相同金额或都多记相同金额，其结果仍然平衡。这同样是因为等量减等量其差仍然相等或等量加等量其和仍然相等的道理。

③在编制会计分录时，一笔会计事项应借、应贷的账户互相颠倒或误用了账户名称，对试算平衡无影响。例如，正确会计分录是“借：银行存款/贷：主营业务收入”，而误编成“借：现金/贷：主营业务收入”，这对试算平衡无影响。

④在过入分类账时，会计分录的借贷双方或一方，误记入同类账户。例如，应过入“短期借款”账户而误过入“长期借款”账户，或应过入“实收资本”账户而误过入“资本公积”账户等，都不会影响试算平衡关系。

⑤在编制会计分录或过账时，借方或贷方的各项金额偶然一多一少，其金额恰好相互抵消。如某笔会计事项“资产”账户少记（或多记）的金额恰好等于另一笔会计事项“资产”账户多记（或少记）的金额。

由于会计账簿上的记录可能存在上述错误而不能通过试算平衡表来发现，所以会计人员在处理所有会计事项时必须于日常或定期进行复核，以求数据之正确。

（2）试算平衡表所汇列的资料，为会计人员定期编制财务报表提供方便。试算平衡表除了可据以检查分类账的过账和记录是否正确外，在会计上还可以用来作为编制资产负债表和其他报表的依据。虽然会计人员可以直接根据分类账的记录来编制财务报表，但试算表已经集中了各账户的期末余额或本期发生额，因此无需再翻阅分类账的记录了，在编表工作上少费一些精力，达到事半功倍的效果。

二、试算平衡的方法

试算平衡一般采用以下两种方法：

（1）本期发生额试算平衡。本期发生额试算平衡是依据借贷复式记账法“有借必有贷，借贷必相等”的原理进行试算平衡的。因为每一笔会计事项都必须在两个或两个以上的账户中以借贷相等金额进行登记，也就是说，每笔会计分录的借方金额和贷方金额相等，因此，无论有多少笔会计事项，其借方金额之和必定等于其贷方金额之和。其试算平衡公式为：

所有账户本期借方发生额合计＝所有账户本期贷方发生额合计

（2）余额试算平衡。余额试算平衡是以会计的平衡式“资产 = 负债 + 所有者权益”为依据进行试算平衡的。因为在任何一个时点上，企业的资产、负债、所有者权益的余额都满足这一会计平衡式，因此，可利用此平衡式随时检查资产、负债、所有者权益账户的余额是否符合这一平衡公式。其试算平衡公式为：

所有账户借方余额之和 = 所有账户贷方余额之和

如果没有错误，则所编成的以上两种试算平衡表都会平衡。也就是说，如果以上试算结果不平衡的话，说明在过账程序中或编制会计分录时发生了错误，须及时查明原因。

三、查找试算不平衡的原因

1. 试算不平衡的原因

一般来说，试算平衡表上发生不平衡的原因可能是：

（1）所编试算平衡表中各金额栏加总的错误。这要求加总时认真细心，在确定无误的前提下再查找其他原因。

（2）编制试算平衡表过程中的错误。例如，编表时写错数字，或错记金额的借、贷方向，或漏列某一账户的发生额或余额。

（3）各分类账户的余额计算错误。

（4）过账时的错误。例如，在根据分录簿过入分类账时，将借、贷的方向或金额记错了，或者完全漏掉或重复过入某一账项。

2. 查找步骤

检查以上错误大致可以按照下列步骤进行：

（1）重新加总试算平衡表中借、贷栏或余额栏的金额，并复核合计数，检查是否由于本表的加总工作出错。

（2）按照试算平衡表中所列账户的名称和金额，逐一与分类账户所记的本期发生额或余额核对。重点注意是否有抄错的数字或漏列的金额，是否将借贷方向填错了。如将资产账户的余额填入表中的贷方，将负债和所有者权益账户余额填入表中的借方。

（3）将分类账户所列的期初余额和上期资产负债表相核对。重点注意是否有抄错的数字或漏掉的账户余额，并检查各账户借、贷方本期发生额的汇总及其余额是否有错误。

（4）按分类账户的记录，逐笔与分录簿相核对。重点注意各账项金额或借、贷方向是否有过账错误，是否有遗漏或重复过账的账项。

四、试算平衡表的格式和编制

试算平衡表的格式有两种：一种是本期发生额试算平衡表，它是根据各分类账户借方、贷方本期发生额合计数编制而成的（见表4－12）。另一种是余额试算平衡表，它是根据各分类账户在试算时结出的借方余额之和与贷方余额之和编制而成的（见表4－13）。

试算平衡表的数字是从各总分类账户中获得的，因此，在编制试算平衡表之前，必须先计算各账户至试算之日为止的本期借、贷方发生额和余额，然后再将各账户名称及其金额抄录于试算平衡表内。其所经过的程序说明如下：

1. 分类账金额的计算

第一步，加计各账户借、贷双方金额，求出总和，用铅笔记于各账户最末一项“金额”之下。由于这是临时汇总于试算时的本期发生额合计，不需要用钢笔填写，只需要用铅笔填写。

第二步，利用各分类账借方发生额合计、贷方发生额合计及期初余额，结出试算时各账户的余额。其计算公式为：

试算时账户借方余额＝期初借方余额＋本期于试算时借方发生额合计－本期于试算时贷方发生额合计

试算时账户贷方余额＝期初贷方余额＋本期于试算时贷方发生额合计－本期于试算时借方发生额合计

将计算出来的结果用铅笔记于各分类账户余额栏最末一项“金额”之下。为了减少计算工作量，有些账户没有发生业务的可以不必结余额，直接利用以前的余额。

2. 填制试算平衡表

第一步，填写单位名称、表式名称、编表日期。

第二步，将各分类账户的名称按资产、负债、所有者权益的先后顺序填入表内。

第三步，将各分类账户本期借方、贷方发生额合计或余额填入表中相应账户名称的借方、贷方或余额栏，最后分别用本期发生额试算平衡公式或余额试算平衡公式加总，检查是否平衡。

【例5】 现以表4－4的总分类账户资料为依据编制两个试算平衡表，分别为表 4－12、表 4－13。

表 4－12 **某企业本期发生额试算平衡表**

2009 年 6 月 30 日 单位：元

账户名称	借方发生额	贷方发生额
银行存款	10 000	19 600
应收账款		10 000
原 材 料	15 000	53 000
生产成本	53 000	
短期借款	3 600	
应付账款	13 000	12 000
合计	94 600	94 600

表 4－13 **某企业余额试算平衡表**

2009 年 6 月 30 日 单位：元

账户名称	试算时借方余额	试算时贷方余额
库存现金	3 000	
银行存款	79 000	
应收账款	10 000	
原 材 料	237 000	
生产成本	73 000	
库存商品	10 000	
固定资产	1 000 000	
累计折旧		100 000
短期借款		0
应付账款		12 000
实收资本		1 200 000
资本公积		100 000
合计	1 412 000	1 412 000

第五节　调　账

在编制会计报表之前，日常会计业务已经编制了会计分录并已经过账，但根据权责发生制的要求，还有许多业务需要进行调账处理，方能真实地反映某一期间的经营业绩。

一、调账的概念及内容

一个企业在日常经营活动中发生的会计事项，经过编制会计分录记入分录簿、过入分类账，并利用试算平衡原理进行试算平衡，以检查分类账的记录是否正确，然后，即可进行财务报表的编制。由于会计期间假设的建立，会计人员所提供的会计信息必须按照权责发生制原则、收入与费用配比原则进行加工处理。也就是说，必须考虑企业在某一会计期间已经实现的收入和已经发生的费用是否都已入账；或者虽已入账，是否都属于本期的经营收入和经营费用。为了正确确定某一会计期间的经营成果，为会计信息使用者提供有用的会计信息，在编制财务报表之前，就一些有关账项进行适当的或必要的调整，这就叫做调账（adjustment）。账项之调整必须经过编制会计分录，然后过入有关账户，以达成账面记录正确。在日记簿中为调账所作的会计分录称为调整分录（adjusting entry）。

企业在会计期间终了时根据权责发生制的要求需进行的账项调整，一般有以下几类：

1. 应收、应付账项的调整

（1）应计收入：那些在本期已经赚得，即收入在本期已经实现，但尚未入账的经营收入（如在期末应确认已为他人提供的劳务收入），同时确认尚未收取的款项作为债权。

（2）应计费用：那些在本期已经发生，即属于取得本期收入而应付的代价，但尚未入账的费用，同时确认尚未支出的款项作为负债（如期末应确认应付而未付的银行借款利息费用——财务费用，同时确认应付给银行的利息负债——预提费用，它是企业的一项负债）。

2. 递延事项——预收、预付事项的调整

（1）预收收入：那些在收入赚得或实现之前就已收到货币款项并予以入账，但须在后期提供产品或劳务或按期分摊的经营收入。预收收入也叫预收账款，是企业的一项负债。企业应将预收收入在未来期间提供产品或劳务时分期确认为各期的收入。

（2）预付费用：那些在费用发生之前就已经支付并入了账，但须在后期按期分摊的成本或费用。预付费用也叫待摊费用，列入企业的资产项目。

二、会计基础

会计期间假设为企业计算费用、收入和利润规定了一个起止时间界限，但没有解决在此会计期间内对收入和费用的确认问题。这个问题的解决，有赖于对会计基础的选定。

会计基础（accounting basis）是指企业会计人员确认和编报一定会计期间的收入和费用等会计事项的基本原则和方法。会计基础有两种，即权责发生制和收付实现制。

1. 收付实现制

收付实现制又称实收实付制或现金制（cash basis）。收付实现制是按照是否在本期已经收到或支付货币资金（现金、银行存款）为标准来确定本期收入和费用的一种会计基础。收付实现制要求：在确定本期收入时，只将那些在本期已经实际收到货币资金（预收收入），不管是否已经提供了产品或劳务（收入是否实现或赚得）的收入均作为本期的收入；相反，对于那些本期没有收到货币资金（应收收入），尽管已经提供了产品或劳务（收入已实现或赚得）的收入也不作为本期的收入。在确定本期费用时，只将那些在本期实际已经支付了货币资金的费用，不管是否属于本期的费用或为取得本期收入所付的代价均作为本期的费用；相反，即使有些费用应该属于为取得本期收入所付的代价，由于没有实际支付货币资金，也不作为本期费用处理。

【例6】某企业本月发生如下经济业务：

（1）企业预收购货单位货款10 000元存入银行。

（2）企业销售产品一批给购货单位，货款5 000元，货已发给对方，对方尚未付款。

（3）企业以银行存款6 000元支付全年报刊费。

（4）企业从银行取得短期借款后，应按季度支付利息，第一个月末支付利息。

如果根据收付实现制原理确认本月的收入和费用，则：

业务（1）：虽然企业未提供产品或劳务给对方，但按收付实现制应确认为本期收入入账，因为已经实际收到了货币款项。

业务（2）：虽然产品已经提供，收入已经实现，但由于货款未收到，按收付实现制不作为本期收入入账。

业务（3）：已支付的6 000元是全年的报刊费，虽然本月只应负担6 000元中的1/12，即500元，但由于本期已用银行存款全部支付，按收付实现制应将

6 000元全部确认为本期的费用。

业务（4）：由于企业尚未向银行实际支付利息，按收付实现制，不确认为本月的利息费用（财务费用）。

2. 权责发生制

权责发生制又称应收应付制或应计制（accrual basis）。权责发生制是以应收应付（是否应该属于本期）为标准来确定本期收入和费用的一种会计基础。权责发生制要求：凡应属于本期的收入，不管是否在本期实际收到了货币资金，均应作为本期收入；凡不应属于本期的收入，即使已经收到了货币资金，也不作为本期收入。凡应属于本期的费用，不管是否已经实际支付了货币资金，均应作为本期费用；凡不应属于本期的费用，即使已经支付了货币资金，也不作为本期费用。

对于【例6】，如果根据权责发生制原理确认本月的收入和费用，则：

业务（1）：尽管企业已经收到了货币资金，但由于该产品或劳务并未提供，该项收入未实现（未赚得），按权责发生制，不作为本期收入入账，而应作为企业一项负债入账——预收账款。

业务（2）：尽管该批产品的货款5 000元未收到，但由于该项收入已经实现（收入已经赚得），按权责发生制，应该作为本期收入入账。

业务（3）：虽然企业支付了全年的报刊费用6 000元现款，但只有其中的1/12应该属于本期的费用，按权责发生制，确认本期费用应为500元。

业务（4）：虽然本月的利息费用没有支付，但本期应该负担使用银行借款的资金成本1 000元，按权责发生制，应作为本期财务费用入账。

收付实现制和权责发生制的根本区别在于收入和费用的确认（入账）时间不同。前者以收入或费用的收到或支付货币资金的时间作为确认（入账）时间，后者则以收入或费用的实现（赚得）或发生的时间作为确认（入账）时间。

采用收付实现制（现金制），由于本期实际收到、支付的款项都必须在本期作为收入或费用入账，会计账簿日常记录的收入和费用与收付实现制确定本期收入和费用的要求是完全一致的，因而无须于期末进行账项调整。收付实现制会计处理手续十分简便，但按此方法确定的各会计期间的经营成果是不准确的、不真实的，也是不合理的。采取两种不同的会计基础确定的收入、费用及利润见表4－14。

表 4－14　　**不同的会计基础确定的收入、费用和利润**　　单位：元

会计事项	权责发生制		收付实现制	
	收入	费用	收入	费用
①预收购货款 20 000 元存入银行			20 000	
②销售产品货款 10 000 元，对方暂欠	10 000			
③收到上月购货单位欠款 4 000 元			4 000	
④发出一批产品给购货单位，货款 4 000 元，该单位上月已经预付了货款 4 000 元	4 000			
⑤以银行存款 12 000 元支付全年报刊费		1 000		12 000
⑥预提本月的银行借款利息 2 000 元		2 000		
⑦计算本月应提折旧费 3 000 元		3 000		
⑧提取坏账准备 3 600 元		3 600		
⑨收到上月销货欠款 6 000 元			6 000	
⑩销售产品一批货款 16 000 元，其中 12 000 元收到并存入银行，余款暂欠	16 000		12 000	
⑪计算应交税金 5 000 元并缴纳 2 000 元		5 000		2 000
⑫结转发出销售产品的成本 8 000 元		8 000		
⑬本期购入材料 20 000 元，其中 12 000 元已付				12 000
利润	7 400		16 000	

权责发生制按归属期来确定各会计期间的收入和费用，因而，前期没有收到货币款项的应计收入和没有支付货币款项的应计费用，是在会计账簿日常记录的基础上于期末进行账项调整来计算求得的。这样做虽然手续较为复杂，但只有这样处理才能正确确定各个会计期间的收入、费用和利润，才可为会计信息使用者提供正确的、有用的会计信息。

三、应计收入的调整

应计收入（accrual revenue or revenue receivable）是指那些在会计期间终了时已经获得或实现但尚未收到款项和未入账的经营收入。如应收出租包装物收入、应收企业长期投资或短期投资收益以及应收银行存款利息收入和应收出租固定资产收入。应收未收收入是指企业已经提供了商品或劳务，尚未收到现金

并未入账的本期收入。凡属本期应得之收入，虽未收取现金，但在计算本期损益时必须加以确认。所以，在期末时要运用会计调整方法，一方面将归属本期应收的收入先行登记入账并列入利润表，同时将未收款项的收账权利确认为应收款项列入资产负债表。因此，应收未收收入的调整，应借记“应收账款”、“应收票据”、“其他应收款”、“应收利息”、“应收股利”等债权账户；作为资产的增加，同时应贷记某种收入账户，如“主营业务收入”、“其他业务收入”等，作为收入的增加，方可符合权责发生制的会计基础。

应计收入的调整分录为：

借：相关债权账户（增加债权）

　贷：相关收入账户（增加收入）

【例7】某企业出租一批包装物给A公司，按合同每月应收取租金收入2 000元，但暂时还未收到款。

企业将包装物出租给承租单位，按合同规定承租单位每月应支付包装物租金2 000元给出租单位，租期为1年。如果到月终承租单位将2 000元租金按时付给出租单位，出租单位在月终不存在应计收入调整问题；如果到月终出租单位尚未收到承租单位的本月租金收入2 000元，出租单位于月终应作应计收入调整分录：

借：其他应收款（债权增加或确认债权）　　2 000

　贷：其他业务收入（确认收入或增加收入）　　2 000

如果租约合同规定在租期到后一次支付租金，则出租单位在租约期间每月终了都应编制调整分录。通过调整分录确认收入实现，同时形成应收款资产。到时实际收到款项的日常会计分录为：

借：银行存款（库存现金）

　贷：其他应收款

调整分录的特点是：不涉及货币资金，并且一方面确认收入或费用，影响利润表相关项目，另一方面确认资产或负债的增减，影响资产负债表的相关项目。

为了反映应计收入的情况，需设置“其他应收款”、“应收利息”、“应收股利”等应计收入（债权）账户。该类账户借方记录已经提供产品或劳务，但尚未收到货款的各种应收款债权；贷方记录在后期收到的应收款项；余额在借方，反映期末结存尚未收到的应收款项。该类账户属于资产类账户。同时设置相关的收入账户。

四、应计费用的调整

应计费用（accrual expense）是指本期已经发生或已经受益，按受益原则应由本期负担，但尚未实际支付的费用。应计费用应归属于本期，但由于应计费用都是平时未作为本期费用登记入账的，因而应于期末调整入账。属于应计费用的主要是各种预提费用，它是企业的一项负债。预提费用是指应由本期负担，但本期尚未支付，因而需要预先提取的费用。如预提银行借款利息、预提职工福利费、预提固定资产修理费、应付的各种税金等。对于这些费用，如果在会计期间终了时不予调整，就会严重影响成本和收入的配比及期末所编制的收益表和资产负债表。

为了反映应计费用的情况，须设置“预提费用”、“应付职工薪酬”、“应交税费”等账户。该类账户的贷方记录应由本期成本费用负担，但尚未实际支付的费用；借方记录实际支付预先已计入成本费用的预提费用；余额在贷方，反映期末结存已经从成本费用中提取，但尚未支付的费用。该类账户属于负债类账户。

应计费用的调整分录为：

借：相关费用账户（增加费用）

　贷：相关负债账户（增加负债）

【例8】某企业于月末，预提本月应付银行借款利息费用1 000元。

企业从银行取得借款需按借款数额与规定的借款利率计付利息。银行规定通常在每季的季末结算利息一次，并自动从企业的银行存款中扣取。尽管本月应付的银行借款利息1 000元未实际支付给银行，但它应作为本月使用借款的资金成本列入财务费用，故应预先提取，到季末时支付。在各月末预提财务费用时，编制的调整分录为：

借：财务费用（确认费用或增加费用）　　1 000

　贷：预提费用（负债增加或确认负债）　　1 000

此调整分录确认本期应负担的费用1 000元，同时形成应付而未付的债务1 000元。

【例9】某企业月末计算本月应交所得税5 000元。

企业在月末计算本月应交所得税5 000元，一方面形成企业的所得税费用，另一方面形成一项应付给税务机关的负债5 000元。调整分录为：

借：所得税费用（确认所得税费用）　　5 000

　贷：应交税费——应交所得税（确认负债）　　5 000

类似这种调整分录很多，如计提职工福利费、计提长期债券利息、计提或分配职工工资、计提固定资产修理费、计算各种应交税金等。

五、收入分摊的调整

企业有时在产品和劳务提供之前就预先收到了对方的款项，这叫做预收款项。如报刊发行公司预先收到客户预订的报刊款项时，报刊发行公司并不能将所收到的全部款项作为当月收入确认，因为报刊发行公司尚未提供产品或劳务，其收入并未实现，只是一种预收性质的经营收入款项。这种预收的经营收入，在会计上称为“递延收入”、“预收收入”或“预收账款”。预收收入（deferred revenue or unearned revenue）是指已经收到款项入账，但不应该归属于本期收入，而应在以后各期提供产品或劳务时才能确认的各项收入，如预收销货款、预收出租包装物租金等。

预收收入或预收账款只能作为一项负债登记入账。一项预收收入的发生，标志着企业承担了一项义务或债务，该项债务到期时应由企业提供一定的产品或劳务偿还。

编制收入调整分录是指企业在提供产品和劳务时，将预收账款调整为当期的经营收入，以表明部分收入已经实现。

收入分摊调整分录为：

借：相关负债账户（减少负债）

　　贷：相关收入账户（增加收入）

为了反映预收收入增减变动情况，需设置“预收收入”或“预收账款”账户，该账户的贷方记录尚未提供产品或劳务，预先从购货单位收取的款项；借方记录以后各期按提供的产品或劳务比例逐渐转化为各期经营收入的款额；余额在贷方，反映期末结存预先收到但尚未提供产品或劳务的货款。在实际工作中，一般用“预收账款”账户代替“预收收入”账户。该账户属于负债类账户。

【例10】某企业为W公司提供一项劳务，按协议，W公司应预付10 000元存入银行。该企业收到预收款项时编制日常会计分录为：

借：银行存款　　　　10 000

　　贷：预收账款（预收收入或递延收入）　　　　10 000

此会计事项发生，一方面使企业存款增加，另一方面使企业负债增加。此分录不是调整分录。尽管企业收到的是预收收入，但实际上未实现收入，只能形成负债，待以后提供商品或劳务时，才转化成实现的收入。

【例 11】 承上例。假设 1 个月后，该企业为 W 公司提供了一个月的劳务，应确认收入 8 000 元。其调整分录为：

借：预收账款（减少负债）　　　　　　　　　　　　8 000

　贷：主营业务收入（确认收入或增加收入）　　　　　　8 000

六、成本分摊的调整

成本分摊的调整分为待摊费用、折旧费用、坏账损失等。

1. 待摊费用的调整

应由本期负担的费用与预付后期的费用，因受会计期间的限制，两者性质迥然不同。有些费用的受益期只是发生费用付出的会计期间，这些费用自然归属于发生支出的会计期间，属于本期应负担的费用，即本期费用。有些费用的受益期会延续几个会计期间，对本期而言，此种费用是为下期垫付的费用，称为预付费用（prepaid expense）、递延费用或待摊费用（deferred expense）。如果费用的受益期延续在 1 年之内，这种费用称为待摊费用。待摊费用是已经支付应由本期和以后各期（但不超过 1 年）分摊的费用。如果费用的受益期延续在 1 年以上，这种费用称递延资产或长期待摊费用（long term deferred expense）。待摊费用主要有预付全年报刊费、预付保险费、应摊销的低值易耗品和其他物料等。递延资产主要有租入固定资产改良支出、开办费、须在 1 年以上分期摊销的设备修理费等。

成本分摊的调整分录为：

借：相关成本或费用账户（确认费用或费用增加）

　贷：待摊费用或相关资产账户（资产减少）

为了反映预付费用或待摊费用的增减变动情况，需设置“待摊费用”和“递延资产”或“长期待摊费用”账户。“待摊费用”账户的借方记录已经支付，应由本期或以后各期（不超过 1 年）分摊的费用额；贷方记录按各受益期分期摊销记入成本的费用；余额在借方，反映期末结存已经支付，应由以后各期分摊记入成本的费用。“递延资产”账户的结构与“待摊费用”账户的结构相同。该账户属于资产类账户。

【例 12】 某企业于 1 月 1 日以银行存款支付全年的报刊费 1 200 元。

该费用虽然于 1 月份支付，但并非全部属于 1 月份的费用。该费用在年内 12 个月产生效益，因此，须分期摊于年内每个月。此会计事项的发生，一方面产生递延费用或待摊费用，属资产的增加；另一方面由于以银行存款的支付而减少了企业银行存款资产，使资产减少。支付款项时的日常会计分录为：

借：待摊费用　　　　　　　　　　　　　　　　　　　　1 200

　　贷：银行存款　　　　　　　　　　　　　　　　　　　　1 200

【例 13】承上例。月末计算应由本月负担的报刊费用 100 元。其调整分录为：

借：管理费用（费用增加或确认费用）　　　　　　　　　100

　　贷：待摊费用（资产减少）　　　　　　　　　　　　　　100

以后每个月月末均须编制同样的调整分录。

2. 折旧费用的调整

固定资产中除土地一项以外，其他固定资产如房屋、建筑物、机器设备等，由于侵蚀、耗损或经济上的原因，终有不堪使用或不能使用之时，而丧失其原有价值或减低原有价值。此种损失因与使用各期有关，不能由任何一个会计期间单独负担，而应由各期共同负担。例如，某企业购买 1 台设备，价值 50 000元，估计可以使用 10 年，其全部成本既不应视为第一年的损耗，亦不能视为最后一年的损耗。除第一年外，其后 9 年使用期也应分摊。为了合理地把固定资产由于使用或其他原因引起的损耗价值补偿回来，必须将其损耗的价值分期摊入成本。因此，由于使用和其他原因使固定资产的价值发生的损耗称为固定资产折旧。将固定资产的损耗分摊于各使用期间，记入有关的成本费用，称为固定资产折旧费（depreciation expense）。折旧费用的调整也属于预付费用的调整。

为了反映固定资产价值的损耗，即折旧情况，需设置“累计折旧”账户。该账户贷方记录各期摊入成本的应提固定资产折旧额，即各期固定资产的损耗价值；借方记录因固定资产调出、报废等，离开企业而转销的已提折旧额；余额在贷方，反映期末累计已提固定资产折旧额。该账户是“固定资产”账户的抵减账户（allowance account），其贷方余额与“固定资产”账户借方余额比较，能反映出企业固定资产的新旧程度，即固定资产净值。

固定资产应分摊于成本的全部数额称为应提折旧额。固定资产应提折旧额不一定等于固定资产的原值（original cost of fixed asset），而应等于固定资产原值减预计净残值（net scrap value）。固定资产原值是指取得某项固定资产时所支付的一切货币资金总额。预计净残值是指固定资产报废时预计残值收入减去预计清理费之差额（净额）。计算各期应提取折旧费的方法有直线折旧法（也称平均使用年限法）和加速折旧法两大类。现以直线折旧法为例，计算如下：

$$固定资产应提折旧额 = 原值 - （预计残值 - 预计清理费）$$

$$每年应提折旧额 = \frac{原值 - 预计残值 + 预计清理费}{预计使用年限}$$

$$每月应提折旧额 = \frac{每年应提折旧额}{12}$$

【例 14】 某企业以银行存款购入 1 台设备投入生产车间使用，其原始价值为 100 000 元，预计报废时的残值收入为 6 000 元，预计清理费为 2 000 元，预计使用 8 年。

购进固定资产的日常会计分录为：

借：固定资产　　100 000

　贷：银行存款　　100 000

$$每月应提折旧额 = \frac{100\ 000 - 6\ 000 + 2\ 000}{8 \times 12} = 1\ 000（元）$$

提取折旧的调整分录为：

借：制造费用（费用增加或确认费用）　　1 000

　贷：累计折旧（资产减少）　　1 000

3. 坏账的调整

随着市场经济的建立，企业之间的竞争日益加剧，企业要生存且在市场上占领一席之地，不得不采取提供商业信用的方式销售商品，从而形成了应收账款，且数额不断增大。由于有些债务人经济效益较差，在激烈的竞争中处于不利地位，甚至无力偿还债务，对于债权者来说不可避免地会出现收不回来的坏账（bad debts or bad account，又称呆账）。此种无法收回的坏账，既然是由于应收账款形成的，自然应作为形成债权期间的损失处理。但事实上，往往账款放出在当期，而坏账的发生在后期。换句话说，负担坏账损失的期间在先，证实坏账发生的期间在后。为求当期收入与当期费用的配比，无法等到坏账发生后再计算前期的损失，因此，可以根据过去的经验与当前的情况，估计可能发生的坏账数额，作成调整分录，一方面表示当期费用的增加，另一方面表示债权资产的减少。

由于坏账是因应收账款而产生的，所以预提坏账准备数额的确定一般是按每月应收账款的一定比例计算。

应提坏账准备=应收账款期末余额×坏账提取比率

由于坏账是按应收账款的一定比例估算的，不仅实际发生的坏账数额无法事先确定，而且究竟哪些客户的账款收不回来也难以推断，提取的坏账准备如果直接冲减应收账款自然不便，且欠合理。所以，会计人员在编制调整分录时，均不直接贷记“应收账款”科目，而专设“坏账准备”账户进行反映。“坏账准备”账户的性质是“应收账款”账户的备抵账户。该账户贷方记录按规定标准分期从成本中提取的坏账准备金；借方记录后期实际发生的坏账注销（bad debts written off）数额；余额在贷方，表示期末结存已经提取尚未注销的坏账准备。

【例15】某企业期末“应收账款”余额为300 000元，按5%提取本月坏账准备。其调整分录为：

借：资产减值损失（确认损失）　　15 000

　贷：坏账准备（资产减少）　　15 000

以后各期计提坏账准备的计算比较复杂，在《中级财务会计》中有详细介绍。

以上介绍的期末调整账项共有4种：①应收未收收入的调整，是资产（增加）与收入（增加）的记载；②应付未付费用的调整，是费用（增加）与负债（增加）的记载；③预收收入的调整，是负债（减少）与收入（增加）的划分；④预付费用的调整，是资产（减少）与本期费用（增加）的划分。以上所有调整事项都须记入会计分录簿，然后过入总分类账户和明细分类账户。

第六节　结　账

除第五节所讲的对部分业务进行调账以外，还需要对损益类账户（虚账户）进行结账，以确定本期的经营成果。

1. 结账的概念

第五节已经介绍了会计循环的第四个阶段——账项调整。会计循环的最后两个阶段是结账（closing）和编制财务报表。本节将暂不讨论财务报表的编制，主要讨论结账工作，其原因有两个：一是本书将单独在第十章专门讨论财务报表的编制；二是采用的结账方法不同，结账工作和编制报表工作的先后次序也会不同。如果收入、费用账户的结转每月采取表结法，年终一次结账，则每月会计循环就只有编制会计分录—过账—试算平衡—调账和编制财务报表5

个环节的重复循环，年终加入结账环节。这样，编制报表工作就在结账之前进行。如果收入、费用账户的结转每月采取账结法，则每月会计循环就是编制会计分录—过账—试算平衡—调账—结账—编制财务报表。这样，编制财务报表工作就在结账之后进行。

编制会计分录、过账与试算平衡3个环节属于日常的账务处理，至于期末的会计循环环节，除期末调账外，还有期末结账和编制财务报表两项重要工作。如果按分类账调整以后所列数字均是正确的，则可以一方面加以结算，表示会计期间的结束，另一方面据以编制财务报表，提交会计的完工产品。所谓账户结算，是在年度终了时，分别计算各账户的余额，然后结平借贷或结转至下期，在记载上告一段落。账户有虚账和实账之分，两者的结算方法不同。

虚账的结账必须将一切收入账户与费用账户的余额汇转“本年利润”账户，比较后，计算出本期的收益；同时结平各损益账户，以便计算各期收益。

实账（有余额的账户）的结账，要将其余额结转至下年。结转的方法是：将各实账户的余额直接记入下期新账的余额栏内，不需要编制记账凭证，也不必将余额再记入本年账户的借方或贷方，使本年有余额的账户的余额变为零。因为，既然是年末有余额的账户，其余额应当如实地在账户中加以反映，否则，容易混淆有余额的账户与没有余额的账户。在期末时结转或结算各账户的过程称为结账。

2. 结账的内容

期末结账的内容一般有：①损益类账户的结清；②资产、负债、所有者权益类账户的结转。

（1）损益类账户的结清。

大部分损益账户属于虚账户。虚账户是指在期末结账后一般没有余额的各收入、费用账户。设置收入与费用这些虚账户的目的在于使收入的来源与费用的内容在账册上有详细的表示。收入的发生，应由企业所有者享有；费用的发生，应由企业所有者负担。收入的实现和费用的发生，本来可直接记入所有者权益账户的贷方或借方，作为所有者权益的增加或减少。但是，为了使会计信息使用者（经营管理者和投资者等）了解收入与费用增减变动的详细情况，在平时分别列账反映，到期末，按照各项目的有关数字加总以后，应全部结清，以供下期重新记载使用。虚账户的结清，应先就日记簿做成结账分录；再根据分录过账，达到余额转销而账户结平（account balanced）的目的。故结账分录，是将虚账户的余额转入另一账户的分录。

为了正确地反映企业收入的实现和费用的形成及企业利润情况，需设置收入账户、费用账户和利润账户。

收入账户包括“主营业务收入”、“其他业务收入”、“投资收益”、“营业外收入”等。费用账户包括“主营业务成本”、“销售费用”、“营业税金及附加”、“其他业务成本”、“管理费用”、“财务费用”、“资产减值损失”、“营业外支出”、“所得税费用”。利润账户包括“本年利润”和“利润分配”。各种不同收入的实现分别于平时在相应的收入账户贷方登记；各种不同费用的发生分别于平时在相应的费用账户借方登记。年终结清收入和费用账户时，在“本年利润”账户归集，即将所有收入账户的本期贷方发生额从其借方转入“本年利润”账户的贷方；将所有费用账户的本期借方发生额从其贷方转入“本年利润”账户的借方。这样，使所有收入、费用账户全部结清，余额为零，同时确定出本年实现的利润总额。“本年利润”账户如有贷方余额，则为本年实现的盈利总额；如有借方余额，则为本年实现的亏损总额，并且将其余额从其相反方向转入“利润分配”账户，即表示企业所有者权益的增减数额。因此，所有收入账户、费用账户和“本年利润”账户均是过渡性账户（clearing account or income summary），也称为虚账户。

【例 16】 某企业 12 月 31 日各收入账户和费用账户本期发生额合计分别为：“主营业务收入”贷方发生额200 000 元，“主营业务成本”借方发生额130 000 元，“营业税金及附加”借方发生额 10 000 元，“销售费用”借方发生额 12 000 元，“管理费用”借方发生额 13 000 元，“财务费用”借方发生额4 000 元，“其他业务成本”借方发生额6 000 元，“其他业务收入”贷方发生额9 000 元，“投资收益”贷方发生额 8 000 元，“营业外收入”贷方发生额 3 000 元，“营业外支出”借方发生额5 000元，所得税税率25%。根据资料，在年终编制结账分录如下：

①将所有收入账户结清，转入“本年利润”账户贷方：

借：主营业务收入	200 000	
其他业务收入	9 000	
投资收益	8 000	
营业外收入	3 000	
贷：本年利润		220 000

②将所有费用账户结清，转入“本年利润”账户借方：

借：本年利润 180 000

　贷：主营业务成本 130 000

　　　销售费用 12 000

　　　营业税金及附加 10 000

　　　管理费用 13 000

　　　财务费用 4 000

　　　其他业务成本 6 000

　　　营业外支出 5 000

③计算应交所得税：

应交所得税 =（220 000 - 180 000）×25% =10 000（元）

借：所得税费用 10 000

　贷：应交税费——应交所得税 10 000

同时，结清“所得税费用”账户，编制结账分录：

借：本年利润 10 000

　贷：所得税费用 10 000

④将“本年利润”账户的余额，即全年净利润或净亏损转入“利润分配”账户：

借：本年利润 30 000

　贷：利润分配——未分配利润 30 000

（2）实账户的结转。

实账户是指资产、负债、所有者权益账户，此种账户期末总是有余额，其余额代表当时实际存在的财物与权利，不能像虚账户那样转销，而应将其余额转入下期，使各账户在下期期初有一定余额，以供继续处理。由于实账结转是在同一个账户中进行的，因此，不需要编制会计分录，只需要将其借贷双方分别加计总数，并算出每个账户的借方或贷方余额，并在年月日栏注明结账日期（12 月 31 日），在摘要栏内注明“结转下期”。将余额转入下期新开设的会计账簿中时，于月初在年月日栏注明下期开始日期（1 月 1 日），在摘要栏内注明“上年结转”或“期初结存”字样，并在原属方向登记余额数字，即上期期末余额在借方的，登入下期账户的借方，上期期末余额在贷方的，登入下期账户的贷方。

复习思考题

1. 简述会计循环的概念及其内容。

2. 何为会计分录？会计分录有哪些类型？

3. 什么是会计事项？企业的所有经济活动都是会计事项吗？为什么？

4. 什么是分录簿？分录簿的作用如何？

5. 什么是总分类账和明细分类账？两者的关系如何？

6. 什么是试算平衡？其方法有几种？

7. 试算平衡的作用有哪些？试算结果平衡，是否能说明其会计账簿记录完全正确？为什么？

8. 简述调账的概念及内容。

9. 会计基础有哪两种？两者的区别有哪些？在实际工作中，一般采用哪一种？为什么？

10. 应计收入的调整内容有哪些？应设置哪些主要账户？这些账户是属于债权（资产）账户还是属于债务账户？如何编制调整分录？

11. 应计费用的调整内容有哪些？应设置哪些主要账户？这些账户是属于债权（资产）账户还是属于债务账户？如何编制调整分录？

12. 预收收入的调整内容有哪些？应设置哪些主要账户？账户性质为何？调账分录如何编制？

13. 预付费用的调整内容有哪些？应设置哪些主要账户？怎样编制调整分录？

14. 什么是预提费用和待摊费用？两者有何区别？

15. 折旧费和坏账的调整有哪几种调整类型？如何编制调整分录？

16. 什么叫结账？结账的内容有哪些？

17. 企业有哪些账户属于虚账？虚账的作用如何？如何结清虚账？

18. 企业的实账有哪些？结算实账时是否需要编制会计分录？为什么？

主要名词

会计循环　会计事项　会计业务　交易事项　会计分录　过账　总分类账　明细分类账　平行过账　会计基础　权责发生制　收付实现制　调账　应计收入　待摊费用　预收收入　预提费用　坏账　折旧　结账　实账户　虚账户

习题一

请根据以下资料编制会计分录（不考虑增值税）：

（1）李厂长出差借支1 000元，出纳以现金支付。

（2）向银行借入短期借款50 000元存入银行。

（3）出纳开出现金支票从银行提取现金2 000元，以备零用。

（4）张三回厂报销差旅费800元，出纳以现金支付。

（5）李厂长回厂报销差旅费600元，余款400元交回现金。

（6）李明持银行转账支票去市内红星厂购回材料20 000元，材料已入库。

（7）企业销售产品一批，货款80 000元，60 000元收回存入银行，余款对方暂欠。

（8）以银行存款支付广告费5 000元。

（9）收到某购货单位上月购货欠款 2 000 元存入银行。

（10）以银行存款 10 000 元，购回计算机 1 台。

（11）以银行存款支付本月银行借款利息 8 000 元（该利息未预提）。

（12）以银行存款购买办公用品 500 元。

（13）将现金 1 000 元存入银行。

（14）以银行存款 1 200 元预付全年报刊费。

习题二

根据以下资料，编制会计分录、过入总分类账和明细分类账并编制发生额及余额试算平衡表。

（1）有关账户期初余额如下：

①“原材料”总账余额					借方	50 000 元
其中：	甲材料	10 吨	单价	500 元	金额	5 000 元
	乙材料	1 000 千克	单价	10 元	金额	10 000 元
	丙材料	500 千克	单价	70 元	金额	35 000 元
②“应付账款”总账余额					贷方	10 000 元
其中：	红星厂					3 000 元
	风华公司					7 000 元

③其他总账余额为：“现金”1 000 元，“银行存款”200 000 元，“应收账款”2 000 元（东风厂），“库存商品”10 000 元，“生产成本”15 000 元，“固定资产”100 000 元，“累计折旧”20 000 元，“实收资本”318 000 元，“资本公积”12 000 元，“短期借款”18 000元。

（2）本月发生下列经济业务（不考虑增值税）：

①企业向红星厂购入甲材料 20 吨，单价 500 元；乙材料 2 000 千克，单价 10 元；合计货款 30 000 元，货款暂欠，材料已验收入库。

②从银行借款 15 000 元，偿还红星厂欠款 10 000 元，风华公司 5 000 元。

③生产用甲材料 15 吨，乙材料 1 500 千克，丙材料 300 千克。

④从风华公司购入乙材料 2 000 千克，单价 10 元；丙材料 1 000 千克，单价 70 元；合计货款 90 000 元，货款以银行存款支付，材料已验收入库。

⑤以存款偿还风华公司欠款 2 000 元，红星厂 10 000 元。

⑥收到东风厂上月所欠购货款 2 000 元存入银行。

习题三

根据以下业务编制会计分录，并说明哪些为调整分录？为什么？

（1）月底调整（确认）应计入本期的出租包装物租金收入 200 元，款项未收到。

（2）预提本月银行借款利息 1 000 元。

（3）以银行存款支付已计提的短期借款利息支出 3 000 元。

（4）提取职工福利费 5 000 元，其中生产工人 3 000 元，车间管理人员 800 元，厂部管理人员 1 200 元。

（5）预收劳务货款 10 000 元存入银行。

（6）月底确认预收劳务收入 2 500 元。

（7）以银行存款支付全年报刊费 6 000 元。

（8）以银行存款支付全年房屋租金 12 000 元。

（9）分摊应由本月负担的报刊费 500 元和房租费 1 000 元。

（10）计提本月固定资产折旧费 5 000 元：其中车间使用固定资产折旧费 4 000 元，管理部门使用固定资产折旧费 1 000 元。

（11）该企业从本期开始计提坏账准备，本年末应收账款余额 100 000 元，按 5% 提取坏账准备。

第五章　主要经营业务的核算

前面我们已经初步讲解了借贷记账法的账户基本结构、记账规则、账户的对应关系、会计分录、试算平衡、总分类账户和明细分类账户的平行登记等。在此基础上，本章将以制造企业为例，结合企业财产物资供应过程、产品生产过程、商品销售过程以及资金筹集业务、利润分配业务等介绍借贷记账法的具体运用。

通过本章的学习，应该掌握以下内容：

（1）制造企业资金运动过程及主要业务活动内容；

（2）企业资金筹集业务及会计处理；

（3）企业财产物资采购业务及会计处理；

（4）企业生产业务及会计处理；

（5）企业销售业务及会计处理；

（6）企业利润形成与分配业务及会计处理；

（7）其他相关业务及会计处理。

第一节　企业的主要经营过程和业务

我们之所以要以制造企业为例说明借贷记账法的综合运用，是因为制造业的生产经营过程是较为复杂、较为全面的。西方会计大多以商品流通业为例讲述会计的借贷记账法，这是不够全面的，因为商品流通业没有产品生产过程这一最为复杂的业务活动。

一、企业资金运动过程

企业作为独立的经济实体，必然有自己的经营目标。为了实现企业的经营目标，并反映企业财务目标的实现情况，企业会计必须对日常发生的经济业务及其所体现的资金运动进行连续、系统、全面的核算，反映企业某一时点的财务状况和某一期间的经营成果和现金流量情况。

企业会计核算的对象是企业生产经营过程中的资金运动或所从事的各项经

济业务（传统会计尤其强调其中可用货币计量的经济业务）。

企业的资金运动包括资金的筹集、资金的运用、资金的耗费、资金的收回与分配等方面。其中资金运用和资金耗费，主要发生在企业的财产物资采购和保管过程（简称为财产物资供应过程）、产品生产过程和商品销售过程之中。

资金的筹集是企业资金运动的前提和条件。作为独立从事经营活动的经济实体，企业首先必须采取灵活有效的方式，从一定的资金来源渠道筹集其经营所必需的资金。在企业的财产物资供应过程中，企业以需求者的身份在市场上购建其生产经营所必需的房屋、建筑物、设备、原材料等生产资料，并与供货单位发生购货款的结算关系；同时，还会发生和支付有关的采购费用，并需要计算和确定物资的采购成本。通过财产物资的供应过程，企业的资金形态由货币资金转化为储备资金。

在企业的产品生产过程中，一方面，企业职工借助于劳动资料对劳动对象进行加工，制造出能够满足社会需要的各种产品；另一方面，企业必然会发生各种材料费用、人工费用、固定资产折旧费用和修理费用及其他费用等。为了计算产品的生产成本，需要按照一定的成本计算方法，通过各种生产费用的归集和分配，确定一定种类和数量完工产品的总成本和单位成本。通过产品的生产过程，企业的资金形态由储备资金转化为生产资金；并随着产品的完工入库，生产资金又转化为成品资金。

在企业的商品销售过程中，企业将商品销售给购买者，并与其发生销货款的结算关系；同时，还会发生和支付各种商品销售费用，如包装费、装卸搬运费、广告费、专设销售机构的经费等。通过商品的销售过程，企业的资金形态由成品资金转化为应收账款或货币资金。

资金的收回与分配是商品销售过程的结果及其后续工作。企业商品销售过程结束后，不仅需要及时收回销货款，而且还需要计算盈亏、依法向国家缴纳各种税金、对税后利润进行分配等。企业资金运动过程可用下图表示。

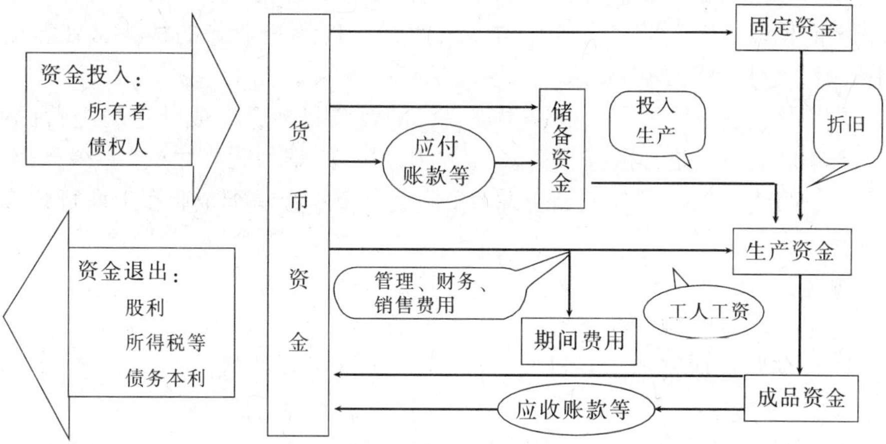

企业资金运动过程

二、企业的主要经营业务

从以上企业资金运动过程可以看出，企业的经营业务内容大体上可分为以下几类，并构成企业会计核算的主要内容：

（1）资金筹集过程的业务；

（2）财产物资供应过程的业务；

（3）产品生产过程的业务；

（4）商品销售过程的业务；

（5）利润及利润分配过程的业务。

下面以制造企业的主要经济业务为例，说明在其日常会计核算中，应设置哪些会计科目和账户，以及如何运用这些账户和借贷记账法来反映和监督企业的主要经济业务，为会计信息使用者提供有用的财务会计信息。

第二节　资金筹集业务的核算

筹集资金是企业经营的起点，也是企业生产经营的必要前提。及时足额地筹集企业生产经营所需资金、加强其会计核算是财务会计部门的任务。

一、筹资业务的基本内容

资金筹集业务是指企业根据国家的有关方针、政策和生产经营的需要，并考虑资金使用效果的要求，从各种筹资渠道获得所需资金的活动。企业的筹资渠道很多，但本节主要介绍如何运用借贷记账法对企业所有者（投资者）投入的资本金和短期借款等经济业务进行核算，其他筹资业务的核算将在后续的“中级财务会计”课程中介绍。

在市场经济条件下，企业欲实现自己的经营目标，完成既定的经营任务，其首要条件之一就是必须有“本钱”，否则“巧妇难为无米之炊”。在会计上，开办企业的“本钱”就是人们所说的资本金。资本金是指企业在工商行政管理部门登记的注册资金。

按有关规定，企业设立时必须有法定资本金。法定资本金是指国家规定的开办企业必须筹集的最低资本金数额，即企业设立时必须具有的最低限额的“本钱”，即“注册资本”。否则，企业不得批准设立。目前，我国《公司法》明确规定了有限责任公司和股份有限公司注册资本的最低限额。

有限责任公司是指股东以其出资额对公司承担责任，公司以其全部资产对公司债务承担责任的一种企业组织形式。《公司法》第三十二条规定：“有限责任公司的注册资本不得少于下列最低限额：以生产经营为主的公司人民币 50 万元；以商品批发为主的公司人民币 50 万元；以商品零售为主的公司人民币 30 万元；科技开发、咨询、服务性公司人民币 10 万元。”并且规定，特定行业的有限责任公司注册资本最低限额需高于以上所定限额的，由法律、行政法规另行规定。

股份有限公司是指将其全部资本分为等额股份，股东以其所持股份为限对公司承担责任，公司以其全部资产对公司债务承担责任的一种企业组织形式。《公司法》第七十八条规定：“股份有限公司注册资本的最低限额为人民币 1 000万元。股份有限公司注册资本最低限额需高于上述所定限额的，由法律、行政法规另行规定。”

因此，根据《公司法》的要求，公司成立时投资者必须投入一定数量的资本。

由于注册资本只是公司设立的最低资本额，在企业或公司的实际运行过程中，注册资本并不能完全满足其需要，因此，企业还必须从债权人（银行或供应商）那里获得一定的借入资金。

企业股东投入资本和外部借入资金是企业资金的两大主要来源，所以，作为会计，应加强企业筹资的核算，反映和监督企业筹资过程中的业务活动，促使企业合理筹集经营资金并有效地加以利用，以提高企业的资金利用效果。

二、应设置的主要会计科目

为了核算所有者投入的资本金和短期借款业务，企业应设置“实收资本”、

“资本公积”和“短期借款”等会计科目。

1. “实收资本”

它是所有者权益类科目，用来核算企业所有者（投资者）投入企业的资本金情况。实收资本账户的基本结构如表 5-1 所示。

表 5-1 **实收资本**

借方：登记经批准减少的资本金	贷方：登记企业实际收到的资本金，以及由资本公积、盈余公积转增的资本
	余额：表示企业资本金的实际结存额

此科目应按所有者（投资者）设置明细账。股份有限公司该科目一般称为“股本”科目。

2. “资本公积”

它是所有者权益类科目，用来核算企业所有者投入的资金超过其在注册资本所形成的资本溢价（超面值资本），以及由其他方式（法定资产重估增值等）形成的归所有者共同享有的资本。资本公积账户的基本结构如表 5-2 所示。

表 5-2 **资本公积**

借方：登记资本公积的减少额	贷方：登记企业资本公积的增加额
	余额：表示企业资本公积的实际结存额

此科目应按资本公积形成的类别设置明细账。

3. “短期借款”

它是负债类科目（流动负债），用来核算企业向银行及其他金融机构借入的期限在 1 年以内或者超过 1 年的 1 个营业周期以内的各种借款（企业借入的期限在 1 年以上的各种借款，在“长期借款”科目核算）。短期借款账户的基本结构如表 5-3 所示。

表 5-3 **短期借款**

借方：登记偿还借款的数额	贷方：登记借入款项的数额
	余额：表示尚未偿还的短期借款余额

此科目应按债权人设置明细账，并按借款种类进行明细核算。

三、资金筹集业务的账务处理

1. 筹集资本金的核算

企业筹集资本金的方式多种多样，既可以吸收货币资金的投资，也可以吸收实物、无形资产等形式的投资，还可以发行股票筹集资本金。

（1）所有者以货币资金投入资本。当所有者（投资者）采用货币资金形式投入企业资本金时，应按实际收到的或者存入本企业开户银行的金额借记“库存现金”、“银行存款”科目；按其在注册资本中所占的份额或股票面值总额贷记“实收资本”或“股本”科目；按其差额贷记“资本公积”科目。

【例1】华景公司在其设立过程中，收到各所有者按其认缴的出资额投入企业的注册资金400万元，其中A公司投入资本100万元，B公司投入资本100万元，C公司投入资本200万元，全部存入本企业的开户银行。

分析：这笔经济业务发生后，一方面企业的银行存款增加了400万元，应借记“银行存款”科目；另一方面，企业所有者对企业的资本投资增加了400万元，应贷记“实收资本”科目（凡所有者权益的增加，应记入有关所有者权益科目的贷方）。

借：银行存款	4 000 000	
贷：实收资本——A公司		1 000 000
——B公司		1 000 000
——C公司		2 000 000

【例2】承上例。经投资各方协商确定，华景公司接受新的投资者D公司投入的资本150万元，所占注册资本份额为20%。此时，该公司注册资本增加到500万元：在D出资150万元中，有100万元形成注册资本，50万元形成公司的资本公积。资金已收到并存入本企业的开户银行。

分析：这笔经济业务发生后，一方面企业的银行存款增加了150万元，应借记“银行存款”科目；另一方面，企业所有者对企业的资本投资增加了100万元，应贷记“实收资本”科目；同时，投资者D投入的资金超过其在注册资本所形成的资本溢价50万元，应记入“资本公积”科目的贷方。

借：银行存款	1 500 000	
贷：实收资本——D公司		1 000 000
资本公积		500 000

（2）所有者以非货币资金投入资本。企业收到所有者以非货币资金投资时，按投资各方确认的价值借记“原材料”、“固定资产”（不需要安装时）、“无形资产”等科目；按其在注册资本中所占的份额贷记“实收资本”或“股本”科目；按其差额，贷记“资本公积”科目。

【例3】经投资各方协商确定，华景公司接受新的投资者E公司投入的某专利技术，协商确定的价值为50万元，其中注册资本40万元，10万元形成资本公积。已办理有关专利技术的投资手续。

分析：这笔经济业务发生后，一方面企业的无形资产增加了50万元，应借记“无形资产”科目；另一方面，企业所有者对企业的资本投资增加了40万元，应贷记“实收资本”科目；同时，所有者E公司投入的资金超过其在注册资本中占有的份额40万元，从而形成资本溢价10万元，应将其记入“资本公积”科目的贷方。

借：无形资产　　500 000
　贷：实收资本——E公司　　400 000
　　　资本公积　　100 000

2. 短期借款的核算

为了如实反映企业短期借款的借入、偿还和结欠情况，必须按要求对短期借款进行核算。企业向银行及其他非银行金融机构借入期限在1年以下或超过1年的1个营业周期以内的各种借款时，一方面形成了一笔负债，使企业的负债增加；另一方面借入的款项通常先存入银行，使企业的银行存款（资产）增加。因此，企业应按实际借入金额借记“银行存款”科目，贷记“短期借款”科目。

“短期借款”科目只反映短期借款本金的增减变化及结欠情况。短期借款的利息不通过上述科目核算，而是通过“预提费用”科目核算，并记入财务费用。对于“预提费用”科目的核算，将在本章第三节中讲述。

【例4】华景公司于2008年1月1日向银行借入100 000元，存入银行。

分析：这笔经济业务发生后，一方面企业的银行存款增加了10万元，应借记“银行存款”科目；另一方面，企业对银行的负债也增加了10万元，应贷记“短期借款”科目（凡负债的增加，应记入有关负债科目的贷方）。

借：银行存款　　100 000
　贷：短期借款　　100 000

第三节 财产物资供应业务的核算

企业筹集资金后，一方面要购建厂房、车间、其他建筑物和生产设备等固定资产，另一方面还要为生产准备各种材料物资等劳动对象。因此，企业财产物资的供应过程包括固定资产的供应过程与材料物资的供应过程。

一、财产物资供应业务的核算内容

在财产物资的供应过程中，企业会计主要反映和监督 3 个方面的内容：外购资产（包括固定资产、材料物资等）的成本发生情况；外购资产的货款结算情况；外购资产的储备数量及其资金占用情况。

1. 固定资产的购置

企业设立后，首先要购置或建造生产经营所需要的各种劳动工具或劳动手段。购置固定资产是企业以货币资金从供应商处直接购买机械设备；建造固定资产是企业以出包方式或自建方式建造生产经营所需的厂房、车间和各种建筑物。不论是购置固定资产还是建造固定资产，都是现金资产转化为非现金资产的过程。除此之外，企业也有少量固定资产是由投资者直接投入的。在固定资产的购置和建造过程中，需要反映和监督固定资产成本的发生情况及其款项的结算情况等。

2. 材料物资的采购

材料物资的供应过程，是企业为生产经营准备材料物资的过程。在这个过程中，企业以货币资金购买各种材料、支付各种采购费用，形成储备资金。

就制造企业来说，外购材料的采购成本是由材料的买价、各种采购费用和相关税金组成。材料的买价是指不含增值税的发票价格；各种采购费用包括材料采购过程中发生的运输费、装卸搬运费、运输途中的合理损耗、入库前的挑选整理费；相关税金是指企业进口材料物资应支付的进口关税及小规模企业购买材料支付的增值税。对于增值税一般纳税人来说，外购材料支付的增值税取得增值税专用发票不计入外购材料的采购成本，而应该记入“应交税费——应交增值税（进项税额）”科目的借方。

为了简化核算，材料采购过程中发生的市内运杂费（小额）、采购人员的差旅费、专设采购机构的经费可以作为管理费用处理。但是，大宗原材料的市内运杂费，应计入外购材料成本。

外购材料的买价和可分清的运杂费，应直接计入外购材料的成本中。但是，属于多种外购材料共同负担的运杂费，则应选择适当的标准分配计入各种外购材料成本。

一般纳税人外购材料所支付的增值税，也不计入外购商品的采购成本，而是直接记入“应交税费——应交增值税（进项税额）”科目；而小规模纳税人外购商品所支付的增值税，则应计入外购商品的采购成本。

二、应设置的主要会计科目

为了核算企业在供应过程中发生的各项经济业务，企业应设置“材料采购”、“原材料”、“应付账款”、“预付账款”、“应交税费——应交增值税”、“固定资产”和“在建工程”等会计科目。

1. “材料采购”

它是资产类科目，用来核算企业已经购入的各种物资的实际成本。其账户的基本结构如表 5 – 4 所示。

表 5 – 4　材料采购

借方：登记企业外购的材料、商品的实际成本	贷方：登记企业验收入库的材料、商品的实际成本
余额：表示在途材料、商品的实际成本	

此科目应按物资品种设置明细账。

2. “原材料”

它是资产类科目，用来核算企业库存材料的收、发及其结存情况。企业按实际成本计价核算时，其账户的基本结构如表 5 – 5 所示。

表 5 – 5　原材料

借方：登记企业入库材料的实际成本	贷方：登记企业发出材料的实际成本
余额：表示结存材料的实际成本	

此科目应按材料保管地点、材料的类别（或品种、规格）设置明细账（或材料卡片）。

3. “应付账款”

它是负债类科目，用来核算企业由于购买材料、商品和接受劳务供应等应付给供应单位的款项（企业采用未清账信用赊购时发生的赊购款、偿还款及其结欠款）。其账户的基本结构如表 5 – 6 所示。

表 5-6　　应付账款

借方：登记企业偿还应付账款的数额	贷方：登记企业因购入材料、商品等所欠的款项
	余额：表示尚未偿还的应付账款的数额

此科目应按供应单位设置明细账。

4. “预付账款”

它是资产类科目，用来核算企业按照购货合同的规定预付给供货单位的货款。其账户的基本结构如表 5-7 所示。

表 5-7　　预付账款

借方：登记企业预付给供货单位的货款和补付的货款	贷方：登记企业已收货物的结算款和收回多付的货款
余额：表示企业已经预付给供货单位购货款的结存额，或尚未收回的多余货款	

此科目应按供应单位设置明细账。预付款项情况不多的企业，也可以将预付的货款直接记入“应付账款”科目的借方，不设置此科目。

5. “应交税费——应交增值税”

它是负债类科目，用来核算企业由于销售产品或提供劳务而应缴纳的增值税税额。其账户的基本结构如表 5-8 所示。

表 5-8　　应交税费——应交增值税

借方：登记企业购进货物或接受应税劳务而支付的增值税进项税额和实际缴纳的增值税额	贷方：登记企业销售货物或提供应税劳务而收到的增值税销项税额等
余额：表示企业尚未抵扣的增值税额	余额：表示企业当期应缴但尚未缴纳的增值税

该账户下设“进项税额”、“已交税金”、“销项税额”等专栏。“进项税额”专栏登记企业购入货物或接受应税劳务而支付给对方的、准予从销项税额中抵扣的增值税额；“已交税金”专栏登记企业已缴纳的增值税额；“销项税

额”专栏登记企业销售货物或提供应税劳务而从购货方或接受劳务方收取的增值税额。

6. “固定资产”

它是资产类科目，用来核算企业所有固定资产的原值增减变动及其结存情况。其账户的基本结构如表 5－9 所示。

表 5－9　　固定资产

借方：登记企业增加固定资产的原始价值	贷方：登记企业减少固定资产的原始价值
余额：表示企业现有固定资产的原始价值	

此外，企业还应设置“固定资产登记簿”和“固定资产卡片”，按固定资产的类别、使用部门和每项固定资产进行明细核算。

固定资产在取得时，应按取得时的成本入账。取得时的成本包括买价、进口关税、运输和保险等费用，以及为使固定资产达到可使用状态前所必需的支出。固定资产的取得成本一般称为固定资产的原始价值。固定资产购置时所发生的增值税不计入固定资产原始价值，与材料的购买一致，计入“应交税费——应交增值税”科目的借方。

为了分别反映企业现有固定资产的原价、已提折旧额及其折余价值的增减变动情况，企业还应设置“累计折旧”科目。对于“累计折旧”科目，我们将在后面讲述。

7. “在建工程”

它是资产类科目，用来核算企业进行各项工程（包括固定资产安装工程、新建工程、改扩建工程、大修理工程等）所发生的实际支出。企业购入不需要安装的固定资产，不通过“在建工程”科目核算，而是直接通过“固定资产”科目核算。其账户的基本结构如表 5－10 所示。

表 5－10　　在建工程

借方：登记企业某项工程所发生的实际成本	贷方：登记企业工程完工并交付使用的固定资产的实际成本
余额：表示企业尚未完工工程的实际成本	

此科目应按工程项目和外购工程物资设置明细账。

三、财产物资供应过程的账务处理

1. 购建固定资产的会计处理

为了如实反映企业固定资产的增减变动情况和实际占用额，企业应该按要求对固定资产的购入业务进行核算。固定资产购入业务的核算，可分下列两种情况：

（1）不需要安装的固定资产。购入不需要安装的固定资产，应按买价及所支付的包装费、运杂费和相关税费等，借记“固定资产”科目，贷记“银行存款”、“库存现金”等科目。

【例5】2008年1月20日，企业开出转账支票从供应商外购不需要安装的新设备1台，不含增值税的价款50 000元，增值税进项税额8 500元，包装费等运杂费1 000元。所有款项已支付，设备也已交付使用。

分析：这笔经济业务发生后，一方面企业的固定资产增加了51 000元，应借记“固定资产”科目；另一方面，企业支付增值税负债减少，应借记“应交税费——应交增值税（进项税额）”科目；同时企业银行存款减少了595 000元，应贷记“银行存款”科目。

借：固定资产	51 000
应交税费——应交增值税（进项税额）	8 500
贷：银行存款	595 000

（2）需要安装的固定资产。购入需要安装的固定资产时，应首先按买价及所支付的包装费和运杂费、安装调试费等，借记“在建工程”科目，贷记“银行存款”、“库存现金”等科目；安装完毕，达到预计可使用状态时，按实际发生的工程总成本，借记“固定资产”科目，贷记“在建工程”科目。

【例6】2008年4月5日，华景公司外购1台需要安装的设备，开出转账支票支付设备的买价50 000元，增值税额8 500元和运输费1 000元。4月15日，用支票向设备供应商支付安装费2 500元。4月20日，设备安装完毕并交付使用。

分析：4月5日支付设备价款、运输费时和4月15日支付安装费时，一方面企业的固定资产的在建工程成本增加了51 000元和2 500元，应借记“在建工程”科目，同时，企业支付增值税8 500元，应借记“应交税费——应交增值税（进项税额）”科目；另一方面，企业银行存款也分别减少了59 500元和2 500元，应贷记“银行存款”科目。

4 月 20 日设备安装完毕并交付使用时，固定资产达到预定可使用状态，一方面企业的固定资产增加了 62 000 元，应借记“固定资产”科目；另一方面，由于在建工程完工，固定资产交付使用，应将在建工程成本从“在建工程”科目中转出，即贷记“在建工程”科目。

① 4 月 5 日支付设备价款、增值税和运输费时：

借：在建工程	51 000	
应交税费——应交增值税（进项税额）	8 500	
贷：银行存款		59 500

② 4 月 15 日支付安装费时：

借：在建工程	2 500	
贷：银行存款		2 500

③ 4 月 20 日设备安装完毕并交付使用时：

借：固定资产	53 500	
贷：在建工程		53 500

2. 外购材料的核算

在供应过程中，企业通过购买材料，形成生产储备，以保证产品生产的顺利进行。由于材料货款的支付方式不同，原材料的入库时间与付款的时间可能一致，也可能不一致。因此，在会计处理上也有所不同。

（1）货款已经支付，材料同时验收入库。

【例 7】 华景公司从供应商购入甲材料一批，增值税专用发票注明货款 10 000 元，增值税 1 700 元。全部款项均已用转账支票支付，材料也已验收入库。

分析：这笔经济业务发生后，一方面，企业的采购材料增加了 10 000 元，应借记“材料采购”科目；按规定，作为一般纳税人的企业，外购材料时支付（或应支付）给供货单位的增值税（必须有增值税专用发票）可作为增值税的进项税额处理，以抵扣其增值税的销项税额，因此还应借记“应交税费——应交增值税（进项税额）”科目，金额为 1 700 元；另一方面，企业银行存款减少了 11 700 元，应贷记“银行存款”科目；同时验收入库材料时，借记“原材料”科目，贷记“物资采购”科目。

①支付货款（购入）：

借：材料采购——甲材料　　　　　　　　　　　　10 000
　　应交税费——应交增值税（进项税额）　　　　　1 700
　贷：银行存款　　　　　　　　　　　　　　　　　　11 700

②验收入库：

借：原材料——甲材料　　　　　　　　　　　　　10 000
　贷：材料采购——甲材料　　　　　　　　　　　　　10 000

（2）货款已经支付，材料尚未验收入库。

【例8】华景公司从供应商购入甲材料一批，增值税专用发票注明货款20 000元，增值税3 400元。全部款项均已用转账支票支付，材料尚未运到公司。

分析：这笔经济业务发生后，一方面企业的在途材料增加了20 000元，应借记“材料采购”科目，并按3 400元借记“应交税费——应交增值税（进项税额）”科目；另一方面，企业银行存款减少了23 400元，应贷记“银行存款”科目。

借：材料采购——甲材料　　　　　　　　　　　　20 000
　　应交税费——应交增值税（进项税额）　　　　　3 400
　贷：银行存款　　　　　　　　　　　　　　　　　　23 400

【例9】上述华景公司在途材料已运到公司，并已验收入库。

分析：这笔经济业务发生后，一方面企业的库存材料增加了20 000元，应借记“原材料”科目；另一方面，企业在途材料减少了20 000元，应贷记“材料采购”科目。

借：原材料——甲材料　　　　　　　　　　　　　20 000
　贷：材料采购——甲材料　　　　　　　　　　　　　20 000

（3）材料已经验收入库，货款尚未支付（赊购）。企业收到了购货发票，确实无款支付，与对方协商允许暂欠，即赊购材料。此时，企业应根据发票，借记“材料采购”、“应交税费——应交增值税（进项税额）”科目，贷记“应付账款”科目。

【例10】华景公司从B公司购入乙材料一批，货款30 000元，增值税5 100元。材料已验收入库，银行转来的结算凭证已收到，与对方协商同意暂欠。

分析：这笔经济业务发生后，一方面增加企业采购材料 30 000 元，应借记“材料采购”科目，并按 5 100 元借记“应交税费——应交增值税（进项税额）”科目；另一方面，企业增加了应付购货款 35 100 元，应贷记“应付账款”科目。

①支付货款（购入）：

借：材料采购——乙材料　　30 000

　　应交税费——应交增值税（进项税额）　　5 100

　贷：应付账款——B 公司　　35 100

②验收入库：

借：原材料——乙材料　　30 000

　贷：材料采购——乙材料　　30 000

【例 11】华景公司上笔欠款于 10 天后通过银行转账付清。

分析：这笔经济业务发生后，一方面企业的负债减少了 35 100 元，应借记“应付账款”科目；另一方面，企业的银行存款也减少了 35 100 元，应贷记“银行存款”科目。

借：应付账款——B 公司　　35 100

　贷：银行存款　　35 100

（4）预付货款。

【例 12】按购销合同规定，华景公司开出转账支票向 C 公司预付购买丙材料的货款 40 000 元。

分析：这笔经济业务发生后，一方面企业的预付购货款（债权资产）增加了 40 000 元，应借记“预付账款”科目；另一方面，企业的银行存款也减少了 40 000 元，应贷记“银行存款”科目。

借：预付账款——C 公司　　40 000

　贷：银行存款　　40 000

【例 13】华景公司两个月后收到 C 公司发来的丙材料一批。专用发票和有关账单上注明：货款 30 000 元，增值税 5 100 元。同时，收回多预付的款项 4 900元，并存入银行。

分析：这笔经济业务发生后，一方面企业的采购材料增加了 30 000 元，因此应借记“材料采购”科目，并按5 100元借记“应交税费——应交增值税（进项税额）”科目，收回多预付的款项4 900元时，应借记“银行存款”科目；另一方面，企业还应冲转预付购货款40 000元，贷记“预付账款”科目。

同时编制验收入库的会计分录。

①购买丙材料时：

借：材料采购——丙材料	30 000	
应交税费——应交增值税（进项税额）	5 100	
银行存款	4 900	
贷：预付账款——C公司		40 000

②验收入库时：

借：原材料——丙材料	30 000	
贷：材料采购——丙材料		30 000

【例14】 华景公司从本市T公司买入甲材料3 000千克、乙材料2 000千克。增值税专用发票注明甲、乙两种材料的买价分别为20 000元、10 000元，增值税分别为3 400元、1 700元。材料已入库，款已预付。同时，用现金支付两种外购材料的装卸搬运费1 500元，装卸搬运费的分配标准为材料重量。

分析：这笔经济业务发生后，一方面企业的采购材料增加了30 000元，因此应借记“材料采购”科目，并按5 100元借记“应交税费——应交增值税（进项税额）”科目；另一方面，企业还应冲转预付购货款35 100元，贷记“预付账款”科目。

用现金支付装卸搬运费时，一方面外购甲、乙材料的采购成本共增加了1 500元，应借记“材料采购”科目；另一方面，企业的库存现金也减少了1 500元，应贷记“现金”科目。但是，装卸搬运费是装卸搬运甲、乙两种材料共同发生的费用，故应按合理的分配标准进行分配后，才能将其分别记入甲、乙材料的采购成本中。

同时编制验收入库的会计分录。

按要求，装卸搬运费的分配标准为材料重量。分配方法如下：

装卸搬运费分配率＝待分配的费用÷外购材料的重量之和

＝1 500÷（3 000＋2 000）＝0.3

甲材料应分配的装卸搬运费＝甲材料的重量×分配率＝3 000×0.3＝900（元）

乙材料应分配的装卸搬运费＝乙材料的重量×分配率＝2 000×0.3＝600（元）

①外购材料时：

借：材料采购——甲材料　　20 000
　　　　　　——乙材料　　10 000
　　应交税费——应交增值税（进项税额）　　5 100
　贷：预付账款——T 公司　　35 100

②用现金支付装卸搬运费时：

借：材料采购——甲材料　　900
　　　　　　——乙材料　　600
　贷：现金　　1 500

③验收入库时：

借：原材料——甲材料　　20 900
　　　　　——乙材料　　10 600
　贷：材料采购——甲材料　　20 900
　　　　　　　——乙材料　　10 600

第四节　生产过程的业务核算

生产过程是企业拥有的人力资源，利用劳动手段（固定资产），对劳动对象进行加工并生产出完工产品的过程。在产品的生产过程中，企业一方面要发生各种劳动耗费（包括活劳动耗费和物化劳动耗费）；另一方面，又通过劳动创造出各种新的劳动产品。在资金形态上，它表现为固定资金（固定资产所占用的资金）通过折旧的形式逐步转换为生产资金；储备资金（原材料等所占用的资金）由于材料等投入生产过程而一次性地转换为生产资金。此外，支付给生产工人及分厂、车间生产管理人员的工资和其他费用，则由货币资金转换为生产资金。同时，随着产品加工完毕并验收入库，生产资金又转化为产成品资金。

一、生产过程的经济业务和会计核算内容

1. 生产过程的主要经济业务

产品的生产过程是劳动者利用劳动资料，对劳动对象进行加工或改制，使其具有某种新的使用价值、能够满足人们某种需要的产品的过程。在产品的生产过程中，一方面会发生各种生产耗费，另一方面又会创造出新的使用价值。生产过程的主要经济业务（或会计事项）包括以下 3 个方面：

第一，将材料物资投入生产过程。随着材料物资进入生产过程，其价值将随着实物形态的改变而一次性地全部转移到所生产的产品成本中去，构成产品

的材料费用。因此，会计既要反映储备材料数量和价值的减少情况，又要等量地反映在产品成本中材料费用的增加情况。

第二，劳动资料在生产过程中逐渐发生耗损。劳动资料，如房屋及其他建筑物、机器设备等固定资产在生产过程中发生的耗损，包括有形耗损和无形耗损。固定资产的主要特点之一，就是它能够在较长的时期内被加以使用，并参加企业的多个资金循环，其价值将随着固定资产的不断使用而逐渐转移到产品成本（制造费用）之中或作为期间费用（管理费用、营业费用等）处理。因此，会计既要反映固定资产价值的减少情况，又要等量地反映在产品成本和期间费用中固定资产折旧费用的增加情况。

第三，在生产过程中发生的人工成本。企业在生产过程中耗费的劳动，创造了产品的新价值，其中一部分以工资形式支付给劳动者个人，构成产品成本的工资费用。因此，会计既要反映企业货币资金的减少情况，又要等量地反映在产品成本中工资费用的增加情况。

上述材料费用、折旧费用和工资费用，构成制造企业生产费用的主要内容。除以上 3 项主要费用外，在生产过程中还会发生按规定的工资总额计提的职工福利费、无形资产摊销和其他生产费用。

2. 生产过程核算的主要内容

产品生产过程的核算，主要包括以下 5 个方面的内容：

（1）生产领用原料及主要材料、辅助材料和燃料等；

（2）分厂、车间发生的职工工资费用和职工福利费；

（3）分厂、车间发生的固定资产的折旧费用和修理费；

（4）生产过程中发生的其他费用（如各种待摊费用和预提费用）；

（5）计算和结转完工产品成本。

当然，产品生产过程的核算还包括其他许多内容，尤其是产品成本的计算还包括许多较复杂的成本计算程序和方法。

二、应设置的主要会计科目

为了核算企业在生产过程中发生的各项经济业务，企业应设置“生产成本”、“制造费用”、“管理费用”、“财务费用”、“应付职工薪酬”、“累计折旧”、“库存商品”等会计科目。此外，按权责发生制原则的要求，为了合理划分各期的成本费用界限，还应设置“待摊费用”和“预提费用”等会计科目。

1. “生产成本”

它是成本类科目，用来核算企业在产品生产过程中发生的各项费用及其结转情况。其账户的基本结构如表 5 - 11 所示。

表 5－11　　生产成本

借方：登记企业在产品生产过程中所发生的一切产品费用，包括生产领用的直接材料、生产工人的工资及福利费、月末转入的制造费用等	贷方：登记企业已完工入库的产品的实际制造成本，即生产成本
余额：表示尚未完工的在产品的实际生产成本	

此科目应按成本计算对象，如产品品种、生产批别或生产步骤等设置成本计算单，以便归集和分配各项生产费用，计算各种完工产品的总成本和单位成本。

通常，生产车间或分厂发生的直接材料费用和直接人工费用，直接计入有关产品成本中。有时，也需要采用某种分配方法，将其分配后计入有关产品成本中。

2. “制造费用”

它是成本类科目，用来核算企业的生产车间或分厂为生产产品和提供劳务而发生的除直接材料费用、直接人工费用等外的各项间接费用。具体来说，制造费用项目主要包括：生产车间管理人员的工资和福利费、折旧费、修理费、办公费、水电费、其他物料消耗、劳动保护费、季节性和修理期间的停工损失等。其账户的基本结构如表 5－12 所示。

表 5－12　　制造费用

借方：登记车间或分厂日常发生的各项制造费用	贷方：登记于月末分配转入“生产成本”的制造费用
分配转账后一般无余额	

除季节性生产企业外，本账户的本期发生额应分配计入有关产品成本中。月末结账后，本账户一般无余额。

此科日应按车间或分厂等部门设置明细账。

3. “管理费用”

它是损益类科目，用来核算企业行政管理部门为组织和管理企业生产经营活动而发生的各项管理费用。具体来说，管理费用项目主要包括：行政管理部门管理人员的工资和福利费、折旧费、修理费、办公费、水电费、差旅费、物料消耗和低值易耗品摊销费、工会经费、待业保险费、劳动保护费、董事会费、聘请中介机构费、咨询费（含顾问费）、诉讼费、业务招待费、房产税、车船使用税、土地使用税、印花税、技术转让费、矿产资源补偿费、无形资产摊销费、职工教育经费、研究与开发费、排污费、存货盘亏损失（减盘盈收益）等。其账户的基本结构如表 5－13 所示。

表 5－13　管理费用

借方：登记企业日常发生的各项管理费用	贷方：登记企业期末结账转入“本年利润”账户的管理费用
结账后无余额	

在期末，本账户的余额应转入“本年利润”账户，结转后此科目应无余额。

此科目应按费用项目设置明细账。

4. “财务费用”

它是损益类科目，用来核算企业为筹集生产经营所需资金等而发生的费用，包括利息支出（减利息收入）、汇兑损失（减汇兑收益）以及相关的手续费等。其账户的基本结构如表 5－14 所示。

表 5－14　财务费用

借方：登记企业本期为生产经营活动借款而发生的财务费用	贷方：登记企业结账的利息收入，以及期末结账转入“本年利润”账户的财务费用
结账后无余额	

在期末，本账户的余额应转入“本年利润”账户，结转后此科目应无余额。

此科目应按费用项目设置明细账。

5. “应付职工薪酬”

它是负债类科目，用来核算企业应付给职工的薪酬总额（与职工之间的工资结算关系）、工资费用的分配以及各种福利费的提取和使用情况。职工的工资总额包括：计时工资、计件工资、加班加点工资、奖金、工资性津贴和特殊情况下支付的工资（如病假工资、婚假工资等非工作时间的工资）等。职工的福利费按规定标准提取和使用。其账户的基本结构如表 5－15 所示。

表 5 - 15 应付职工薪酬

借方：登记企业实际支付给职工的工资额（发放工资）及福利费的使用	贷方：登记计算企业应付给职工的工资额（分配工资）及提取福利费
	余额：表示应付而未付的工资结余额及应付福利费结余额

企业应根据具体情况，按职工类别、工资总额的组成内容等设置明细账，进行明细核算。

6. “累计折旧”

它是资产类科目，即“固定资产”的调整科目，用来核算企业固定资产的累计折旧数额（固定资产因磨损而减少的价值）。其账户的基本结构如表5 - 16所示。

表 5 - 16 累计折旧

借方：登记企业注销固定资产原值相应转销的累计已提折旧额	贷方：登记企业各期提取的固定资产折旧额
	余额：表示企业现有固定资产累计已提折旧额

通常，此科目不设置明细账。需要查明某项固定资产的已提折旧额，可以根据固定资产卡片所记载的该项固定资产原价、折旧率和实际使用年数等资料进行计算。

7. “库存商品”

它是资产类科目，用来核算制造企业生产完工并验收入库产品的实际成本、因销售或其他原因转出产品的实际成本及期末结存的库存商品的实际成本。其账户的基本结构如表 5 - 17 所示。

表 5 - 17 库存商品

借方：登记企业入库产品的实际成本	贷方：登记企业转出（销售）产品的实际成本
余额：表示企业库存产品的实际成本	

此科目应按产品的种类、品种或规格设置明细账。

8. “待摊费用”

它是资产类科目，用来核算企业已经支付，但应分期摊入当期和以后各期产品成本或期间费用的，并且摊销期在1年以内的各项费用。待摊费用主要包括预付保险费、预付报纸杂志费等。待摊费用应按受益期限的长短，分期进行摊销。其账户的基本结构如表5-18所示。

表5-18 待摊费用

借方：登记企业实际支付（预付）的各项待摊费用	贷方：登记企业分期摊入相关成本、费用的摊销额
余额：表示企业已经支付尚未摊销的待摊费用	

此科目应按费用项目或种类设置明细账。

9. “预提费用”

它是负债类科目，用来核算企业各项预提费用的分期预提和实际支付情况。预提费用是指预先从产品成本或期间费用中提取但尚未实际支付的各项费用，包括预提的租金、保险费、借款利息、修理费用等。其账户的基本结构如表5-19所示。

表5-19 预提费用

借方：登记企业以后实际支付的预提费用	贷方：登记企业按规定预先分期提取的预提费用
	余额：表示企业已经预提但尚未实际支付的预提费用

此科目应按费用种类设置明细账。

三、生产过程的账务处理

【例15】某企业仓库发出甲材料一批，金额为400 000元。其中，用于A产品生产200 000元，B产品生产160 000元，车间一般消耗16 000元，企业行政管理部门一般消耗24 000元。

分析：这笔经济业务发生后，一方面，企业的A、B产品的生产成本、制造费用和管理费用分别增加了 200 000 元、160 000 元、16 000 元、24 000 元，应分别记入“生产成本”、“制造费用”和“管理费用”科目的借方（凡成本费用的增加，应记入有关科目的借方）；另一方面，企业的库存材料减少了 400 000 元，应记入“原材料”科目的贷方（凡资产的减少，应记入有关科目的贷方）。

借：生产成本——A 产品　　200 000
　　　　　　——B 产品　　160 000
　　制造费用　　16 000
　　管理费用　　24 000
　贷：原材料——甲材料　　400 000

【例 16】该企业结算本月应付给职工的工资总额为 100 000 元。其中：生产 A 产品的生产工人的工资 40 000 元，生产 B 产品的生产工人的工资 30 000 元，车间管理人员的工资 10 000 元，企业行政管理部门人员的工资 20 000 元。

分析：这是工资费用的分配事项。通过工资费用的分配，一方面，企业的在产品成本和期间费用共增加了 100 000 元，应分别记入“生产成本”、“制造费用”和“管理费用”科目的借方。其中，生产工人的工资应记入“生产成本”科目的借方，车间管理人员的工资应记入“制造费用”科目的借方，企业行政管理部门人员的工资应记入“管理费用”科目的借方。此外，如果有专设销售部门人员的工资应记入“销售费用”科目的借方，在建工程人员的工资应记入“在建工程”科目的借方，福利部门人员的工资应记入“应付职工薪酬”科目的借方，支付给离退休人员的各种离退休金应记入“管理费用”科目的借方。另一方面，形成了企业对职工的负债 100 000 元，应记入“应付职工薪酬”科目的贷方（凡负债的增加，应记入有关科目的贷方）。

借：生产成本——A 产品　　40 000
　　　　　　——B 产品　　30 000
　　制造费用　　10 000
　　管理费用　　20 000
　贷：应付职工薪酬　　100 000

【例 17】开出现金支票，从银行提取现金 100 000 元，以备发工资。

分析：这笔经济业务发生后，一方面，企业的库存现金增加了 100 000 元，应借记“库存现金”科目；另一方面，企业的银行存款减少了 100 000 元，应贷记“银行存款”科目。

借：库存现金　　100 000

　贷：银行存款　　100 000

【例 18】用现金 100 000 元发放职工工资。

分析：这笔经济业务发生后，一方面，企业对职工的负债减少了 100 000 元，应借记“应付职工薪酬”科目；另一方面，企业的现金也减少了 100 000 元，应贷记“库存现金”科目。

借：应付职工薪酬　　100 000

　贷：库存现金　　100 000

【例 19】按工资总额的 14% 计提本月的应付职工福利费。

分析：这是职工福利费的计提和分配事项。通过职工福利费的分配，一方面，企业的产品生产成本和期间费用共增加了 14 000 元，应分别记入“生产成本”、“制造费用”和“管理费用”科目的借方。其中，根据生产工人的工资计提的职工福利费应记入“生产成本”科目的借方；根据车间管理人员的工资计提的职工福利费应记入“制造费用”科目的借方；根据企业行政管理部门人员的工资计提的职工福利费应记入“管理费用”科目的借方。另一方面，企业的应付福利费也增加了 14 000 元，应记入“应付职工薪酬”科目的贷方（凡负债的增加，应记入有关科目的贷方）。

借：生产成本——A 产品　　5 600

　　　　　　——B 产品　　4 200

　　制造费用　　1 400

　　管理费用　　2 800

　贷：应付职工薪酬　　14 000

【例 20】开出转账支票，支付企业行政管理部门办公费、水电费等管理费用 1 000 元和车间水电费 500 元。

分析：这笔经济业务发生后，一方面，企业行政管理部门的管理费用和制造费用共增加了 1 500 元，应分别记入“管理费用”和“制造费用”科目的借方；另一方面，企业的银行存款也减少了 1 500 元，应记入“银行存款”科目的贷方。

借：管理费用　　1 000

　　制造费用　　500

　贷：银行存款　　1 500

【例 21】开出转账支票，预付厂部全年的书报杂志订阅费 2 400 元，车间书报杂志订阅费 1 200 元。

分析：这笔经济业务发生后，一方面，企业的预付费用增加了 3 600 元，应借记“待摊费用”科目。因为该笔书报杂志订阅费是为全年而预付的，不应在支付时全部计入当月成本和费用，而应该在全年各月成本和费用中进行分摊。因此，它属于已经支付，但应分期摊入当月和以后各月成本或费用的，并且摊销期在 1 年以内的待摊费用。另一方面，企业的银行存款也减少了3 600 元，应贷记“银行存款”科目。

借：待摊费用　　　　3 600

　贷：银行存款　　　　3 600

【例 22】月末，摊销应由本月管理费用、制造费用负担的书报杂志订阅费共 300 元，其中管理费用负担 200 元，制造费用负担 100 元。

分析：这笔经济业务发生后，一方面，企业本月管理费用增加 200 元，制造费用增加 100 元，应借记“管理费用”和“制造费用”科目；另一方面，企业的待摊费用减少了 300 元，应贷记“待摊费用”科目。

借：管理费用　　　　200

　　制造费用　　　　100

　贷：待摊费用　　　　300

【例 23】按规定的固定资产折旧率计算本月应计提固定资产的折旧额 10 000元，其中行政管理部门应提取折旧 2 000 元，基本生产车间应提取折旧 8 000元。

分析：这是固定资产折旧费用的计算和分配事项。通过折旧费用的分配，一方面，企业本月管理费用和制造费用应负担的折旧费用增加了 10 000 元。其中，根据行政管理部门的固定资产计提的折旧额应记入“管理费用”科目的借方 2 000 元；根据基本生产车间的固定资产计提的折旧额应记入“制造费用”科目的借方 8 000 元。另一方面，企业固定资产的折旧额增加了10 000元，应贷记“累计折旧”科目。

借：管理费用　　　　2 000

　　制造费用　　　　8 000

　贷：累计折旧　　　　10 000

【例24】按计划预提本月短期银行借款利息1 000元，并计入财务费用。

分析：通常，银行短期借款利息是按季结算的。为了合理分配各月应负担的利息费用，以便正确计算各期盈亏，需要对短期借款利息采用“按月预提，按季结算”的办法进行会计处理。因此，这个会计事项发生后，一方面，企业本月应负担的财务费用增加了1 000元，应借记“财务费用”科目；另一方面，企业的预提费用增加了1 000元，形成应付给银行的负债，应贷记“预提费用”科目。

借：财务费用　　　　1 000

　贷：预提费用　　　　1 000

【例25】收到银行的付款通知，本季度企业短期银行借款利息3 000元已从本企业存款账中支付。

分析：这笔经济业务发生后，一方面，企业预提的短期借款利息（负债）减少了3 000元，应借记“预提费用”科目；另一方面，企业的银行存款减少了3 000元，应贷记“银行存款”科目。

借：预提费用　　　　3 000

　贷：银行存款　　　　3 000

【例26】将本月生产车间发生的制造费用36 000元分配计入各种产品成本。本月生产A、B两种产品，共消耗生产工时20 000小时，其中A产品消耗8 000工时，B产品消耗12 000工时。以生产工人工时为标准，将本月发生的制造费用分配给A、B两种产品。

根据生产过程实例登记“制造费用”账户，归集本月发生的制造费用为36 000元，如表5-20所示。

表5-20　　制造费用

⑮	16 000	
⑯	10 000	
⑲	1 400	
⑳	500	
㉒	100	
㉓	8 000	
借方发生额	36 000	

分析：制造费用是本期进行产品生产所发生的共同性费用，它最终要转化为产品的生产成本，由本月生产的产品来负担。所以，期末时应将本月制造费用总额按照一定的标准分配给各有关产品，以便计算各种产品的成本。至于分配标准，可选择生产工人工资、生产工人工时（工作时间）或机器工时。分配标准不同，则各种产品所负担的制造费用将不相同。选择的分配标准合理与否，直接影响到各种产品所负担的制造费用的多少，从而影响产品成本计算的正确性。因此，应选择合理的分配标准分配制造费用。

本例选择生产工人工时为标准分配制造费用。本月共发生制造费用36 000元。当选用生产工人工时为标准分配制造费用时，可用以下公式进行计算：

$$制造费用分配率=\frac{制造费用总额}{各产品所耗生产工时总数}$$

$$某产品应分摊制造费用=该产品生产工人工时\times制造费用分配率$$

根据有关资料编制“制造费用分配表”，如表5－21所示。

表5－21　　制造费用分配表

产品名称	生产工时（小时）	分配率	分配额（元）
A产品	8 000		14 400
B产品	12 000		21 600
合计	20 000	1.8	36 000

分析：企业于月末将应由产品生产成本负担的制造费用按一定的分配标准计算分配给A、B产品。一方面，企业A、B产品的生产成本增加了，应借记“生产成本”科目；另一方面，企业生产车间的制造费用通过分配转出而减少了36 000元，应贷记“制造费用”科目。

借：生产成本——A产品　　14 400
　　　　　　——B产品　　21 600
　贷：制造费用　　36 000

【例27】本月完工A、B产品的产量分别为200件、500件。假设A、B产品的产量资料和成本资料如表5－22、表5－23所示（根据【例15】至【例26】资料）。

表 5－22　　　　产量资料

产品	计量单位	月初在产品数量	本月投产数量	本月完工产品数量	月末在产品数量
A	件	40	160	200	0
B	件	150	450	500	100

表 5－23　　　　成本资料

成本项目		直接材料	直接工资	制造费用	合计
A 产品	月初在产品成本	14 540	2 280	3 000	19 820
	本月发生费用	200 000	45 600	14 400	260 000
	月末在产品成本	0	0	0	0
B 产品	月初在产品成本	14 344	680	3 600	18 624
	本月发生费用	160 000	34 200	21 600	215 800
	月末在产品成本	13 014	440	2 400	15 854

分析：如前所述，平时我们已将直接对象化的费用分别计入了“生产成本”总账及其所属明细账，如直接材料、工资及福利。期末又将制造费用按照生产工人工时分配计入 A、B 两种产品的生产成本。所以，生产 A、B 两种产品发生的所有费用，包括直接费用和间接费用，均已记入“生产成本”及其所属的明细账。完工产品制造成本与相关指标的关系可用以下公式表示：

月初在产品成本＋本月发生生产费用＝本月完工产品成本＋月末在产品成本

此例中，我们假定本月 A 产品全部完工；B 产品尚有一部分没有完工，这一部分在产品的成本按照定额成本来确定。实际工作中，完工产品成本的确定是通过“产品成本计算单”来进行的。根据前述资料，登记“产品生产成本明细账”，并编制“产品成本计算单”，如表 5－24、表 5－25 所示。

表 5－24　　产品成本计算单

产品名称：A 产品　　完工产量：200 件

成本项目	直接材料	直接人工费用	制造费用	合计
月初在产品成本	14 540	2 280	3 000	19 820
本月生产费用	200 000	45 600	14 400	260 000
合计	214 540	47 880	17 400	279 820
月末在产品成本	0	0	0	0
完工产品总成本	214 540	47 880	17 400	279 820
完工产品单位成本	1 072.7	239.4	87	1 339.1

表 5－25　　产品成本计算单

产品名称：B 产品　　完工产量：500 件

成本项目	直接材料	直接人工费用	制造费用	合计
月初在产品成本	14 344	680	3 600	18 624
本月生产费用	160 000	34 200	21 600	215 800
合计	174 344	34 880	25 200	234 424
月末在产品成本	13 014	440	2 400	15 854
完工产品总成本	161 330	34 440	22 800	218 570
完工产品单位成本	322.66	68.88	45.6	437.14

根据上述产品成本计算可知：完工 A 产品 200 件的总成本为 279 820 元，完工 B 产品 500 件的总成本为 218 570 元。产品完工验收入库，库存产品增加，应记入“库存商品”总账及其所属明细分类账户的借方；产品完工，表示产品的生产过程已经结束，可根据有关资料计算出完工产品的成本，应计入“生产成本”总账及其所属明细分类账户的贷方。所以，对于完工的 A 产品和 B 产品，应根据有关资料作如下会计分录：

借：库存商品——A 产品　　279 820
　　　　　　——B 产品　　218 570
　贷：生产成本——A 产品　　279 820
　　　　　　　——B 产品　　218 570

第五节　商品销售业务的核算

商品的销售过程既是产品价值的实现过程，也是成品资金转化为应收账款及货币资金的过程。在这一过程中，企业一方面将生产出来的产品出售给顾客，以满足社会和个人消费的需要；另一方面按照销售价格从顾客那里收回货款，以满足企业再生产和纳税的需要。

一、销售过程的经济业务和会计核算内容

企业销售过程的主要经济业务包括：

（1）将商品出售给购买者，实现商品销售收入。在商品销售过程中，企业以卖者身份进入商品市场，并进行商品交易活动：一方面卖出商品产品，另一方面按照销售价格取得销售收入。企业在卖出商品的同时，可能按销售价格取得了货币资金，也可能当时尚未取得货币资金，而仅仅得到向购买单位索取货款的权利（债权）。按照权责发生制的要求，企业出售商品时，无论是取得了货币资金，还是仅仅取得了一种向购买单位收取货款的权利，均应确认营业收入。因此，营业收入的确认和货款的结算是销售业务核算的基本内容之一。

（2）发生和支付销售费用、计算和缴纳销售税金、结转已售商品的成本。在商品销售过程中，企业经常会发生包装费用、运输费用、广告宣传费用以及专设销售机构的正常经费等销售费用。随着产品销售的实现，企业还应根据实现的销售收入，按照国家税法所规定的税种、税率计算和缴纳有关税金。已出售的产品除了应负担销售费用和有关税金以外，还应结转其已售产品的生产成本（又叫销售成本）。因此，销售费用、销售税金和销售成本的核算也是销售业务核算的基本内容。

（3）处理与购买单位、税务机关等之间的资金结算关系。企业在取得营业收入、计算和缴纳销售税金和发生销售费用的过程中，必然与购买单位、税务部门、运输部门、报刊社、电台、电视台等单位发生有关资金结算关系。因此，有关结算业务的核算也是销售业务核算的一项内容。

可见，销售过程的核算主要包括以下 3 个方面的内容：

（1）销售收入的确认和销售产品后货款的结算情况。企业的销售收入，一方面用来补偿已售产品的实际成本，另一方面形成企业的销售税金和销售利润（企业的纯收入）。

（2）销售费用的发生情况。销售费用是企业为销售产品所发生的各项费用，包括在产品销售过程中发生的包装费、运输费、广告费、专设销售机构的

正常经费等。

(3) 销售税金的应缴、实缴和欠缴情况。企业的销售税金主要包括增值税、营业税、城市维护建设税等。

二、应设置的主要会计科目

为了核算企业在销售过程中发生的各项经济业务，企业应设置“主营业务收入”、“主营业务成本”、“营业税金及附加”、“销售费用”、“应收账款”、“预收账款”、“应交税费”等会计科目。

1. “主营业务收入”

它是损益类科目，用来核算企业在销售商品、提供劳务和让渡资产使用权等日常活动中所产生的收入。其账户的基本结构如表5－26所示。

表5－26　　主营业务收入

借方：登记企业销货退回而冲减的销售收入和期末结账转入“本年利润”账户的金额	贷方：登记企业本期实现的销售收入
	结账后无余额

在期末，本账户的发生额应全部转入“本年利润”账户，结转后此科目应无余额。

此科目应按主营业务的种类设置明细账，进行明细核算。

企业在主营业务以外所产生的附营业务收入，在“其他业务收入”科目中核算。

2. “主营业务成本”

它是损益类科目，用来核算企业因销售商品、提供劳务和让渡资产使用权等日常活动所发生的实际成本。其账户的基本结构如表5－27所示。

表5－27　　主营业务成本

借方：登记企业结转本期销售商品、提供劳务等的实际成本	贷方：登记企业因销货退回而冲减的主营业务成本和期末结账转入“本年利润”账户的金额
结账后无余额	

在期末，本账户的发生额应全部转入“本年利润”账户，结转后此科目应无余额。

此科目应按主营业务的种类设置明细账，进行明细核算。

企业在主营业务以外所发生的附营业务成本费用和销售税金，在“其他业务成本”科目中核算。

3. “营业税金及附加”

它是损益类科目，用来核算企业日常活动（主要经营业务）应负担的各项销售税金及附加（包括营业税、消费税、城市维护建设税、资源税、土地增值税和教育费附加等）。其账户的基本结构如表5－28所示。

表5－28　营业税金及附加

借方：登记企业日常活动应负担的销售税金及附加	贷方：登记企业期末结账转入“本年利润”账户的金额
结账后无余额	

在期末，本账户的发生额应全部转入“本年利润”账户，结转后此科目应无余额。

除了企业管理上有特殊需要，此科目可以不设置明细账。

企业发生的附营业务销售税金及附加，在“其他业务成本”科目中核算。

4. “销售费用”

它是损益类科目，用来核算企业销售商品过程中发生的费用（包括运输费、装卸费、包装费、保险费、展览费、广告费以及专设销售机构的正常经费等）。其账户的基本结构如表5－29所示。

表5－29　销售费用

借方：登记企业发生的各项营业费用	贷方：登记企业期末结账转入“本年利润”账户的金额
结账后无余额	

在期末，本账户的发生额应全部转入“本年利润”账户，结转后此科目应无余额。

此科目应按费用项目设置明细账，进行明细核算。

5. “应收账款”

它是资产类科目，用来核算企业因销售商品、提供劳务等，应向购货单位或接受劳务单位收取的款项。其账户的基本结构如表 5－30 所示。

表 5－30 应收账款

借方：登记企业采用赊销方式时所发生的赊销款和为购买单位垫付的运杂费	贷方：登记企业已收回的应收账款和已确认为坏账的应收账款
余额：表示企业尚未收回的应收账款	

企业已收回的应收账款包括收回的货款和代垫运杂费。

此科目应按购货单位或接受劳务的单位设置明细账，进行明细核算。

6. “预收账款”

它是负债类科目，用来核算企业按合同规定向购货方预收的销货款。当企业按合同规定向购买单位预收货款时，尽管已经取得了货币性资产，但是产品的销售并未实现，不能作为产品的销售收入。但是，由于预收了购买单位的货款，企业就承担了到期为其提供产品的义务，所以预收账款是企业的一种负债。其账户的基本结构如表 5－31 所示。

表 5－31 预收账款

借方：登记企业将商品交付给购货单位的商品结算款和退回的多余款	贷方：登记企业向购货单位预收的货款和补收的欠款
	余额：表示企业尚未实际交付商品的预收货款

如果此科目期末为借方余额，则表示企业应向购货单位补收的货款。此时，此科目就暂时转变为资产类科目。

此科目应按购货单位或接受劳务的单位设置明细账，进行明细核算。如果企业预收货款业务不多，也可不设该科目，将偶尔收到的预收销货款记入“应收账款”科目的贷方。

7. “应交税费”

它是负债类科目，用来反映和核算企业应负担的各种税金，包括增值税、营业税、消费税、城市维护建设税、所得税、房产税、车船使用税、土地使用税、资源税等。其账户的基本结构如表 5－32 所示。

表 5-32　　应交税费——应交××税

借方：登记企业已交的税款	贷方：登记企业按规定计算的应交税款
	余额：表示企业尚未缴纳的税款

除增值税设置2个明细科目（应交增值税和未交增值税）外，对于应交其他税款的核算，此科目按税种设置明细账，进行明细核算。

三、销售过程核算的账务处理

【例28】4月1日，某企业销售产品一批，货款10 000元，增值税1 700元，款项全部收到并存入银行。

分析：销售货物或提供应税劳务时，应按实现的营业收入和按规定收取的增值税额，借记“银行存款”、“应收账款”等科目；按实现的营业收入，贷记“主营业务收入”、“其他业务收入”等科目；按收取的增值税销项税额，贷记“应交税费——应交增值税（销项税额）”科目。如发生销货退回，则作相反的账务处理。

这笔经济业务发生后，一方面，企业的银行存款增加了11 700元，应借记“银行存款”科目。另一方面，企业主营业务的对外销售收入实现了10 000元，应贷记“主营业务收入”科目（凡收入、收益的增加，应记入有关科目的贷方）；同时，企业已经收取而应缴纳的增值税额1 700元，表明企业对国家税务机关的负债增加了，应贷记“应交税费——应交增值税（销项税额）”科目。

借：银行存款　　11 700

　贷：主营业务收入　　10 000

　　　应交税费——应交增值税（销项税额）　　1 700

【例29】4月2日，向A公司销售一批产品，货款200 000元，增值税34 000元，款项尚未收到。

分析：这笔经济业务发生后，一方面，企业的应收销货价款（采用未清账信用赊销时所发生的赊销款）增加了200 000元和应向购买方收取的增值税额增加了34 000元，均应借记“应收账款”科目。另一方面，企业主营业务收入实现了200 000元，应贷记“主营业务收入”科目；同时，企业按税法规定根据营业收入计算的增值税额34 000元，表明企业对国家税务机关的负债（应交增值税）增加了，应贷记“应交税费——应交增值税（销项税额）”科目。

借：应收账款——A 公司　　234 000

　贷：主营业务收入　　200 000

　　应交税费——应交增值税（销项税额）　　34 000

【例 30】4 月 3 日，向 W 公司销售产品一批，货款 10 000 元，增值税 1 700 元，同时用银行存款代垫运杂费 300 元。已向银行办妥托收手续。

分析：这笔经济业务发生后，一方面，企业应向购买方收取的款项增加了 12 000 元，包括应收销货价款 10 000 元、应收增值税额 1 700 元、应收代垫运杂费 300 元，应借记“应收账款”科目。另一方面，企业主营业务收入实现了 10 000 元，应贷记“主营业务收入”科目；按税法规定根据营业收入计算的增值税额 1 700 元，应贷记“应交税费——应交增值税（销项税额）”科目；代购买方垫付的运杂费 300 元，应贷记“银行存款”科目。

借：应收账款——W 公司　　12 000

　贷：主营业务收入　　10 000

　　应交税费——应交增值税（销项税额）　　1 700

　　银行存款　　300

【例 31】4 月 6 日，开出转账支票支付销售产品的运杂费，金额为 1 000 元。

分析：这笔经济业务发生后，一方面，企业销售费用增加了 1 000 元，应借记“销售费用”科目；另一方面，企业的银行存款减少了 1 000 元，应贷记“银行存款”科目。

借：销售费用　　1 000

　贷：银行存款　　1 000

【例 32】4 月 7 日，某企业按合同规定，向 B 公司预收货款 10 000 元，存入银行。4 月 10 日，将商品交付 B 公司，该批商品的货款 20 000 元，增值税 3 400元。4 月 15 日，收到银行的收账通知，B 公司已将差额 13 400 元转入本企业的存款账户。

分析：企业向购买方预收货款时，一方面，企业的银行存款增加了 10 000 元，应借记“银行存款”科目；另一方面，企业对购买方的负债也增加了 10 000 元，应贷记“预收账款”科目。

借：银行存款　　10 000

　贷：预收账款——B 公司　　10 000

企业按合同交付货物给 B 公司，开出增值税发票，其中货款 20 000 元，增值税销项税 3 400 元。

企业将所预定的商品交付购买方时，应确认销售收入。一方面，企业对购买方的负债减少了 10 000 元，并应向购买方补收货款 13 400 元，均应记入“预收账款”科目的借方。另一方面，企业主营业务收入实现了 20 000 元，应贷记“主营业务收入”科目；同时，还应按增值税专用发票上注明的增值税额 3 400 元，贷记“应交税费——应交增值税（销项税额）”科目。

向购货单位交付商品时，确认销售收入：

借：预收账款——B 公司　　23 400

　贷：主营业务收入　　20 000

　　　应交税费——增值税（销项税额）　　3 400

企业收到对方补付的货款时，一方面，企业银行存款增加了 13 400 元，应借记“银行存款”科目；另一方面，企业应向购买方补收的货款减少了13 400 元，应贷记“预收账款”科目。

补收货款时：

借：银行存款　　13 400

　贷：预收账款——B 公司　　13 400

【例 33】4 月 30 日，结转本月已售甲产品的实际生产成本 100 000 元。

分析：这是一笔月末转账会计事项。一方面，应反映企业本月主营业务的成本增加了 100 000 元，借记“主营业务成本”科目；另一方面，应反映企业库存商品减少了 100 000 元，贷记“库存商品”科目。

借：主营业务成本　　100 000

　贷：库存商品　　100 000

【例 34】4 月 30 日，营销部部长王丽出差预借差旅费 1 000 元，用现金支付。

分析：营销部门为了推销商品所发生的差旅费属于销售费用。但是，职工预借的差旅费仅表示企业暂时付给借款人一笔款项，以供其出差使用，而费用并未发生。因此，职工预借差旅费时，一方面，应作为企业的一项应收债权处理，记入“其他应收款”科目的借方，不能列作费用支出；另一方面，由于预借的差旅费是以现金支付的，表示企业库存现金减少了，应记入“库存现金”科目的贷方。

借：其他应收款——王丽　　1 000

　贷：库存现金　　1 000

【例35】4 月 30 日，营销部部长王丽出差回来，报销差旅费 900 元，并交回余款 100 元。

分析：这笔经济业务发生后，一方面，企业销售费用增加了 900 元，应借记“销售费用”科目；同时，库存现金增加了 100 元，应借记“库存现金”科目。另一方面，企业应向王丽收回的债权减少了 1 000 元，应贷记“其他应收款”科目。

借：销售费用　　900

　　库存现金　　100

　贷：其他应收款——王丽　　1 000

【例36】4 月 30 日，以银行存款支付产品广告费 1 000 元。

分析：广告费是企业的销售费用。支付广告费，表示企业的商品销售费增加。因此，这笔经济业务发生后，一方面企业销售费用增加了 1 000 元，应借记“销售费用”科目；另一方面，企业的银行存款减少了 1 000 元，应贷记“银行存款”科目。

借：销售费用——广告费　　1 000

　贷：银行存款　　1 000

【例37】4 月 30 日，按税法规定，根据本月营业收入计算的应交消费税为 7 000 元，应交城市维护建设税为 2 000 元，应交教育费附加为 1 000 元。

分析：对于这笔会计事项，一方面应反映企业的营业税金及附加增加了 10 000元，借记“营业税金及附加”科目；另一方面，企业对国家税务机关的负债也增加了 10 000 元，应贷记“应交税费”科目。

借：营业税金及附加　　10 000

　贷：应交税费——应交消费税　　7 000

　　　　　　——应交城市维护建设税　　2 000

　　　　　　——应交教育费附加　　1 000

【例38】4 月 30 日，以银行存款缴纳增值税 19 361 元，消费税 7 000 元，城市维护建设税 2 000 元，教育费附加 1 000 元。

分析：这笔经济业务发生后，一方面企业向国家税务机关国家纳税款，表示企业对国家税务机关的债务减少，应借记“应交税费”科目；另一方面，企业的银行存款也减少了，应贷记“银行存款”科目。

借：应交税费——应交增值税（已交税金）　　19 361
　　　　　　——应交城市维护建设税　　2 000
　　　　　　——应交消费税　　7 000
　　　　　　——应交教育费附加　　1 000
　贷：银行存款　　29 361

第六节　利润及利润分配业务的核算

利润是指企业在一定时期内的经营成果。利润指标是一个综合性很强的重要指标。企业扩大商品销售量、提高产品质量、降低产品成本等方面所取得的业绩，都会通过利润指标反映出来，从而成为衡量企业经营绩效的标准，是影响企业和其他会计报表使用者进行相关投资与信贷决策的重要因素。会计信息使用者借助于利润指标，可以分析企业利润增减变化情况及其变动趋势，促使企业不断改善经营管理，提高经济效益。利润更是计算所得税的依据。因此，必须加强利润及利润分配的核算，如实反映企业利润的形成情况和利润的分配情况，为相关会计报表使用者决策提供有用的利润信息。

一、企业净利润的计算

在商品销售过程中，企业既会实现销售收入，也会发生销售费用和销售税金等。同时，企业还应根据配比原则，计算和结转本期已售商品的实际成本。

企业的各种收入扣除相关的成本、费用后的差额即利润或亏损。

下面分 3 个步骤计算和确定企业的净利润，并以此反映企业净利润的形成过程。

营业利润 = 营业收入 − 营业成本 − 营业税金及附加 − 销售费用 − 管理费用 − 财务费用 + 投资收益 − 资产减值损失

利润总额 = 营业利润 + 营业外收入 − 营业外支出

净利润 = 利润总额 − 所得税费用

营业外收入是与企业生产经营活动没有直接联系的各项收入。营业外收入项目有：固定资产盘盈净收益、处置固定资产净收益、出售无形资产所有权形成的净收益、捐赠收入、罚款收入等。

营业外支出是与企业生产经营活动没有直接关系的各项支出。营业外支出项目有：固定资产盘亏净损失、处置固定资产净损失、出售无形资产所有权产生的净损失、非常损失、罚款支出、捐赠支出、非正常停工损失等。

二、利润形成及其分配核算的主要内容

利润的形成及其分配的核算也就是企业财务成果的核算。财务成果是指企业在一定时期内生产经营活动的最终经营成果，一般可以用利润总额来表示。它主要包括营业利润、投资净收益和营业外收支净额3个部分。

在企业以前年度发生过亏损的情况下，企业实现的利润总额首先应弥补以前年度的亏损。按国家税法规定，企业某年发生的亏损可以用下一年度的税前利润弥补。下一年利润不足以弥补的，可以在5年内用税前利润延续弥补（延续5年未弥补的亏损，用税后利润弥补）。

企业弥补了以前年度发生的、按规定可以用税前利润弥补的亏损后，应按照国家规定对利润总额进行纳税调整，然后，再根据调整后的应纳税所得额和国家规定的所得税率依法纳税。

企业缴纳所得税后的利润，除国家另有规定者外，应按照下列顺序进行分配：

（1）弥补企业以前年度亏损。此处所弥补的亏损是指超过可用税前利润弥补期限，只能用税后利润弥补的部分。

（2）提取法定盈余公积金。盈余公积是指企业从税后利润中提取的由全部所有者共同享有的权益。企业按照国家有关规定，按税后利润的10%提取盈余公积金。盈余公积金已达注册资金的50%时，企业可以不再提取。盈余公积金可用于弥补亏损、转增资本或用于分派现金股利。

（3）提取任意盈余公积。根据董事会及股东大会批准提取任意盈余公积。

（4）向投资者分配利润。非股份有限公司在进行了上述各种分配后，剩余的税后利润可以在企业所有者之间进行分配。企业以前年度未分配的利润，可以并入本年度分配给投资者。

股份有限公司在提取盈余公积以后，则应依照有关规定按照下列顺序进行分配：①支付优先股股利。②提取任意盈余公积金。任意盈余公积金按照公司章程或者股东会议决议提取和使用。③支付普通股股利。

企业利润的形成及其分配核算的内容，主要包括以下两个方面：

第一，计算和确定企业当期的利润总额（财务成果）。

第二，反映和监督企业利润的分配情况，包括：①计算和缴纳企业所得税；②结转全年实现的净利润；③按规定提取法定盈余公积金；④计算和支付应分配给所有者的利润。

三、应设置的主要会计科目

为了反映和核算企业利润的形成和分配情况，企业应设置以下7个主要会计科目：

1. “营业外收入”

它是损益类科目，用来核算企业发生的与企业生产经营无直接关系的各项收入。其账户的基本结构如表5-33所示。

表5-33 营业外收入

借方：登记企业期末结账转入“本年利润”账户的营业外收入	贷方：登记企业本期发生的各种营业外收入
结账后无余额	

在期末，本账户的发生额应全部转入“本年利润”账户，结转后此科目应无余额。

此科目应按营业外收入的具体项目设置明细账，进行明细核算。

2. “营业外支出”

它是损益类科目，用来核算企业发生的与企业生产经营无直接关系的各项支出。其账户的基本结构如表5-34所示。

表5-34 营业外支出

借方：登记企业本期所发生的各项营业外支出	贷方：登记企业期末结账转入“本年利润”账户的营业外支出
结账后无余额	

在期末，本账户的发生额应全部转入“本年利润”账户，结转后此科目应无余额。

此科目应按营业外支出的具体项目设置明细账，进行明细核算。

3. “所得税费用”

它是损益类科目，用来核算企业按规定从当期损益中扣除的所得税。其账户的基本结构如表5-35所示。

表 5-35 **所得税费用**

借方	贷方
借方：登记企业按规定应从当期损益中扣除的所得税	贷方：登记企业期末结账转入“本年利润”账户的所得税
结账后无余额	

在期末，本账户的发生额应全部转入“本年利润”账户，结转后此科目应无余额。

此科目一般不设置明细账。

4. “本年利润”

它是所有者权益类科目，用来核算企业本年度实现的净利润或发生的净亏损。其账户的基本结构如表 5-36 所示。

表 5-36 **本年利润**

借方	贷方
借方：登记企业期末结账从有关损益类账户转入的各种成本、费用、营业税金及附加、发生的各种损失以及年终转入“利润分配”科目的本年净利润	贷方：登记企业期末结账从有关损益类账户转入的营业收入、投资净收益、补贴收入，以及年终转入“利润分配”科目的本年净亏损
	结账后无余额

年度终了，本账户的借贷之差额应全部转入“利润分配——未分配利润”账户，结转后此科目应无余额。

此科目一般不设置明细账。

5. “利润分配”

它是所有者权益类科目，用来核算企业利润的分配情况（或亏损的弥补情况）和历年分配（或弥补）后的积存余额。其账户的基本结构如表 5-37 所示。

表 5-37 **利润分配**

借方	贷方
借方：登记年终从“本年利润”账户转入的当年发生的净亏损及企业本年度分配的利润	贷方：登记企业年终从“本年利润”账户转入的当年实现的净利润
余额：表示企业历年积存的未弥补亏损	余额：表示企业历年积存的未分配利润

此科目还应设置“提取法定盈余公积”、“提取任意盈余公积”、“应付股利”、“未分配利润”等明细科目。

年度终了，应将“利润分配”科目下的其他明细科目的余额全部转入“利润分配——未分配利润”明细科目。结转后，除“利润分配——未分配利润”明细科目外，此科目的其他明细科目应无余额。

6. “盈余公积”

它是所有者权益类科目，用来核算企业的盈余公积的提取、使用和结余情况。其账户的基本结构如表 5 - 38 所示。

表 5 - 38　　盈余公积

借方：登记企业盈余公积的使用额	贷方：登记企业盈余公积的提取额
	余额：表示企业盈余公积的结余额

此科目应按盈余公积的种类（法定盈余公积、任意盈余公积）设置明细账，进行明细核算。

7. “应付股利”

它是负债类科目，用来核算企业经董事会（股东大会或类似机构）决议，确定应分配给所有者的现金股利或利润。企业分配的股票股利，不通过此科目核算。应付股利账户的基本结构如表 5 - 39 所示。

表 5 - 39　　应付股利

借方：登记企业实际支付的现金股利或利润	贷方：登记企业应支付给投资者的现金股利或利润
	余额：表示企业尚未支付的现金股利或利润

此科目应按企业所有者（投资者）设置明细账，进行明细核算。

四、利润及其分配核算的账务处理

【例 39】 W 企业通过一场官司获得对方的赔款 100 000 元存入银行。

分析：这笔经济业务发生后，一方面，应增加银行存款，借记“银行存款”科目；另一方面，应确认由此取得的收入，贷记“营业外收入”科目。

借：银行存款　　100 000

　贷：营业外收入　　100 000

【例 40】开出转账支票，支付一笔罚款 10 000 元。

分析：这笔经济业务发生后，一方面将罚款损失计入营业外支出，应借记“营业外支出”科目；另一方面，企业的银行存款减少了，应贷记“银行存款”科目。

借：营业外支出　　10 000

　贷：银行存款　　10 000

【例 41】月末，将各有关收入、收益、成本、费用、支出账户的本期发生额全部转入“本年利润”科目。有关科目的本月发生额如下：主营业务收入 900 000 元，营业外收入 100 000 元，主营业务成本 400 000 元，销售费用 200 000 元，管理费用 50 000 元，财务费用 40 000 元，营业外支出 10 000 元。

分析：这是两笔月末结账的会计事项。其中一笔为将企业损益类中所有收入、收益账户的本期发生额，分别从其借方转入“本年利润”科目的贷方；另一笔为将企业损益类中所有成本、费用、支出账户的本期发生额，分别从其贷方转入“本年利润”科目的借方。结账后，所有损益类账户均无余额。

借：主营业务收入　　900 000

　　营业外收入　　100 000

　贷：本年利润　　1 000 000

借：本年利润　　700 000

　贷：主营业务成本　　400 000

　　　销售费用　　200 000

　　　管理费用　　50 000

　　　财务费用　　40 000

　　　营业外支出　　10 000

【例 42】计算并结转本期应交所得税 75 000 元。

应交所得税 =（1 000 000 − 700 000）×25% =75 000（元）

分析：在这一会计事项中，一方面，企业的所得税费用增加了 75 000 元，应借记“所得税费用”科目；另一方面，在计算应交所得税之时，表明企业对国家税务机关承担了一项负债 75 000 元，故应贷记“应交税费——应交所得税”科目。

同时，“所得税费用”作为损益类科目，其本期发生额也要在期末转入“本年利润”科目。结账后，“所得税费用”账户也应无余额。

借：所得税费用　　75 000
　　贷：应交税费——应交所得税　　75 000

同时，

借：本年利润　　75 000
　　贷：所得税费用　　75 000

【例43】开出转账支票上交所得税75 000元。

分析：这笔经济业务发生后，一方面，企业对国家税务机关的负债减少了75 000元，故应借记“应交税费——应交所得税”科目；另一方面，企业的银行存款也减少了75 000元，应贷记“银行存款”科目。

借：应交税费——应交所得税　　75 000
　　贷：银行存款　　75 000

【例44】将“本年利润”科目余额225 000元转入“利润分配——未分配利润”科目。

分析：这是一笔年终结账的会计事项。年度终了，企业应将全年实现的净利润，自“本年利润”科目的借方转入“利润分配——未分配利润”科目的贷方。如果为净亏损，则作相反的会计分录。结转之后，“本年利润”账户应无余额。

借：本年利润　　225 000
　　贷：利润分配——未分配利润　　225 000

【例45】按规定提取法定盈余公积22 500元和任意盈余公积10 050元。

分析：这是一笔利润分配的会计事项。一方面，企业通过利润分配，税后利润减少了22 500元和10 050元（所有者权益的减少），应借记“利润分配”科目；另一方面，企业的法定盈余公积和任意盈余公积又由此增加了22 500元和10 050元，应贷记“盈余公积”科目（凡所有者权益的增加，应记入有关所有者权益科目的贷方）。

法定盈余公积和任意盈余公积都属于企业的留存收益，在会计核算上，都在“盈余公积”科目中核算。

借：利润分配——提取法定盈余公积　　22 500
　　　　　　——提取任意盈余公积　　10 050
　　贷：盈余公积——法定盈余公积　　22 500
　　　　　　　　——任意盈余公积　　10 050

【例46】根据企业已通过的利润分配方案，宣告应向投资者分配的利润为69 850元。

分析：这是一笔利润分配的会计事项。一方面，企业通过利润分配，税后利润又减少了69 850元（所有者权益的减少），应借记“利润分配”科目；另一方面，在计算应付利润之时，企业对所有者形成了一项负债69 850元，故应贷记“应付股利”科目。

借：利润分配——应付股利　　69 850

　贷：应付股利　　69 850

【例47】将“利润分配”科目中除“未分配利润”以外的其他各明细科目的余额（已分配的利润）转入“未分配利润”明细科目。

分析：这是一笔年终结账的会计事项。年度终了，企业应将“利润分配”下除“未分配利润”明细科目外的其他明细科目的余额，转入“利润分配——未分配利润”明细科目借方。结转之后，除“未分配利润”明细科目外，“利润分配”的其他明细科目均应无余额。“利润分配——未分配利润”年末余额，表示企业历年积存的未分配利润或未弥补亏损。

借：利润分配——未分配利润　　102 400

　贷：利润分配——提取法定盈余公积　　22 500

　　　　　　——提取任意盈余公积　　10 050

　　　　　　——应付股利　　69 850

复习思考题

1. 企业的资金筹集业务、财产物资供应业务、产品生产业务、商品销售业务的基本核算内容分别有哪些？

2. 企业财产物资供应过程的核算应设置哪些主要账户？这些账户的结构如何？

3. 企业产品生产过程的核算应设置哪些主要账户？这些账户的结构如何？

4. 企业商品销售过程的核算应设置哪些主要账户？这些账户的结构如何？

5. 企业利润及利润分配业务的核算应设置哪些主要账户？这些账户的结构如何？

6. 企业税后利润分配的程序如何？

7. 制造费用、管理费用、经营费用、财务费用各核算哪些内容？

8. 如何计提固定资产折旧？

9. 应付工资与应付福利费如何核算？

主要名词

资金筹集　实收资本　资本公积　固定资产　应付职工薪酬　折旧费　制造费用　生产成本　销售费用　财务费用　管理费用　材料采购　预付账款　应收账款　应付账款　应交税费　库存商品　完工产品　在产品　主营业务收入　其他业务收入　主营业务成本　营业税金及附加　其他业务成本　营业外收入　营业外支出　本年利润　利润分配　所得税费用

习题一

一、目的：练习财产物资采购业务的核算。

二、资料：华景公司2008年9月发生有关经济业务如下：

（1）从A公司购入甲材料一批，数量为10 000千克，单价为30元/千克，增值税进项税额为51 000元，共计351 000元。当即以银行存款支付。材料尚未入库。

（2）从B公司购买乙材料10吨，单价为6 000元/吨，进项增值税为10 200元，共计70 200元。其中30 000元通过银行支付，其余暂欠。材料尚未入库。

（3）从C公司购买丙材料80吨，单价为7 400元/吨，增值税税率为17%。材料已验收入库，料款尚未支付。

（4）去火车站提取上述运到的甲、乙两种材料时，以现金支付车站材料整理费315元（采购费用按材料重量分配）。甲、乙材料已经验收入库。

（5）向D公司预付购买甲材料的价款80 000元。

（6）D公司按合同发来甲材料4吨，单价为31元/千克，进项增值税额为21 080元，以银行存款补付所欠余款。甲材料验收入库。

（7）以银行存款支付前欠C公司材料款。

三、要求：根据上述资料编制会计分录。

习题二

一、目的：练习制造企业产品生产业务的核算。

二、资料：华景公司2008年10月发生的有关经济业务如下：

（1）生产车间为了生产甲产品，到仓库领用A材料1 000千克、B材料2 000千克；为了生产乙产品，到仓库领用A材料700千克、B材料800千克、C材料900千克。同时，生产车间一般耗用C材料800千克；企业管理部门耗用C材料300千克。A、B、C三种材料的实际单位成本分别为每千克20元、30元、10元。

（2）以银行存款支付咨询费3 000元。

（3）采购员王磊出差前预借差旅费1 000元，以现金支付。

（4）生产车间机器设备日常维修和厂部办公用房日常修理分别领用D材料3 000元、5 000元。

（5）预提本月固定资产大修理费用，其中应提生产车间和厂部用固定资产大修理费分别为20 000元、2 000元。

（6）本月应付生产甲、乙两种产品的生产工人工资分别为96 000元、84 000元；应付生产车间管理人员和厂部管理人员工资分别为 8 000 元、12 000 元。

(7) 根据上述应付工资额的 14% 计提本月职工福利费。

(8) 计提本月固定资产折旧，其中应提生产车间和厂部用固定资产折旧费分别为 40 000元、10 000 元。

(9) 从银行提取现金 200 000 元，准备发放工资。

(10) 以银行存款预付第二年企业材料仓库租金 15 000 元。

(11) 以现金 700 元支付业务招待费。

(12) 以银行存款支付水电费 3 000 元。其中甲产品耗用 1 300 元，乙产品耗用 1 200 元，车间管理部门耗用 200 元和厂部办公用 300 元。

(13) 采购员王磊报销差旅费 900 元，余款交回现金。

(14) 将制造费用 80 320 元按工时比例分配法分配给甲产品与乙产品，两种产品消耗工时分别为 8 600 工时、11 400 工时。

(15) 本月摊销已付的报刊费用 400 元。

(16) 本月完工甲产品 2 500 件，乙产品 7 800 件，单位成本分别为 80 元、20 元。

三、要求：根据上述资料编制会计分录。

习题三

一、目的：练习企业商品销售业务的核算。

二、资料：华景公司 2008 年 11 月份发生的部分经济业务如下（增值税销项税率按 17% 计算）：

(1) 向 K 公司销售甲产品 10 件，每件售价（不含税，后同）1 000 元，货款计 10 000 元。购买单位交来转账支票一张，面额 11 700 元。货已提走，支票送存银行。

(2) 按合同向购买单位 G 公司发出乙产品 20 台，单位售价 15 000 元，价款计 300 000 元，另以现金垫付运杂费 1 000 元。合同规定，对方可于收货后 10 天内付款。

(3) 向 P 公司销售甲产品 20 件，每件售价 1 000 元，价款 20 000 元，增值税销项税额 3 400 元，货税款 23 400 元，收到 10 000 元转账支票，其余暂欠。

(4) 按合同规定预收 H 公司甲产品货款 60 000 元，存入银行。

(5) H 公司从本企业提走甲产品 65 件，每件售价 1 000 元，价款以原预收款抵付，H 公司同时通过银行补付不足款项。

(6) 开出转账支票，支付电视台广告费 6 000 元。

(7) R 公司退回本月购去的甲产品一件，当时甲产品的销售单价为 1 000 元，当即以银行存款付讫。

(8) 本月已售甲产品 94 件、乙产品 20 台，单位制造成本分别为 500 元、7 000元。

(9) 以现金支付本月所售产品运输装卸费 600 元。

(10) 收到 G 公司前欠货款 352 000 元。

三、要求：根据上述资料编制会计分录。

习题四

一、目的：练习利润形成和利润分配业务的核算。

二、资料：华景公司2008年12月份部分业务如下：

（1）与F公司打了一场官司，获得赔款70 000元，收到存入银行。

（2）支付税务部门的罚额60 000元，以银行存款支付。

（3）支付短期借款利息30 000元（已预提）。

（4）本公司月末各损益账户资料如下：主营业务收入、投资收益、营业外收入贷方本期发生额分别为1 300 000元、80 000元、70 000元；主营业务成本、营业税金及附加、销售费用、管理费用、财务费用、营业外支出借方本期发生额分别为820 000元、25 000元、20 000元、160 000元、30 000元、60 000元。月底，结转各损益账户余额。

（5）据计算，企业本月应交所得税83 750元。

（6）通过银行上交上述所得税。

（7）结转全年实现的净利润559 450元。

（8）按规定企业本月应提法定盈余公积55 945元。

（9）本年应分给投资者的利润，据计算为400 000元。

（10）以银行存款支付现金股利400 000元。

三、要求：根据上述资料编制会计分录。

第六章　账户的分类

为了更好地掌握和运用各类账户，有必要进一步研究账户的分类，即在认识各种账户的特性的基础上，概括它们的共性，从理论上探讨账户之间的内在联系，了解各种账户在整个账户体系中的地位和作用，掌握各类账户在提供会计信息方面的规律性。

通过本章的学习，应该掌握以下内容：

（1）账户分类的意义；

（2）账户按经济内容如何分类；

（3）账户按用途和结构如何分类；

（4）结算账户与调整账户。

第一节　账户分类的意义

由于会计对象内容复杂、类别繁多，加上各类别之间客观上存在着极其广泛的联系，为了核算的方便，我们把会计对象划分为六大会计要素，又把会计要素进一步划分为众多的会计科目，相应地设置和运用了一系列会计账户。因此，作为反映各会计要素手段的账户之间也不是孤立存在的，它们之间相互依存、密切联系。各账户之间既有区别又有联系，构成一个完整的账户体系。账户体系是指各类账户按照其自有的特征和规律性，有机地结合在一起，形成一个系统化、条理化、完整严密的账户群体。

为了进一步认识和掌握账户的共同本质、一般规律、账户间的内在联系和区别，达到熟练、准确地运用每一种账户的目的，有必要在逐个认识账户的基础上，对账户进行分类。研究账户分类的根本目的就是更好地应用账户，使账户在会计核算过程中充分发挥作用。账户分类的意义主要表现在：

第一，通过账户的分类可以进一步认识已经学过的账户。在前面几章中逐个阐述了账户的个性，现在通过对账户进行分类，在对账户个性认识的基础上，进一步认识其共性，掌握其一般规律，更清楚地了解每一个账户所核算的是什么样的经济内容，及其对经济内容是怎样反映的。

第二，通过账户分类，可以了解每一账户在整个账户体系中所处的地位和应起的作用。由于账户体系中的各个账户相互联系，通过账户的分类，可以加深对账户的共同特征及差异性的认识，了解账户是如何结合起来反映企业经济业务活动的。

账户可以按不同标准即从不同角度进行分类，其中主要有按账户的经济内容分类和按账户的用途、结构分类两种。

第二节　账户按经济内容分类

账户的经济内容是指账户反映的会计对象的具体内容。账户之间的最本质差别在于其反映的经济内容的不同，因而账户的经济内容是账户分类的基础。账户按经济内容的分类是对账户最基本的分类。企业会计对象的具体内容，按其经济特征可以归结为资产、负债、所有者权益、收入、费用和利润 6 项会计要素。与此相对应，账户按经济内容的分类，可以分为资产类账户、负债类账户、所有者权益类账户、收入类账户、费用类账户和损益类账户。由于资产、负债和所有者权益 3 个要素属于资产负债表要素，与此相对应设置的账户也称为与资产负债表相关账户；收入、费用和利润 3 个要素属于利润表要素，与此相对应设置的账户也称为与利润表相关账户。

一、资产类账户

资产类账户是用来反映企业各种资产的增减变动及其结存情况的账户。资产类账户按照资产的存在形态不同又分为：

（1）反映流动资产的账户。流动资产类账户又可分为：①反映货币资金的账户。如“库存现金”、“银行存款”等。②反映债权的账户。如“应收账款”、“应收票据”、“其他应收款”、“坏账准备”等。③反映短期投资的账户。如“交易性金融资产”。④反映存货的账户。如“原材料”、“燃料”、“包装物”、“低值易耗品”、“生产成本”、“库存商品”、“存货跌价准备”等。

（2）反映长期投资的账户。如“长期股权投资”、“持有至到期投资”、“长期投资减值准备”等。

（3）反映固定资产的账户。如“固定资产”、“累计折旧”、“在建工程”、“固定资产减值准备”、“在建工程减值准备”等。

（4）反映无形资产的账户。如“无形资产”、“累计摊销”、“无形资产减值准备”等。

（5）反映递延资产及其他资产的账户。如“长期待摊费用”等。

二、负债类账户

负债类账户是用来反映企业负债增减变动及其结存情况的账户。按照负债的流动性，这类账户又可以分为以下两类：

（1）反映流动负债的账户。如“短期借款”、“应付票据”、“应付账款”、“应付职工薪酬”、“应交税费”、“预提费用”等。

（2）反映长期负债的账户。如“长期借款”、“应付债券”、“长期应付款”等。

三、所有者权益类账户

所有者权益类账户是用来反映企业所有者权益增减变动及其结存情况的账户。按照所有者权益来源的不同，这类账户又可以分为以下两类：

（1）反映所有者或其他人员原始投资的账户。如“实收资本”、“资本公积”等。

（2）反映留存收益的账户。如“本年利润”、“利润分配”、“盈余公积”等。

以上资产类账户、负债类账户和所有者权益类账户同属于与资产负债表有关的账户。资产负债表是反映企业某一特定日期财务状况的会计报表。企业的财务状况是通过企业拥有的资产、负债和所有者权益来体现的。因此，资产负债表是根据资产类账户、负债类账户、所有者权益类账户的期末余额直接或分析填列的，这 3 类账户构成了资产负债表的直接依据。为此，会计上把这 3 类账户统称为资产负债表账户。

资产负债表账户的特点是：其账户一般都有期末余额，反映企业某一特定点时财务状况的静态指标。这类账户的期末余额并不需要结清，年度终了时，只需转入下期即可。这类保留余额的账户又称为实账户或永久性账户。

四、收入类账户

这里的收入是指广义的收入概念。收入类账户是用来反映企业在生产经营过程中从各种渠道所取得的收入的账户。按照收入的性质和内容的不同，又可以将其进一步分为 3 类：

（1）反映企业营业收入的账户。如“主营业务收入”、“其他业务收入”等。

（2）反映企业投资收入的账户。如“投资收益”等。

（3）反映与企业营业无关或偶发性收入的账户。如“营业外收入”等。

五、费用类账户

这里的费用是指广义的费用概念。费用类账户是用来反映企业在一定期间内所发生的成本、费用及支出的账户。此类账户与收入类账户相对应，用本期收入减去本期费用即可计算出本期的损益。费用类账户又可进一步分为两类：

(1) 反映生产和经营成本、费用及支出的账户。如“生产成本”、“制造费用”、“主营业务成本”、“营业税金及附加”、“其他业务成本”、“管理费用”、“财务费用”、“销售费用”、“所得税费用”等。

(2) 反映与企业营业无关的或偶发性支出的账户。如“营业外支出”等。

六、利润类账户

利润类账户是用来反映企业一定期间内的财务成果的形成及分配情况的账户，包括“本年利润”和“利润分配”账户。其中“本年利润”是反映企业利润形成情况的账户；“利润分配”是反映企业利润分配情况的账户。

以上收入类账户、费用类账户和利润类账户同属于与利润表有关的账户。利润表是反映企业一定期间内财务成果的形成及其分配情况的动态报表。利润表是依据收入类账户、费用类账户和利润类账户的本期发生额直接或分析计算填列的。这3类账户是编制利润表的主要依据，会计上将这3类账户称为利润表账户。

利润表账户的特点是：每一会计期末须将这3类账户的期末余额结清，以汇总计算当期实现的利润，结账后这些账户（除“利润分配——未分配利润”明细账有余额外）均没有余额。由于这类账户结账后均没有余额，因此又称为虚账户或临时性账户。

下面将企业的主要账户按经济内容分类情况用图6-1表示。

- 账户
  - 资产类账户
    - 反映流动资产的账户
      - 库存现金
      - 银行存款
      - 应收账款
      - 应收票据
      - 其他应收款
      - 交易性金融资产
      - 原材料
      - 库存商品
      - 待摊费用等
    - 反映长期资产的账户
      - 持有至到期投资
      - 长期股权投资
      - 固定资产
      - 累计折旧
      - 在建工程
      - 无形资产
      - 累计摊销
      - 长期待摊费用等
  - 负债类账户
    - 反映流动负债的账户
      - 短期借款
      - 应付账款
      - 应付票据
      - 预收账款
      - 其他应付款
      - 应付职工薪酬
      - 应交税费
      - 应付股利
      - 预提费用等
    - 反映长期负债的账户
      - 长期借款
      - 应付债券
      - 长期应付款等
  - 所有者权益类账户
    - 反映所有者原始投资的账户——实收资本
    - 反映所有者权益及其他来源的账户——资本公积
    - 反映投入资本经营积累的账户——盈余公积
  - 收入类账户
    - 反映营业收入的账户
      - 主营业务收入
      - 其他业务收入
    - 反映投资收入的账户——投资收益
    - 反映偶发性收入的账户——营业外收入等
  - 费用类账户
    - 反映营业成本及费用的账户
      - 生产成本
      - 制造费用
      - 主营业务成本
      - 营业税金及附加
      - 销售费用
      - 管理费用
      - 财务费用等
    - 反映所得税的账户——所得税费用
    - 反映偶发性支出的账户——营业外支出等
  - 利润类账户
    - 反映利润形成的账户——本年利润
    - 反映利润分配的账户——利润分配

图6-1　账户按经济内容的分类

第三节　账户按用途和结构分类

将账户按其反映的经济内容进行分类，对于正确地区分账户的经济性质，合理地设置和运用账户，提供企业经营管理和对外报告所需要的各种核算指标，具有重要意义。但是，仅按经济内容对账户进行分类，还难以详细地了解各个账户的具体用途，以及如何提供管理上所需要的各种核算指标。为了更好地掌握和运用账户，有必要进一步按账户的用途和结构分类。

账户的用途是指设置和运用账户的目的，即通过账户记录、提供什么核算指标。

账户的结构是指在账户中如何登记经济业务，以取得所需要的各种核算指标，即账户借方登记什么、贷方登记什么、期末账户有无余额。

虽然账户按照经济内容的分类是账户的基本分类，而账户的用途和结构也是直接或间接地依存于账户的经济内容，但账户按经济内容的分类并不能代替账户按用途和结构的分类。为了深入地理解和掌握账户在提供核算指标方面的规律性，正确地设置和运用账户来记录经济业务，为决策者提供有用的会计信息，有必要在账户按经济内容分类的基础上，进一步研究账户按用途和结构的分类。而这一点又恰好说明了两种分类的关系：账户按经济内容的分类是基本的、主要的分类；账户按用途和结构的分类，是在按经济内容分类的基础上的进一步分类，是对账户按经济内容分类的必要补充。

账户按其用途和结构的不同，可以分为盘存账户、结算账户、资本账户、集合分配账户、跨期摊提账户、成本计算账户、收入账户、费用账户、财务成果账户、调整账户、计价对比账户和待处理财产账户等12类账户。

一、盘存账户

盘存账户是用来反映和监督各项财产物资和货币资金的增减变动及其结存情况的账户。属于这类账户的有“库存现金”、“银行存款”、“原材料”、“库存商品”、“生产成本”、“材料采购”、“固定资产”、“在建工程”等账户。

这类账户的结构是：借方登记各项财产物资和货币资金的增加数；贷方登记各项财产物资和货币资金的减少数；期末余额总是在借方，表示期末各项财产物资和货币资金的实际结存数。盘存账户的结构如表6－1所示。

表 6－1 盘存账户

借方	贷方
期初余额：财产物资和货币资金的期初实存数 发生额：本期财产物资和货币资金的增加额	发生额：本期财产物资和货币资金的减少额
期末余额：财产物资和货币资金的期末实有数	

盘存账户在用途和结构上有以下两个特点：

（1）盘存账户反映的对象都是有实物和货币形态的财产物资，都是财产清查的对象，都可通过实地盘点或对账方法进行账实核对，确定其实有数与账面结存数是否相符。

（2）余额总是在借方，实物都可按其品种或类别分别设有明细账，进行明细核算，提供详细资料。

二、结算账户

结算账户是用来反映和监督企业同其他单位或个人以及企业内部单位或职工个人之间债权、债务结算情况的账户。由于结算业务的性质不同，决定了不同结算账户具有不同的用途和结构。因此，结算账户按其用途和结构不同，又可以分为债权结算账户、债务结算账户和债权债务结算账户 3 类。

1. 债权结算账户

债权结算账户亦称资产结算账户，是用来反映和监督企业同各单位或个人之间的债权结算业务的账户。属于这类账户的有："应收账款"、"预付账款"、"其他应收款"、"应收票据" 等账户。这类账户的结构是：借方登记债权的增加数；贷方登记债权的减少数；期末余额一般是在借方，表示期末尚未收回的债权的实有数。债权结算账户的结构如表 6－2 所示。

表 6－2 债权结算账户

借方	贷方
期初余额：期初尚未收回的债权 发生额：本期债权的增加额	发生额：本期债权的减少额
期末余额：期末尚未结算的债权	

2. 债务结算账户

债务结算账户亦称负债结算账户，是用来反映和监督企业同单位或个人之间的债务结算业务的账户。属于这类账户的有“应付账款”、“应付票据”、“预收账款”、“短期借款”、“长期借款”、“应付职工薪酬”、“应交税费”、“应付股利”、“其他应付款”等账户。这类账户的结构是：贷方登记债务的增加数；借方登记债务的减少数；期末余额一般在贷方，表示期末尚未偿还的债务的实有数（有时期末余额可能在借方，则表示债权）。债务结算账户的结构如表 6－3 所示。

表 6－3　　债务结算账户

借方	贷方
	期初余额：期初结欠的债务
发生额：本期偿还的债务	发生额：本期增加的债务
	期末余额：期末尚未结清的债务

3. 债权债务结算账户

债权债务结算账户亦称资产负债结算账户或双重性结算账户。这类账户既反映债权结算业务，又反映债务结算业务，是双重性质的结算账户。企业与其他单位或个人以及企业内部单位或个人之间，可能频繁发生应收、应付账款的往来结算业务。由于这种相互之间往来结算业务的性质经常发生变动，使得企业有时处于债权人的地位，有时处于债务人的地位。在这种情况下，反映本企业与其他单位或个人结算的账户，无法事先确定是属于债权还是属于债务。为了能在同一账户中反映这种债权债务的交替、增减变化，就需要设置具有债权债务双重性质的账户。这类账户包括“其他往来”、“内部往来”、“上下级往来”等。这类账户的结构是：借方登记债权（应收款项和预付款项）的增加额和债务（应付款项和预收款项）的减少额；贷方登记债务的增加额和债权的减少额；期末余额可能在借方，也可能在贷方。如在借方，表示尚未收回的债权净额，即尚未收回的债权大于尚未偿付的债务的差额；如在贷方，表示尚未偿付的债务净额，即尚未偿付的债务大于尚未收回的债权的差额。该账户所属明细账的借方余额之和与贷方余额之和的差额，应当与总账的余额相等。债权债务结算账户的结构如表 6－4 所示。

表 6-4 债权债务结算账户

借方	贷方
期初余额：债权大于债务的差额	期初余额：债务大于债权的差额
发生额：本期债权的增加额 本期债务的减少额	发生额：本期债务的增加额 本期债权的减少额
期末余额：债权大于债务的差额	期末余额：债务大于债权的差额

如果企业预收款项的业务不多，可以不单设“预收账款”账户，而用“应收账款”账户同时反映企业应收款项（债权）和预收款项（债务）的增减变动及其变动结果，此时的“应收账款”账户就是一个债权债务结算账户。如果企业预付款项的业务不多，可以不单设“预付账款”账户，而用“应付账款”账户同时反映企业应付款项和预付款项，此时的“应付账款”账户也是一个债权债务结算账户。

三、资本账户

资本账户是用来反映和监督企业所有者投资及资本增值额的增减变动及其结存情况的账户。属于这类账户的有“实收资本”、“资本公积”、“盈余公积”等账户。这类账户的结构是：贷方登记所有者投资及资本增值额的增加额；借方登记所有者投资及资本增值额的减少额；余额总是在贷方，表示期末所有者投资及资本增值额的实有额。该账户的结构如表 6-5 所示。

表 6-5 资本账户

借方	贷方
	期初余额：期初资本及增值额的实有额
发生额：本期资本及增值额的减少额	发生额：本期收到投资及增值额的增加额
	期末余额：期末资本及增值额的实有额

四、集合分配账户

集合分配账户是用来归集和分配企业生产经营过程中某个阶段所发生的各种费用，而需向受益对象进行分配的账户。属于这类账户的有“制造费用”账户。这类账户的结构是：借方登记（汇集）各种费用的发生数；贷方登记按照一定标准分配计入各成本计算对象的费用数；这类账户月末通常没有余额。可见，集合分配账户具有明显的过渡性质。该类账户的结构如表 6-6 所示。

表 6－6　集合分配账户

借方	贷方
发生额：归集本期费用发生额	发生额：期末分配转出费用额
期末无余额	

五、跨期摊提账户

跨期摊提账户是用来反映和监督应由若干个相连接的会计期间共同负担的费用，并将这些费用在各个会计期间进行分摊和预提的账户。在实际工作中，有时发生一笔款项支付并不应由发生当期全部负担，而应由当期和以后各期共同负担；有时虽然没有支付款项，但应当负担部分费用。为了正确计算各个会计期间的损益，必须按照权责发生制的要求和配比原则（受益的原则）严格划分费用的归属期，为此，需要设置跨期摊提账户来实现这一过程。属于这类账户的有"待摊费用"和"预提费用"账户。虽然这两个账户的经济性质不同，"待摊费用"账户属于资产类账户，"预提费用"账户属于负债类账户，但它们却有着相同的用途和结构：它们都是为了划清各个会计期间的费用界限而设置的。借方登记款项的实际支付数；贷方登记应由某个会计期间负担的费用摊配数或预提数。期末若为借方余额，表示已支付尚未摊配的待摊费用；若为贷方余额，则表示已预提而尚未支付的预提费用。跨期摊提账户的结构如表 6－7 所示。

表 6－7　跨期摊提账户

借方	贷方
期初余额：已支付尚未摊销的待摊费用数 发生额：本期支付的待摊费用 本期支付的预提费用	期初余额：已预提尚未支用的预提费用数 发生额：本期分摊的待摊费用 本期提取的预提费用
期末余额：已支付尚未摊销的待摊费用数	期末余额：已预提尚未支用的预提费用数

跨期摊提账户借方发生时的对应科目均为贷货币资金账户；跨期摊提账户贷方发生时的对应科目均为借成本费用账户。

六、成本计算账户

成本计算账户是用来反映和监督企业生产经营过程中某一阶段为购入、生产某项资产所发生的、应计入成本的费用，并确定各个成本计算对象的实际成本的账户。属于这类账户的有“生产成本”、“材料采购”、“委托加工物资”、“在建工程”等账户。这类账户的结构是：借方登记应计入资产成本的全部费用，包括直接计入各个成本计算对象的费用和按一定标准分配计入各个成本计算对象的费用；贷方登记转出的已完成某一过程的成本计算对象的实际成本；期末借方余额，表示尚未完成某一过程的成本计算对象的实际成本。成本计算账户的结构如表 6－8 所示。

表 6－8　　成本计算账户

借方	贷方
期初余额：未完成某一阶段的成本计算对象的实际成本	
发生额：归集本期成本计算对象发生或分配的费用	发生额：结转已完成某阶段成本计算对象的实际成本
期末余额：未完成某一阶段的成本计算对象的实际成本	

七、收入账户

收入账户是用来反映和监督在一定时期内所实现的各种收入。此时的收入是广义的收入概念，它包括企业销售商品、提供劳务及他人使用本企业资产而实现或获得的收入，还包括企业实现的其他各种收入，如投资收入与营业外收入。收入类账户按其来源不同可分为 3 类：

（1）反映营业收入的账户。如“主营业务收入”、“其他业务收入”。

（2）反映投资收入的账户。如“投资收益”。

（3）反映营业外收入的账户。如“营业外收入”。

收入账户的结构是：贷方记录各项收入的实现情况；借方记录期末将收入转入“本年利润”的情况；期末转账后一般无余额。此类账户属于虚账户。收入类账户的结构如表 6－9 所示。

表 6－9　　收入账户

借方	贷方
期末转入“本年利润”的收入	本期实现的各种收入
	期末转账后无余额

八、费用账户

费用账户是用来反映和监督企业在一定时期内为取得收入而发生的成本、费用、支出的账户。此时的费用也是指广义的费用概念，包括为取得收入而发生的成本、费用、支出等。属于这类账户的有“主营业务成本”、“营业税金及附加”、“销售费用”、“其他业务成本”、“管理费用”、“财务费用”、“营业外支出”、“所得税费用”等。这类账户的结构是：借方登记成本、费用、支出的发生或增加数；贷方登记期末将成本、费用、支出转入“本年利润”的转出数；结转后此类账户一般无余额。费用账户的结构如表6－10所示。

表6－10　　费用账户

借方	贷方
本期发生的成本费用	期末转入“本年利润”的成本费用
期末转账后无余额	

九、财务成果账户

财务成果账户是用来确定企业在一定时期内实现的利润或亏损额，以便反映企业最终财务成果的账户。典型的财务成果账户是“本年利润”账户。该账户也叫“汇总账户”。这类账户的结构是：贷方登记期末从各收入账户转入的本期实现的各项收入数；借方登记期末从各成本、费用、支出账户转入的本期发生的、与本期收入相配比的各项成本、费用、支出数。期末若为贷方余额，表示收入大于成本、费用、支出的差额，即企业本期实现的净利润；若出现借方余额，则表示本期成本、费用、支出大于收入的差额，为本期发生的净亏损。年末，本年实现的利润或发生的亏损都要结转记入“利润分配——未分配利润”账户，结转后该类账户应无余额。由此可见这类账户的一个特点：在年度中间，账户的余额（无论是实现的利润还是发生的亏损）不转账，要一直保留在该账户，目的是提供截至本期累计实现的利润或发生的亏损，因而年度中间该账户有余额，且既可能在贷方，也可能在借方。年终结算，要将本年实现的利润或发生的亏损从“本年利润”账户转入“利润分配”账户。因此，年末转账后，该账户应无余额。财务成果账户的结构如表6－11所示。

表 6－11 **财务成果账户**

借方	贷方
发生额：期末从有关成本、费用、支出账户转入的数额	发生额：期末从有关收入账户转入的数额
本期实现的净利润转入“利润分配”	本期实现的净亏损转入“利润分配”

十、调整账户

调整账户是用来调整被调整账户的余额，以求得被调整账户的实际余额而设置的账户。

在会计核算中，由于管理上的需要或其他方面的原因，对于某些会计要素，要求用两种数字从不同的方面进行反映。在这种情况下，就需要设置两个账户：一个账户用来反映其原始数字，另一个账户用来反映对原始数字的调整数字。将原始数字和调整数字相加或相减，即可求得调整后的实际数字。例如，固定资产由于使用而发生损耗，其价值不断减少，本应在“固定资产”账户贷方反映，但从管理的角度考虑，需要“固定资产”账户能提供固定资产的原始价值指标，因此，固定资产价值的减少不直接记入“固定资产”账户的贷方，冲减其原始价值，而是另外开设了“累计折旧”账户，将提取的折旧（固定资产价值的减少）记入“累计折旧”账户的贷方，用以反映固定资产由于损耗而不断减少的价值。将“固定资产”账户的借方余额（现有固定资产的原始价值）减去“累计折旧”账户的贷方余额（现有固定资产的累计损耗），其差额就是现有固定资产的净值（或称折余价值）。可见，“累计折旧”账户就是为了调整“固定资产”账户，以便求得其实际价值（净值）而设置的。“累计折旧”账户就属于调整账户。属于这类账户的还有“累计摊销”、“利润分配”、“材料成本差异”以及“坏账准备”等各种减值或跌价准备账户。

调整账户按其调整方式的不同，可以分为备抵调整账户、附加调整账户和备抵附加调整账户 3 类。

1. 备抵调整账户

备抵调整账户是用来抵减被调整账户余额，以求得被调整账户实际余额的账户。其调整方式可用下列计算公式表示：

$$\text{被调整账户余额} - \text{备抵调整账户余额} = \text{被调整账户的实际余额}$$

因此，被调整账户的余额与备抵调整账户的余额一定是在相反的方向。如果被调整账户的余额在借方，则备抵调整账户的余额一定在贷方，反之亦然。如“固定资产”账户的余额在借方，则“累计折旧”账户的余额在贷方。资产备抵调整账户与被调整账户的关系及其调整方式如表 6－12 所示。

表 6－12

被调整账户		**备抵调整账户**	
借方	贷方	借方	贷方
期初余额			期初余额
本期增加额	本期减少额	本期减少额	本期增加额
期末余额 A			期末余额 B

被调整账户期末实有数 = A－B

2. 附加调整账户

附加调整账户是用来增加被调整账户的余额，以求得被调整账户的实际余额的账户。其调整方式可用下列计算公式表示：

被调整账户余额 + 附加调整账户余额 = 被调整账户的实际余额

因此，被调整账户的余额与附加调整账户的余额一定是在同一方向（借方或贷方）。在实际工作中，纯粹的附加账户很少运用。

3. 备抵附加调整账户

备抵附加调整账户是既可以用来抵减，又可以用来增加被调整账户的余额，以求得被调整账户实际余额的账户。这类账户属于双重性质账户，兼有备抵账户和附加账户的功能，但不能同时起两种作用。其在某一时期执行的是哪一种功能，取决于该账户的余额与被调整账户的余额是否在同一方向。如采用计划成本计价进行材料的日常核算时，所设置的“材料成本差异”账户就属于此类调整账户。

例如，“原材料”账户（被调整账户）提供材料的计划成本指标，“材料成本差异”账户提供材料采购的超支或节约差异。如果“材料成本差异”账户期末为借方余额，在材料计划成本基础上加上此余额（超支），就可得到材料的实际成本。如果“材料成本差异”账户期末为贷方余额，则要在材料计划成本的基础上减去此余额（节约），就可得到材料的实际成本。

综上所述，调整账户有以下特点：

（1）调整账户以被调整账户的结构为转移，并与被调整账户核算的内容相同，只是后者提供原有数额，前者提供调整数额。

（2）调整账户依赖于被调整账户而存在，有调整账户就必然有被调整账户。

（3）调整账户对被调整账户的调整方法取决于双方余额的方向：方向相反，余额相减；方向相同，余额相加。

十一、计价对比账户

在企业的生产经营过程中，为了加强经济管理，对某项经济业务，如材料采购业务或产品生产业务，可以按照两种不同的计价标准计价，并将两种不同的计价标准进行对比，借以确定其业务成果。计价对比账户就是用来对上述业务按照两种不同的计价标准进行计价、对比，确定其业务成果的账户。按计划成本进行材料日常核算的企业所设置的“材料采购”账户和按计划成本进行产成品日常核算的企业所设置的“生产成本”账户，就属于这类账户。

这类账户的结构是：借方登记材料采购的实际成本和生产产品的实际成本；贷方登记入库材料的计划成本和完工入库产品的计划成本；将借贷两方不同计价对比，可以确定材料采购的业务成果和生产过程的业务成果，即以实际采购成本与计划对比，确定超支或节约额。计价对比账户的结构如表6－13所示。

表6－13　　　　计价对比账户

借方	贷方
购入材料或生产产品的实际成本 实际成本小于计划成本的节约差异	入库材料或完工产品的计划成本 实际成本大于计划成本的超支差异

十二、待处理财产账户

待处理财产账户是用来核算企业在财产清查过程中发生的各种物资的盘盈、盘亏和毁损等待处理的账户。该类账户主要有“待处理财产损溢”账户。该账户反映企业财产物资管理中存在的问题。在实行永续盘存制度下，从道理上讲，实存与账存应始终保持一致。然而，实际情况却是某种财产物资常常发生账实不符，其原因在于管理不善。因此，财产清查若发现溢余、短缺、毁损，必须查明原因才能处理。在未查明原因之前，要在“待处理财产损溢”账户暂时登记。

“待处理财产损溢”账户结构上的一般特点是：借方登记财产物资发生的盘亏、毁损数，经批准转销的财产物资盘盈数；贷方登记财产物资发生的盘盈数，经批准转销的财产物资盘亏、毁损数。余额在借方，表示尚未批准转销的财产物资的盘亏、毁损数；余额在贷方，表示尚未批准转销的财产物资的盘盈数。待处理财产账户的结构如表 6 – 14 所示。

表 6 – 14　　　　**待处理财产账户**

借方	贷方
发生额：发生各财产物资盘亏、毁损数，批准转销的各财产物资盘盈、溢余数	发生额：发生各财产物资盘盈、溢余数，批准转销的各财产物资盘亏、毁损数
期末余额：尚未批准处理的财产净亏损数	期末余额：尚未批准处理的财产净收益数

需要注意的是，账户按经济用途和结构分类，“材料采购”、“生产成本”、“委托加工材料”账户同时属于盘存账户、成本计算账户和计价对比账户。下面将企业的主要账户按用途和结构分类情况用图 6 – 2 表示。

- 账户
  - 盘存账户
    - 库存现金
    - 银行存款
    - 原材料
    - 库存商品
    - 固定资产等
  - 结算账户
    - 债权结算账户
      - 应收账款
      - 其他应收款等
    - 债务结算账户
      - 应付账款
      - 应付职工薪酬
      - 应交税费
      - 短期借款
      - 长期借款等
    - 债权债务结算账户——其他往来
  - 资本账户
    - 实收资本
    - 资本公积
    - 盈余公积
  - 集合分配账户——制造费用
  - 跨期摊提账户
    - 待摊费用
    - 预提费用
  - 成本计算账户
    - 生产成本
    - 委托加工物资
    - 材料采购等
  - 收入账户
    - 主营业务收入
    - 其他业务收入
    - 营业外收入等
  - 费用账户
    - 主营业务成本
    - 营业税金及附加
    - 管理费用
    - 财务费用
    - 营业外支出
    - 所得税费用等
  - 财务成果账户——本年利润
  - 调整账户
    - 备抵调整账户
      - 坏账准备
      - 累计折旧
      - 存货跌价准备等
    - 附加调整账户
    - 备抵附加调整账户——材料成本差异、利润分配
  - 计价对比账户——材料采购
  - 待处理财产账户——待处理财产损溢

图6－2　账户按用途和结构的分类

复习思考题

1. 什么是账户按经济内容分类？分为哪几类？

2. 什么是账户按用途和结构分类？分为哪几类？

3. 为什么在账户按经济内容分类的基础上，还要进一步按用途和结构分类？

4. 什么是盘存账户？其特点有哪些？

5. 什么是结算账户？结算账户分为哪几类？

6. 什么是调整账户？为什么要设置调整账户？调整账户分为哪几类？

7. 什么是实账户或永久性账户？其特点如何？

8. 什么是虚账户或临时性账户？其特点如何？

9. 什么是跨期摊提账户？其特点如何？

10. 什么是待处理财产账户？其特点如何？

主要名词

账户分类　盘存账户　结算账户　债权结算账户　债务结算账户　双重性账户
调整账户　备抵调整账户　附加调整账户　永久性账户　临时性账户
计价对比账户　跨期摊提账户　集合分配账户　待处理财产账户

第七章　会计凭证

前几章已经介绍了企业会计循环过程及对经济业务的记录方法。在实际工作中，企业发生的经济业务是以原始凭证为基础，并将会计分录编制在记账凭证上，作为登记账簿的依据。会计凭证是企业会计的重要档案。本章着重介绍会计凭证的作用、种类、格式、填制方法和保管。

通过本章的学习，应该掌握以下内容：

（1）会计凭证的概念及分类；

（2）原始凭证的种类及填制；

（3）记账凭证的种类及填制；

（4）会计凭证的传递与保管。

第一节　会计凭证的概念和种类

一、会计凭证的概念

企业提供的财务信息必须如实地反映企业的真实情况，会计核算应当以实际发生的交易或事项为依据，企业不得虚构、篡改或隐瞒经济业务。为此，要在发生经济业务时填制或取得适当的证明文件，以保证会计记录的客观性和真实可靠。例如，购买货物时由销货方开出的发票，货物验收入库时由仓管员填写的收货单，支付款项由收款方开出的收据，等等，这些单据都是会计凭证。填制和审核会计凭证，是会计工作的起点和基础。

会计凭证（accounting document）是记录经济业务、明确经济责任、作为记账依据的书面证明。

填制和审核会计凭证是会计核算工作的首要环节，对会计核算过程、会计信息质量起着至关重要的作用。为了保证会计信息的客观性、真实性和可验证性，对于任何经济业务的发生都必须有书面证明，做到收有凭、付有据。这就要求每一项经济业务，如款项的收付、财物的收发、往来款项的结算，等等，应由经办该项业务的有关人员将经济业务的内容、数量和金额记录在会计凭证上，并在凭证上签章，以对凭证的真实性和正确性负完全责任。一切会计凭证都必须经过有关人员的严格审核，只有经过审核无误的会计凭证，才能作为登记账簿的依据。

会计凭证的填制和审核是会计工作的基础。填制会计凭证为会计监督提供了客观依据，审核会计凭证可保证会计记录的真实准确，促使会计主体的经济活动合理合法，有助于企业实行经济责任制，对于保障会计职能的发挥具有重要意义。

二、会计凭证的种类

会计凭证的种类很多，可以按照不同的标准予以分类。会计凭证按其填制的程序和用途可分为原始凭证和记账凭证两大类，这是最基本的分类。

1. 原始凭证

原始凭证（source document）又称单据，它是在经济业务发生或完成时取得或填制的，用以证明经济业务的发生，明确经济责任，并作为记账原始依据的一种会计凭证。原始凭证是会计核算的原始资料和重要依据。

原始凭证按其来源，可分为外来原始凭证和自制原始凭证两种；按照其填制方法，可分为一次凭证、累计凭证和汇总凭证；按照格式不同，还可以分为通用凭证和专用凭证。其具体内容在本章第二节将加以说明。

2. 记账凭证

记账凭证（posting document）是会计部门根据审核无误的原始凭证，按照经济业务的内容加以归类，并据以确定会计分录后所填制的一种会计凭证，它是登记账簿的直接依据。记账凭证又称记账凭单，它根据复式记账法的基本原理，确定了应借、应贷的会计科目及金额，将原始凭证中的一般数据转化为会计语言，是介于原始凭证与账簿之间的中间环节，是登记明细分类账户和总分类账户的依据。有的会计事项，如更正错账、期末结账等，无法取得原始凭证，也可由会计人员根据有关业务直接编制记账凭证。

记账凭证按其用途可分为专用凭证和通用凭证；按其填制方法又可分为单式记账凭证和复式记账凭证。同时，为了简化登记总分类账的工作量，还可根据记账凭证编制记账凭证汇总表或汇总记账凭证。其具体内容将在本章第三节中说明。

根据以上所述，可将会计凭证的分类用图 7 – 1 列示。

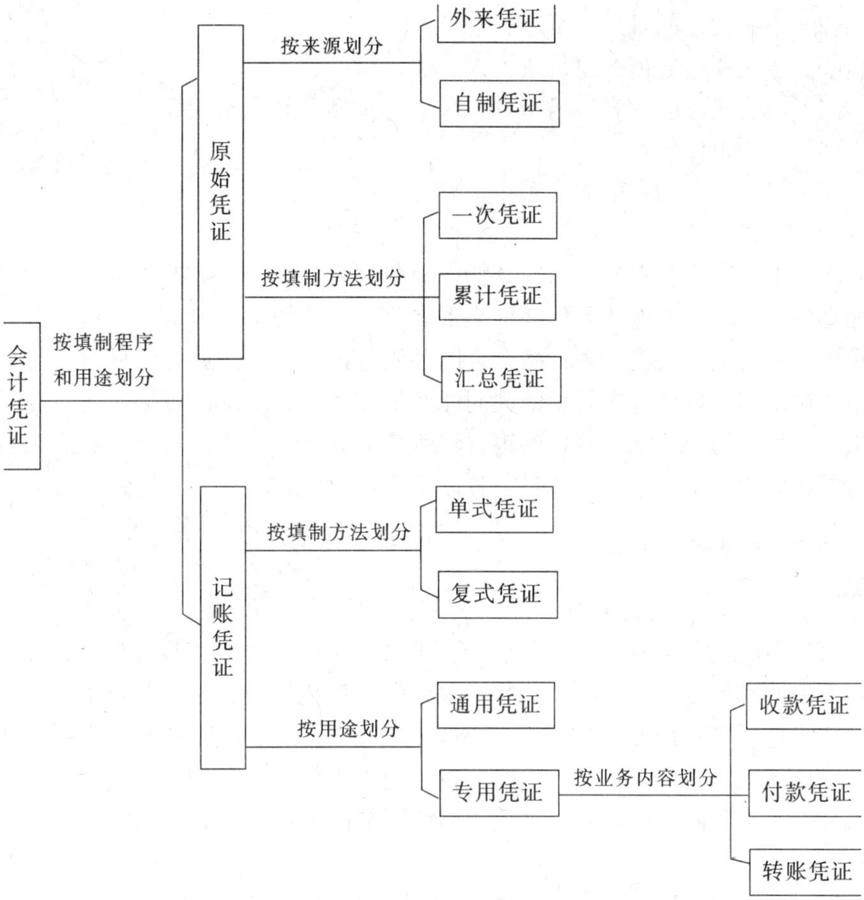

图 7–1　会计凭证分类

第二节　原始凭证的填制和审核

一、原始凭证的基本内容

由于经济业务的种类和内容不同，经营管理的要求不同，原始凭证的格式和内容也千差万别。但无论何种原始凭证，作为经济数据的载体，都应当起到证明经济业务已经发生或实际完成的作用，因此，它们都应当具备说明经济业务完成情况和明确经济责任等若干要素，其基本内容主要有：

(1) 原始凭证的名称；

(2) 填制凭证的日期和编号；

(3) 接受原始凭证的单位或个人名称；

(4) 经济业务的内容（含数量、单价、金额等）和摘要；

(5) 填制单位签章；

(6) 经办人员的签名或者盖章；

(7) 凭证附件。

实际工作中，根据经营管理和特殊业务的需要，除上述基本内容外，可以增加必要的内容，如有些原始凭证为了满足计划、统计等经营管理的需要，还要在凭证中列入有关的计划任务、合同号码等内容，使原始凭证发挥多方面的作用。对于不同单位经常发生的共同性经济业务，有关部门可以制定统一的凭证格式，如人民银行统一制定的银行转账结算凭证、税务部门统一印制的发票等。原始凭证的上述内容是通过其具体格式体现出来的。

二、原始凭证的种类

1. 原始凭证按照其来源不同，分为外来原始凭证和自制原始凭证

(1) 外来原始凭证。它是指在经济业务发生或完成时，从其他单位或个人直接取得的原始凭证，如购买货物时取得的增值税发票、对外单位支付款项时取得的收据、职工出差取得的飞机票、火车票等。如表 7 – 1、表 7 – 2 所示。外来原始凭证都是一次凭证，一般由税务局等部门统一印制，或经税务部门批准由经营单位印制，在填制时加盖出具凭证单位公章方有效。

【例 1】广州机械厂于 2008 年 3 月 11 日从中兴钢厂购入 30mm 圆钢 2 000 千克，每千克单价 4 元，同时购入 50mm 圆钢 1 000 千克，单价 6 元，购入材料时取得中兴钢厂开具的增值税专用发票，如表 7 – 3 所示。

表 7－1

国税 广东省广州市商品销售发票

发 票 联

(195133-120299)

1504-4521097

顾客名称　　　　　　　　　　开户银行

地　　址　　　　　　　　　　账　　号　　　　　　　　20　　年　　月　　日填发

货品名称及规格	件数	单位	数量	单价	超过拾万元无效	金额						
						万	千	百	十	元	角	分
合计人民币（大写）　万　仟　佰　拾　元　角　分					合计							
提货地点	及日期　20　年　月　日	提货人	20　年　月　日	备注								

第三联：销售方入账凭证

填票　　　　　　　　收款人　　　　　　　　业户名称及地址（盖章）

表 7－2

收　　据　　　　　　　　No.

今收到______________________________

交来______________________________

人民币（大写）______________ ¥______________

收款单位　　　　　　　收款人

（公章）　　　　　　　（签章）

年　　月　　日

表 7－3

广州市增值税专用发票
发票联

开票日期　2004年3月11日　　　　No－4521097

购货单位	名称	广州机械厂	纳税人登记号	2349587404
	地址、电话	83124506	开户银行及账号	建行石牌办事处7128605

货物或劳务名称	计量单位	数量	单价	金额									税率（%）	税额								
				百	十	万	千	百	十	元	角	分		百	十	万	千	百	十	元	角	分
30mm 圆钢	千克	2 000	4				8	0	0	0	0	0	17				1	3	6	0	0	0
50mm 圆钢	千克	1 000	6				6	0	0	0	0	0					1	0	2	0	0	0
合　计					¥	1	4	0	0	0	0	0				¥	2	3	8	0	0	0

价税合计（大写）	零佰　零拾　壹万　陆仟　叁佰　捌拾　零元　零角　零分			¥：16 380. 00
销货单位	名称	中兴钢厂	纳税人登记号	0523578928
	地址、电话	38792349	开户银行及账户	工行黄埔支行　3975863
备　注				

收款人　　　　开票单位：（未盖章无效）

第二联：发票联　购货方记账

（2）自制原始凭证。它是指由本单位内部经办业务的部门和人员，在执行或完成某项经济业务时填制的、仅供本单位内部使用的原始凭证，如货物验收入库的收货单、销售货物时的发货单、职工借款填制的借款单等。如表7－4所示。

表7－4

差旅费报销表

科目： 20 年 月 日 编号：

<table>
<tr><td>事由</td><td colspan="10">自 月 日起至 月 日止共 天</td></tr>
<tr><td rowspan="2">起讫地点</td><td colspan="3">车船费</td><td rowspan="2">宿费</td><td colspan="3">伙食费</td><td rowspan="2">行李费</td><td rowspan="2">其他</td><td rowspan="2">备注</td></tr>
<tr><td>交通工具</td><td>等级</td><td>金额</td><td>标准</td><td>天数</td><td>金额</td></tr>
<tr><td></td><td></td><td></td><td></td><td></td><td></td><td></td><td></td><td></td><td></td><td rowspan="5"></td></tr>
<tr><td></td><td></td><td></td><td></td><td></td><td></td><td></td><td></td><td></td><td></td></tr>
<tr><td></td><td></td><td></td><td></td><td></td><td></td><td></td><td></td><td></td><td></td></tr>
<tr><td></td><td></td><td></td><td></td><td></td><td></td><td></td><td></td><td></td><td></td></tr>
<tr><td>小 计</td><td></td><td></td><td></td><td></td><td></td><td></td><td></td><td></td><td></td></tr>
<tr><td colspan="11">合计人民币（大写） 仟 佰 拾 元 角 分 ￥</td></tr>
</table>

领款人签收： 复核： 单位主管： 出差人（职称）：

2. 原始凭证按照其填制手续及内容不同，分为一次凭证、累计凭证和汇总凭证

（1）一次凭证。它是指一次填制完成、只记录一笔经济业务的原始凭证，如支票、收据、收料单、领料单、发货票、借款单、银行结算凭证等。一次凭证是一次有效的凭证，绝大部分的原始凭证都属于一次凭证。

【例2】2008年3月22日出纳王云开出现金支票1 000元，到银行提取现金备日常开支。现金支票格式如表7－5所示。

表 7-5　一次凭证（一）

中国民生银行支票存根（粤）

IX VI00111157

科　目：

对方科目：

出票日期：

2008 年 3 月 22 日

收款人：王云

金额：¥1 000.00

用途：备用

单位主管　　会计

本支票付款期限十天

中国民生银行　支票

广州　IX VI00111157

出票日期（大写）贰零零捌年叁月贰拾贰日 付款行名称：广州支行

收款人：王云　　出票人账号：3457823

人民币（大写）壹仟元整	亿	千	百	十	万	千	百	十	元	角	分
					¥	1	0	0	0	0	0

用途　备用　　科目（借）______

上列款项请从我账户内支付　　对方科目（贷）______

出票人签章　　印章　　复核　　记账

支票由会计部门出纳人员负责填制，分为转账支票和现金支票两种。转账支票不能提取现金，企业到银行提取现金必须填制现金支票。支票上要加盖预留在银行的印鉴方有效，不允许开“空头”支票，支票中“收款人”一项必须填写。支票的正联交给银行，作为银行的记账依据，企业根据支票的存根联作为企业记账的原始依据。

【例 3】2008 年 3 月 15 日，二车间生产甲产品需领用 30mm 圆钢 200 千克，每千克单价 4 元，由经办人员填制“领料单”，经车间有关领导批准后到 2 号仓库领料，仓库保管员据以发料。有关“领料单”格式如表 7-6 所示。

表 7-6　一次凭证（二）

领料单位：二车间　　领 料 单　　凭证编号：0524

用　　途：甲产品　　2008 年 3 月 15 日　　发料仓库：2 号库

材料类别	材料编号	材料名称及规格	计量单位	数量		单价	金额
				请领	实发		
钢材	1021	30mm 圆钢	千克	200	200	4.00	800
备注：	合计						¥800

记账　　发料　　领料部门主管　　领料

“领料单”一般一式三联，一联留领料部门备查；一联留仓库，据以登记材料物资明细账和材料卡片；一联转会计部门或月末经汇总后转会计部门，据以进行总分类核算。

（2）累计凭证。它是指在一定时期内，连续记载若干项不断重复发生的同类经济业务，直到期末凭证填制手续才算完成，以期末累计发生数作为记账依据的原始凭证。如工业企业常用的限额领料单（其格式如表7－7所示）、出勤登记卡等。使用累计凭证，可以简化核算手续，减少原始凭证的数量，同时有利于企业加强成本控制与管理，是企业进行计划管理的手段之一。

【例4】2008年3月，二车间生产甲产品，本月计划生产4 000台，每台甲产品需消耗30mm圆钢0.5千克，根据生产任务全月的领用限额为2 000千克，每千克单价为4元。由生产部门下达“限额领料单”，车间在规定的限额内可分次领用圆钢。其格式如表7－7所示。

表7－7 累计凭证

限额领料单

2008年3月　　　　编　号：2407

领料单位：二车间　　用　途：甲产品　　计划产量：4 000台

材料编号：1021　　名称规格：30mm圆钢　　计量单位：千克

单　价：4.00元　　消耗定量：0.5千克/台　　领用限额：2 000

2008年		请领数量	实发				限额结余数量
月	日		数量	累计	发料人	领料人	
3	2	400	400	400	张山	王开	1 600
	7	300	300	700	张山	李行	1 300
	12	300	300	1 000	张山	李行	1 000
	15	300	300	1 300	张山	李行	700
	22	400	400	1 700	张山	王开	300
	28	200	200	1 900	张山	李行	100
累计实发金额（大写）：柒仟陆佰元整							¥7 600

供应部门主管（签章）　　生产计划部门主管（签章）　　仓库主管（签章）

从上述“限额领料单”的记录可知，二车间在当月完成生产任务的条件下，于2日、7日、12日、15日、22日和28日6次领用30mm圆钢，累计达1 900千克，与领用限额2 000千克对比节约100千克，节约材料费用400元。由此可见，“限额领料单”不仅起到事先控制材料消耗的作用，而且可以减少原始凭证的数量和简化填制凭证的手续。

（3）汇总凭证。它是指将一定时期内若干项记载同类经济业务的原始凭证加以汇总编制的凭证。汇总凭证合并了同类型经济业务，简化了记账工作量。

汇总凭证按资料来源又可分为两种：一种是根据一定时期记载同类经济业务的若干张原始凭证按照一定的管理要求汇总编制而成，如收料汇总表、发料汇总表（其格式如表7－8所示）、差旅费报销单等，其作用是简化编制记账凭证及登账的工作量，提高核算工作效率；另一种是由会计人员根据一定时期内有关账户的记录结果，对某一特定事项进行归类、整理而编制的汇总凭证，如工资分配汇总表、制造费用分配表（其格式如表7－9所示）等。这种凭证能够使核算资料更为系统化，使核算过程更为条理化，并能提供某些综合指标满足会计核算和经营管理的要求。

表7－8　汇总凭证（一）

发料汇总表

2008年3月　　单位：元

领料部门	用　途	A材料	B材料	C材料	合　计
二车间	生产甲产品	15 000	2 000	3 000	20 000
二车间	生产乙产品	10 000	3 000	3 500	16 500
二车间	维护设备	1 000		200	1 200
行政管理部门	修理办公设备	300	600		900
合　计		26 300	5 600	6 700	38 600

表7－9　汇总凭证（二）

制造费用分配表

2008年3月　　单位：元

生产成本明细账	生产工时	分配率	分配金额
甲产品	2 000		4 000
乙产品	3 000		6 000
合　计	5 000	2	10 000

3. 原始凭证按照格式不同，分为通用凭证和专用凭证

（1）通用凭证。它是指由有关部门统一印制、在一定范围内使用的具有统一格式和使用方法的原始凭证。通用凭证的使用范围，因制作部门不同而异。可以是某一地区、某一行业，也可以是全国通用。如某省（市）印制的发货票、收据等，在该省（市）通用；由人民银行制作的银行转账结算凭证，在全国通用等。

（2）专用凭证。它是指由单位自行印制，仅在本单位内部使用的原始凭证，如领料单、差旅费报销单、折旧计算单、工资费用分配表等。

4. 原始凭证按照经济业务的类别不同，分为以下六类

（1）款项收付业务凭证。它是指记录现金和银行存款收付增减等业务的原始凭证。这类凭证既有外来的，也有自制的，但多为一次性凭证，如现金借据、现金收据、领款单、零星购物发票、车船机票、医药费单据、银行支票、付款委托书等。

（2）出入库业务凭证。它是指记录材料、库存商品入库等情况的原始凭证。这类凭证可以是一次凭证，也可以是累计凭证，如入库单、领料单、提货单等。

（3）成本费用凭证。它是指记录产品生产费用的发生和分配情况的原始凭证。这类凭证大都是内部自制凭证，如工资单、工资费用汇总表、折旧费用分配表、制造费用分配表、产品成本计算单等。

（4）购销业务凭证。它是指记录材料物品采购或劳务供应、产成品（商品）或劳务销售情况的原始凭证，前者为外来的凭证，后者为自制的凭证，如提货单、发票、交款单、运费单据等。

（5）固定资产业务凭证。它是指记录固定资产购置、调拨、报废和盘盈、盘亏业务的原始凭证，如固定资产调拨单、固定资产移交清册、固定资产报废单和盘盈、盘亏报告单等。

（6）转账业务凭证。它是指会计期间终了，为了结平收入和支出等账户，计算并结转成本、利润等，由会计人员根据会计账簿记录整理制作的原始凭证。这类凭证一般无固定格式，但需要注明制证人并由会计主管签章。

三、原始凭证的填制要求

原始凭证是编制记账凭证的依据，是会计核算最基础的原始资料，正确填制原始凭证是如实反映经济活动的关键。填制原始凭证，就是要根据经济业务的实际情况，依据一定的填制要求，在规定的凭证格式中，逐项填写其内容。我国财政部 1996 年颁布的《会计基础工作规范》，对原始凭证填制的基本要求

作了具体说明，原始凭证的填制必须符合下列要求：

（1）记录要真实。原始凭证所填列的经济业务内容和数字必须真实可靠，符合实际情况。

（2）内容要完整。原始凭证所要求填列的项目必须逐项填列齐全，不得遗漏和省略。需要注意的是：凭证的日期要按照填制原始凭证的实际日期填写；名称要齐全，不能简化；品名或用途要填写明确，不能含糊不清；经办人员的签章必须齐全。

（3）手续要完备。单位自制的原始凭证必须有经办业务的部门和人员签名盖章；对外开出的原始凭证，必须盖有填制单位的公章。总之，取得的原始凭证必须符合手续完备的要求，以明确经济责任，确保凭证的合法性、真实性。

（4）书写要清楚、规范。原始凭证要按规定填写，文字要简明，字迹要清楚，易于辨认，不得使用未经国务院公布的简化汉字。大小写金额必须相符且填写规范，小写金额用阿拉伯数字逐个书写，不得写连笔字，在金额前要填写人民币符号“￥”，币种符号与阿拉伯金额数字之间不得留有空白。凡阿拉伯数字前写有币种符号的，数字后面不再写货币单位。例如人民币500元，表示为“￥500.00”，而“￥500元”或者“￥ 500.00元”是错误的。除表示单价等情况外，金额数字一律填写到角分；无角分的，角位和分位可写“00”，或者符号“－”；有角无分的，分位应当写“0”，不得用符号“－”代替。如￥23.54，￥110.30，￥450.－等。大写金额用汉字壹、贰、叁、肆、伍、陆、柒、捌、玖、拾、佰、仟、万、亿、元、角、分、零、整等，一律用正楷或者行书体书写，不得用“0、一、二、三、四、五、六、七、八、九、十”等字代替大写，不得任意自造简化字。大写金额前未印有“人民币”字样的，应加写“人民币”三个字，“人民币”字样和大写金额之间不得留有空白。大写金额数字到元或者角为止的，在“元”或者“角”字之后应当写“整”字或者“正”字；大写金额数字有分的，分字后面不写“整”或者“正”字。数字中间有“0”时，汉字大写金额要写“零”字；阿拉伯数字金额中间连续有几个“0”时，汉字大写金额中可以只写一个“零”字；阿拉伯金额数字元位是“0”，或者数字中间连续有几个“0”、元位也是“0”，但角位不是“0”时，汉字大写金额可以只写一个“零”字，也可以不写“零”字。例如“￥50 045.50”用大写表示为“伍万零肆拾伍元伍角整”，“￥120 000.00”用大写表示为“壹拾贰万元整”。

（5）编号要连续。各种凭证要连续编号，以便考查。如果凭证已预先印定编号，如发票、支票等重要凭证，在写坏作废时，应加盖“作废”戳记，妥善保管，不得撕毁。

（6）不得涂改、刮擦、挖补。发现原始凭证有错误的，应当由开出单位重开或者更正，更正处应当加盖开出单位的公章。原始凭证金额有错误的，应当由出具单位重开，不得在原始凭证上更改。

（7）填制要及时。各种原始凭证一定要及时填写，并按规定的程序及时送交会计机构、会计人员进行审核。

四、原始凭证的审核

《会计法》第十四条规定，会计机构、会计人员必须按照国家统一的会计制度的规定对原始凭证进行审核，对不真实、不合法的原始凭证有权不予接纳，并向单位负责人报告。可见审核原始凭证是发挥会计监督职能的重要手段，是会计部门一项极为重要的工作。通过原始凭证的审核，可以为会计信息的真实性打下基础。

1. 原始凭证审核的主要内容

会计凭证的审核，主要是对各种原始凭证的审核。各种原始凭证，除由经办业务的有关部门审核外，最后要由会计部门进行审核。及时审核原始凭证，是对经济业务进行的事前监督。审核原始凭证，主要是审核两方面的内容：

（1）审核原始凭证所记录的经济业务的合法性。这就是审查发生的经济业务是否符合国家的政策、法令、制度的规定，有无违反财经纪律等违法乱纪的行为。如有违反，会计人员可以提出拒绝执行的意见，必要时，可向上级领导机关反映有关情况。对于弄虚作假、营私舞弊、伪造涂改凭证等违法乱纪行为，必须及时揭露和制止。

（2）审核原始凭证填写的内容是否符合规定的要求，如查明凭证所记录的经济业务是否符合实际情况，应填写的项目是否齐全，数字和文字是否正确，书写是否清楚，有关人员是否已签名盖章等。如有手续不完备或数字计算错误的凭证，应由经办人员补办手续或更正错误。

2. 原始凭证审核的后续工作

原始凭证的审核，是一项严肃而细致的工作，会计人员必须坚持制度、坚持原则，履行会计人员的职责。在审核过程中，对于内容不全面，手续不完备，数字不准确以及情况不清楚的原始凭证，应当退还给有关业务单位或个人，并令其补办手续或进行更正。对于违反制度和法令的一切收支，会计人员应拒绝付款、拒绝报销或拒绝执行。对于伪造凭证、涂改凭证和虚报冒领等不法行为，会计人员应扣留原始凭证，并根据《会计法》规定，向领导提出书面报告，以便查明原因，严肃处理。

值得注意的是，无论是自制凭证还是外来凭证，都证明经济业务已经执行或已经完成，因而在审核后就可以作为会计记账的依据。因此，凡是不能证明经济业务已经实际执行或完成的文件，如意向书、材料请购单、银行存款余额调节表等，这些文件不属于会计的原始凭证，这些数据自然不能进入账务处理系统进行加工整理。

第三节　记账凭证

一、记账凭证的基本内容

会计机构、会计人员要根据审核无误的原始凭证填制记账凭证。它的作用主要是便于记账，减少差错，保证记账工作的质量。因此，记账凭证要具备下列基本内容：

（1）填制单位的名称；

（2）记账凭证的名称；

（3）记账凭证的填制日期和编号；

（4）经济业务的内容摘要；

（5）应借、应贷的账户名称（含一级、二级和明细科目）和金额，即会计分录；

（6）记账标记，用于标注过入有关账簿的账页号码或过账符号，以免重复记账或漏记账；

（7）所附原始凭证的张数；

（8）会计主管、记账、审核、出纳、制单等有关人员的签章。

二、记账凭证的种类

1. 按照内容分类

记账凭证按其反映的经济内容不同，一般分为收款凭证、付款凭证和转账凭证。

（1）收款凭证。它是指用于记录现金和银行存款收款业务的会计凭证。收款凭证根据有关现金和银行存款收入业务的原始凭证填制，它分为现金收款凭证和银行存款收款凭证。收款凭证是登记现金日记账、银行存款日记账以及有关明细账和总账等账簿的依据，也是出纳人员收讫款项的依据。

收款凭证是以借方科目为主体设置的，凭证的左上角的“借方科目”就是主体科目，根据收款内容填制“库存现金”或“银行存款”科目；“贷方科目”则应填列相对应的一级科目和所属二级或明细科目；“金额”栏填入库存现金或银行存款的增加金额；入账后要在“过账”栏注明“√”符号或填写总账的账页号，防止重记或漏记；“附件张数”栏记录所附原始凭证张数。凭证的编号采用字号编号法，分别为“现收字第×号”或“银收字第×号”，代表本月发生的第×笔现金收款凭证或银行存款收款凭证。

【例5】2009年3月15日，采购员王宁报销差旅费450元，余额返纳。假设该笔业务是本月的第5笔现金收款业务，编制收到现金的会计分录见表7-10所示。

表7-10　　收款凭证

借方科目：库存现金　　2009年3月15日　　现收字第5号

摘要	贷方科目		金额	过账
	总账科目	明细科目		
采购员报销返纳	其他应收款	王宁	50	
附件：1张	合计		¥50	

会计主管　　记账　　审核　　出纳 王云　　制证 孙雨

（2）付款凭证。它是用于记录现金和银行存款、付款业务的会计凭证。付款凭证是根据有关现金和银行存款支付业务的原始凭证填制的，它分为现金付款凭证和银行存款付款凭证，是登记现金日记账和银行存款日记账以及有关明细账和总账等账簿的依据，也是出纳人员支付款项的依据。填制付款凭证的方法与填制收款凭证的方法大抵相同，应注意的是付款凭证是以贷方科目为主体设置的，凭证编号为“现付字第×号”或“银付字第×号”。

【例6】2009年3月18日，通过银行支付前欠华光公司购货款15 000元，假设是本月的第15笔银行付款凭证，则应编制的记账凭证如表7-11所示。

表 7－11　付款凭证

贷方科目：银行存款　2009 年 3 月 18 日　银付字第 15 号

摘要	借方科目		金额	过账
	总账科目	明细科目		
付华光公司货款	应付账款	华光公司	15 000	
附件：1 张	合　计		¥15 000	

会计主管　记账　审核　出纳 王云　制证 李心

（3）转账凭证。它是指用于记录与货币资金收付无关的转账业务的会计凭证。转账凭证根据有关转账业务的原始凭证填制，是登记有关明细账和总账等账簿的依据。转账凭证的编号为“转字第×号”。

【例 7】2009 年 3 月 31 日，根据仓库月末编制的“发出材料汇总表”，本月生产 A 产品领用甲材料 20 000 元，乙材料 5 000 元；生产 B 产品领用甲材料 8 000 元，领用乙材料 2 000 元；生产车间领用乙材料 5 000 元。假设这是企业本月发生的第 11 笔经济业务，此项经济业务编制的转账凭证格式如表 7－12 所示。

表 7－12　转账凭证

2009 年 3 月 31 日　转字第 11 号

摘要	会计科目		账页	金额	
	总账科目	明细科目		借方金额	贷方金额
仓库发出材料	生产成本	A 产品		25 000	
		B 产品		10 000	
	制造费用			5 000	
	原材料	甲材料			28 000
		乙材料			12 000
合计				¥40 000	¥40 000

附件 1 张

会计主管　记账　复核　制证 李心

收款凭证、付款凭证、转账凭证的划分，有利于区别不同经济业务进行分类管理，有利于经济业务的检查，但工作量较大，适用于规模较大、收付款业务较多的单位。对于经济业务较简单、规模较小、收付款业务较少的单位，还可采用通用记账凭证来记录所有经济业务。另外，对于实施会计电算化的企业，一般也采用通用记账凭证格式。

2. 按照用途分类

记账凭证按照用途分为专用记账凭证和通用记账凭证。

专用记账凭证是专门用于某一类经济业务的凭证。专用记账凭证针对不同业务适用于不同格式，如上述的收款凭证，付款凭证和转账凭证都不属于专用凭证。

通用记账凭证是将所有经济业务统一编号，在同一格式的凭证中进行记录，适用于任何经济业务的会计凭证。通用凭证的编制习惯上先写借方科目，再写贷方科目，凭证编号一般按业务顺序编号，如果一笔业务要编制两张以上记账凭证，则用分数编号法表示。通用记账凭证的格式与转账凭证的基本相同。

【例8】2009 年 3 月 4 日，采购员王宁预借差旅费 500 元，以现金支付。编制的记账凭证格式如表 7－13 所示。

表 7－13 记账凭证

2009 年 3 月 4 日 第 3 号

摘要	会计科目		账页	借方金额	贷方金额
	总账科目	明细科目			
采购员预借差旅费	其他应收款	王宁		500	
	库存现金				500
合计				¥500	¥500

附件 1 张

会计主管 记账 出纳 王云 复核 制证 孙雨

【例9】2009 年 3 月 25 日，王宁回公司报销差旅费 520 元，差额以现金补付。该笔业务编制的记账凭证格式如表 7－14、7－15 所示。

表 7－14　　　　　　　　　　　　　　**记账凭证**

2009 年 3 月 25 日　　　　　　　　　　　第 45 $\frac{1}{2}$ 号

摘要	会计科目		账页	借方金额	贷方金额	
	总账科目	明细科目				
报销差旅费	管理费用			500		附件1张
	其他应收款	王宁			500	
合计				¥500	¥500	

会计主管　　　记账　　　出纳　　　复核　　　制证 孙雨

表 7－15　　　　　　　　　　　　　　**记账凭证**

2009 年 3 月 25 日　　　　　　　　　　　第 45 $\frac{2}{2}$ 号

摘要	会计科目		账页	借方金额	贷方金额	
	总账科目	明细科目				
报销差旅费，补付差额	管理费用			20		附件1张
	库存现金				20	
合计				¥20	¥20	

会计主管　　　记账　　　出纳 王云　　　复核　　　制证 孙雨

3. 按照填列方式分类

（1）单式记账凭证。它是按一项经济业务所涉及的每个会计科目单独填制一张记账凭证，每一张记账凭证中只登记一个会计科目的一种凭证。为单独反映每项经济业务所涉及的会计科目及对应关系，单式记账凭证又分为“借项记账凭证”和“贷项记账凭证”，一般采用序数编号法和分数编号法相结合，通过凭证编号将同一项经济业务的会计分录联系起来。单式记账凭证反映内容单一，便于分工记账，便于按会计科目汇总，但一张凭证不能反映每一笔经济业务的全貌，不便于检验会计分录的正确性。

（2）复式记账凭证。它是将每项经济业务所涉及的全部会计科目及其发生额均在同一张记账凭证中反映的一种凭证。它是实际工作中应用最普遍的记账凭证。上述的收款凭证、付款凭证、转账凭证，以及通用记账凭证均为复式记账凭证。复式记账凭证全面反映了经济业务的账户对应关系，有利于检查会计分录的正确性，但不便于会计岗位上的分工记账。

为简化登记总账的工作量，还可将许多同类的记账凭证逐日或定期加以汇总后填制汇总记账凭证，如将现金收款凭证汇总填制汇总现金收款凭证，或将一段时间的记账凭证按相同会计科目的借方和贷方分别汇总，编制记账凭证科目汇总表。

记账凭证的种类甚多，格式不一，但具体到一个企业单位，只能选择其中一种，不能经常变更，要保持相对稳定。

三、记账凭证的填制

（一）记账凭证的填制要求

会计机构、会计人员应该根据审核无误的原始凭证填制记账凭证。填制记账凭证的基本要求有：

（1）记账凭证的内容必须填列完整。以自制的原始凭证或者原始凭证汇总表代替记账凭证的，同时还必须具备记账凭证应有的项目。

（2）填制记账凭证时，应当对记账凭证进行连续编号。一笔经济业务需要填制两张以上记账凭证的，可以采用分数编号法编号；采用通用记账凭证的，可按顺序编号法编号；采用专用记账凭证的，应用字号编号法分别连续编号，把收款凭证、付款凭证、转账凭证分别简写为“收字××号”、“付字××号”、“转字××号”。

（3）记账凭证可以根据每一张原始凭证填制，或者根据若干张同类原始凭证汇总填制，也可以根据原始凭证汇总表填制。但不得将不同内容和类别的原始凭证汇总填制在一张记账凭证上。

（4）记账凭证所附原始凭证的张数必须注明。

（5）除结账和更正错误的记账凭证可以不附原始凭证外，其他记账凭证必须附有原始凭证。如果一张原始凭证涉及几张记账凭证，可以把原始凭证附在一张主要的记账凭证后面，并在其他记账凭证上注明附有该原始凭证的记账凭证的编号或者附原始凭证复印件。

（6）凡涉及现金和银行存款之间的业务，称为货币资金相互转化的经济业务，如从银行提取现金，将现金存入银行以及从一个银行转入另一个银行等，即涉及收款也涉及付款。为避免重复记账，习惯做法是一律根据贷方科目，只填制付款凭证，不编收款凭证，如从银行提取现金业务，编制银行付款凭证。

（7）如果在填制记账凭证时发生错误，应当重新填制。已经登记入账的记账凭证，在当年内发现填写错误时，可以用红字填写一张与原内容相同的记账凭证，在摘要栏注明“冲销某月某日某号凭证”字样，同时再用蓝字重新填制一张正确的记账凭证，注明“更正某月某日某号凭证”字样。如果会计科目没有错误，只是金额错误，也可以将正确数字与错误数字之间的差额，另编一张调整的记账凭证，调增金额用蓝字，调减金额用红字。发现以前年度记账凭证有错误的，应当用蓝字填制一张更正的记账凭证。

（8）记账凭证填制完经济业务事项后，如有空行，应当自金额栏最后一笔金额数字下的空行处至合计数上的空行处画线注销。

（9）实行会计电算化的单位，对于机制记账凭证，要认真审核，做到会计科目使用正确，数字准确无误。打印出的机制记账凭证要加盖制单人员、审核人员、记账人员及会计机构负责人、会计主管人员印章或者签字。

（10）各单位会计凭证的传递程序应当科学、合理，具体办法由各单位根据会计业务需要自行规定。

（二）记账凭证的审核

为保证记账凭证的正确性，除了编制人员应加强自审外，会计部门还应建立相应的审核责任制度，配专人进行严格的审核。记账凭证审核的主要内容包括：

（1）记账凭证是否附有经审核无误的原始凭证，原始凭证记录的经济内容与数额是否同记账凭证相符。

（2）记账凭证上编制的会计分录是否正确，即应借、应贷的会计科目名称及业务内容是否符合会计制度的规定，科目对应关系是否清晰，金额是否正确等。

（3）记账凭证中的有关项目是否按要求正确地填写齐全，有关人员是否签名盖章等。

审核中如果发现有差错，应查明原因，并按规定的方法及时更正。只有经过审核无误后的记账凭证，才能据以登记账簿。

第四节　会计凭证的传递和保管

正确填制和严格审核会计凭证是凭证处理的两个重要环节，此外，还必须组织凭证的传递工作，加强会计凭证的保管，才算完成了会计凭证处理的全过程，从而既有利于发挥会计凭证作为记账和办理业务手续、传输经济信息的作用，又有利于发挥会计凭证作为经济档案加强管理的作用。

一、会计凭证的传递

会计凭证的传递是指会计凭证从填制或取得起，经审核、整理、记账到装订保管为止，在本单位内部有关部门和人员之间的传递和处理的程序及传递时间。

在企业的日常工作中，往往一项经济业务的发生或完成要经过几个有关部门或人员的处理，而会计凭证是用来记录经济业务，据以办理业务手续的凭据，因此，必然存在着会计凭证在与之有关的部门或人员间的传递问题。由于各种经济业务性质不同，经办各项经济业务的部门和人员以及办理凭证手续所需的时间也不一样，因而凭证传递程序和时间也不一样。正确地组织凭证传递，及时地利用会计凭证办理经济业务，有利于全面正确地反映各项业务实际完成情况，协调各方面工作，加速业务处理过程；有利于会计凭证在财会部门的集中，保证核算的及时性；有利于加强岗位责任制，发挥会计监督的作用，改善经营管理。

会计凭证传递的组织工作主要包括以下几个方面的内容：

1. 规定会计凭证的传递程序

根据经济业务的特点、内部机构组织、岗位分工及各职能部门利用这种凭证进行经济管理的需要，规定各种凭证的联数和传递程序，做到既使有关部门和人员了解经济业务的情况，及时办理凭证手续，又要避免不必要的环节，提高效率。

2. 确定会计凭证在各个环节停留的时间

根据有关部门或人员使用会计凭证办理业务手续对时间的合理需要，确定其在各个环节停留的时间，既要防止时间过久造成积压，又要防止时间过短造成草率从事。

3. 制订会计凭证传递过程中的交接签收制度

为保证会计凭证在传递过程中的安全完整，防止出现毁损、遗失或其他意外情况，应制定各个环节凭证传递的交接签收制度。

会计凭证传递办法是经营管理的一项重要规章制度，一经制定，有关部门和人员必须遵照执行。

二、会计凭证的保管

会计凭证是一种重要的经济资料和会计档案，必须在会计期间结束后，将全部会计凭证装订成册，按规定的立卷归档制度归档并妥善保管，以便日后查阅。保管的具体方法和基本要求是：

1. 整理装订

会计凭证在记账工作完成后，应定期（每日、每旬或每月）分类整理。记账凭证按编号顺序，连同所附的原始凭证折叠整齐，加具封面、封底装订成册，并在装订线上加贴封签。封面上注明单位名称，所属年月（或起讫日期）、凭证的种类、张数及起讫号数，并在封签处加盖会计主管人员的骑缝图章。如果所附原始凭证数量过多或日后需要抽出利用的重要凭证，也可抽出单独装订保管，但应分别予以注明。

2. 保管和查阅

装订成册的会计凭证，平时应由专人负责保管。年度终了，移交档案室登记归档，集中保管。查阅时需履行一定的批准手续，一般就地查阅，必要时可以复制，但不得抽走原件，以保证档案资料的完整性。

3. 保管期限和销毁手续

会计凭证的保管期限，一般根据其重要程度由会计制度加以规定，重要的会计凭证应长期保存。保管期满后，开列清单，经本单位领导审核并报经上级主管部门批准后，方可销毁。

总之，会计凭证的保管既要安全可靠，又要便于随时检索、查证和调用；要不断健全和完善会计凭证的分类、保管制度，逐步向会计数据资料检索的自动化、现代化迈进。

复习思考题

1. 什么是会计凭证？会计凭证的意义是什么？
2. 什么是原始凭证？原始凭证是如何分类的？
3. 什么是记账凭证？记账凭证是如何分类的？
4. 原始凭证应具备哪些基本内容？怎样填制和审核原始凭证？
5. 记账凭证应具备哪些基本内容？怎样填制和审核记账凭证？
6. 试述会计凭证保管的基本要求。

主要名词

会计凭证　原始凭证　记账凭证　外来原始凭证　自制原始凭证　收款凭证　付款凭证　转账凭证　通用记账凭证　复式记账凭证　会计凭证传递　会计凭证保管

习　题

一、目的：练习各种记账凭证的编制方法。

二、资料：华光公司2009年3月份发生下列经济业务：

(1) 3月1日，购入甲材料2 500千克，买价50 000元，增值税进项税额8 500元，款项通过银行付讫，材料尚未到达。

(2) 3月2日，收到投资者追加投资100 000元，存入银行。

(3) 3月4日，通过银行向天津风云公司预付购料款40 000元。

(4) 3 月 5 日，仓库发出材料，其中生产 A 产品耗料 30 000 元，B 产品耗料 20 000 元，车间一般耗料 4 000 元，行政管理部门耗料 6 000 元。

(5) 3 月 6 日，采购员李心预借差旅费 1 000 元，以现金付讫。

(6) 3 月 7 日，从银行提取现金 40 000 元，备发工资。

(7) 3 月 7 日，以现金 40 000 元发放本月工资。

(8) 3 月 9 日，收到上海兴旺公司预付的购买产品款 50 000 元，存入银行。

(9) 3 月 12 日，销售 A 产品 275 件给上海兴旺公司，售价 200 000 元，增值税销项税额 34 000 元，余款已收到存入银行。

(10) 3 月 15 日，李心回公司报销差旅费 800 元，余款收回现金。

(11) 3 月 17 日，以银行存款支付广告费 3 000 元。

(12) 3 月 19 日，以现金支付上述甲材料运杂费 500 元，材料已收到入库，结转入库材料成本。

(13) 3 月 20 日，开出现金发票一张，预付行政管理部门下一季度房屋租金 6 000 元。

(14) 3 月 25 日，以银行存款支付当月水电费 4 000 元，其中车间用 3 000 元，行政管理部门用 1 000 元。

(15) 3 月 26 日，通过银行支付业务招待费 8 000 元。

(16) 3 月 29 日，以银行存款支付本季度短期借款利息 9 200 元，1、2 月已预提 6 000 元。

(17) 3 月 30 日，以现金收到罚款收入 2 000 元。

(18) 3 月 30 日，公司开出转账支票 3 680 元，给希望工程捐款。

(19) 3 月 31 日，结算本月应付的职工工资，其中生产 A 产品工人工资为 18 000 元，B 产品工人工资为 10 000 元，车间管理人员工资为 4 000 元，行政管理人员工资为 8 000 元。

(20) 按工资总额的 14% 计提职工福利费。

(21) 3 月 31 日，计提本月固定资产折旧 4 440 元，其中生产车间提折旧 2 440 元，行政管理部门提折旧 2 000 元。

(22) 3 月 31 日，按生产工人工资比例结转本月发生的制造费用 14 000 元，计入 A、B 产品成本。

(23) 3 月 31 日，本月生产的 A 产品全部完工，B 产品全部未完工，结转完工产品成本 59 520 元。

(24) 3 月 31 日，摊销应由本月负担的房屋租金 2 000 元，报纸杂志费 1 200 元。

(25) 3 月 31 日，计算出本月应交城建税 2 000 元，并通过银行转账上缴。

(26) 3 月 31 日，结转本月已售 A 产品的生产成本 110 000 元。

(27) 3 月 31 日，期末结转本月主营业务收入 200 000 元，营业外收入 2 000 元计入当期损益。

(28) 3 月 31 日，期末结转本月主营业务成本 110 000 元，营业税金及附加 2 000 元，管理费用 30 120 元，财务费用 3 200 元，营业费用 3 000 元，营业外支出 3 680 元计入当期损益。

（29）3月31日，计提本月应交所得税12 500元，并计入当期损益。

三、要求：

（1）根据上述资料编制通用记账凭证，附件张数可省略不填。凭证格式如下表7－16所示。

表7－16 记账凭证

年 月 日 第 号

摘要	会计科目		账页	借方金额	贷方金额
	总账科目	明细科目			
合计					

附件 张

会计主管 记账 出纳 复核 制证

（2）根据上述资料判断每笔经济业务应编制什么专用记账凭证？

第八章　会计账簿

经济业务发生后，会计人员采用借贷记账法，编制会计分录，在账户中进行登记。账页日积月累，往往为数很多，为避免账页散失和便于查对保管，有必要在建立账户的基础上设置账簿。设置会计账簿，并以会计凭证为依据将经济业务分门别类地在各有关账簿中进行登记后，便能为管理人员提供系统、分类、连续地反映企业经济活动全貌的信息。本章将介绍会计账簿设置的意义、会计账簿的种类、格式以及会计账簿的登记和更正方法。

通过本章的学习，应该掌握以下内容：

（1）账簿的概念和种类；

（2）序时账簿的登记；

（3）分类账簿的登记；

（4）登记账簿的规则；

（5）更正错账的方法。

第一节　会计账簿的概念和种类

一个会计主体往往拥有功能各异、结构有别的一整套会计账簿，形成一个会计账簿体系。

一、会计账簿的概念及作用

1. 会计账簿的概念

会计账簿是由有一定格式、相互联系的账页组成，依据会计凭证序时、分类地记录和反映会计主体各项经济业务的簿籍。它是编制财务报表的重要依据。账簿是由许多印制成一定格式的账页组成的，一旦将会计科目填入某个账页后，该账页就成为记录该会计科目所规定的核算内容的账户。因此，账簿是账户的外表形式，而账户记录则是账簿的内容。标准的会计账簿有3个构成要素：①封面，标明账簿的名称。②扉页，列明科目索引及会计账簿使用登记表。③账页。

2. 会计账簿的作用

通常所说的记账，就是根据审核无误的会计凭证，在账簿中按账户进行登记。登记会计账簿是会计核算的一种专门方法，与会计凭证的填制和审核工作紧密衔接。只有借助于会计凭证和会计账簿这两种工具，账户和复式记账法才能实现它们的作用。会计账簿的作用具体表现在以下几个方面：

（1）会计账簿能提供系统、完整的会计信息。会计账簿是系统、全面地归纳积累会计核算资料的基本形式。通过填制与审核会计凭证，虽然已能比较详细地记录和反映经济业务的发生和完成情况，但还是比较零星、分散的，且不能连续、系统、完整地反映和监督一定时期内各类及全部经济活动的情况，不能满足经营管理上的需要。通过设置和登记会计账簿，对会计凭证所反映的经济业务，既可以按照业务发生的先后顺序进行序时核算，又可按经济业务的性质进行分类核算，从而能如实地反映企业或其他经济组织在一定时期内的财务状况及其变动情况。

（2）会计账簿是会计分析和会计检查的重要依据。通过会计账簿记录，正确地计算成本、费用和利润，并将其与计划、预算进行对比，从而考核和分析各项计划、预算的完成情况，找出存在的问题，提出改进的措施，挖掘潜力，进而提高生产经营管理水平，最终达到提高经济效益的目的。

（3）会计账簿是定期编制财务报表的依据。会计账簿所提供的各种会计信息经过加工整理后，成为编制财务报表的依据。因此，会计报表能否及时编制、财务报告上各项指标是否真实正确，均与账簿的设置和记录的质量有密切的关系。

（4）会计账簿是重要的经济档案。会计账簿全面、连续、系统地归纳和累积会计核算资料，这对于研究分析经济活动的规律性、利弊得失和发展趋势都有着重要的作用。会计账簿是会计档案的主要资料，也是经济档案的重要组成部分。设置和登记会计账簿，有利于对这些重要的经济档案进行保管和查阅。

二、会计账簿的分类

为了具体地认识各种会计账簿的特点，以便更好地运用账簿，应对会计账簿从不同的角度进行分类。

1. 会计账簿按用途分类

会计账簿按用途不同，一般可分为序时账簿、分类账簿、备查账簿 3 种。

（1）序时账簿。序时账簿通常又称为日记账，是按照经济业务发生的时间先后顺序，逐日、逐笔连续记录经济业务的会计账簿。在实务中，序时账簿是以收到凭证的先后顺序进行登记的。在会计工作发展的早期阶段，强调每天发生的经济业务必须逐日登记，以便记录当天业务的金额，因而习惯上称序时账簿为日记账。日记账按其记录业务内容不同，又可分为普通日记账和特种日记账两种。

普通日记账也称通用日记账，是按照每日发生经济业务的先后顺序，以分录形式登记账簿，用于记录当日发生的全部经济业务的会计账簿。最初的日记账就是一种普通日记账。当时，一个企业或单位往往只设一本会计账簿用于记录当日发生的全部经济业务，确定每笔业务的会计分录，作为过入分类账的依据，因此这种日记账也叫分录簿。

特种日记账，是专门用于序时登记某一类经济业务的日记账簿。针对普通日记账不便于会计人员分工的缺陷，有必要将企业的经济业务进行分类，设置若干本日记账簿分别记录各类经济业务。因此，目前使用较多的是特种日记账，常设的特种日记账有库存现金日记账、银行存款日记账、购销日记账等。

（2）分类账簿。分类账簿是对全部经济业务按其性质进行分类登记的账簿。分类账簿的登记是以会计科目为经、以时间顺序为纬而进行的。分类账簿又可分为总分类账簿和明细分类账簿。总分类账簿简称总账，是按照一级会计科目（总分类科目）设置，一般只进行总括核算，对所属明细账起统驭作用。明细分类账簿简称明细账，它按照明细分类科目设置，提供明细核算资料，是对总账的补充和说明。明细分类账簿依附于某一总分类账，不能脱离总账而独立存在。

（3）备查账簿。备查账簿是对某些在序时账簿和分类账簿中未能记载或记载不全的经济业务进行补充登记的辅助会计账簿。如租入固定资产备查簿、委托加工材料备查簿、发出商品备查簿等，它们分别记录备查业务，以供必要时查考。因登记的内容不同，备查账簿的格式也千差万别。

2. 会计账簿按外表形式分类

会计账簿按其外表形式可分为订本式账簿、活页式账簿和卡片式账簿3种。

（1）订本式账簿。订本式账簿是指在会计账簿启用前，将许多账页装订成册的会计账簿。这种会计账簿的优点主要在于账页固定，能够避免账页散失和防止抽换账页。由于订本账具有可靠的安全性，适用于带有统驭和控制作用的总分类账，以及登记货币资金收付的日记账。这种账簿由于账页固定，同一时间只能由一人记账，不便于分工记账，也不宜于机器登记，且必须预留空白账页，留页多少不易掌握。

（2）活页式账簿。活页式账簿是指账页不固定，把零散的账页放置在活页账夹内，可以根据实际需要随时增减页数的会计账簿。这种账簿可以同时由多人分工记账，也可使用机器记账，其伸缩性和灵活性大，因此，大部分企业账簿都是采用活页账的形式。为避免账页散失或被抽换，空白账页在使用时需连续编号，并装置在账夹中，由有关人员盖章；使用完毕，不再登记时，将其装订成册，以便保管。

（3）卡片式账簿。卡片式账簿是指以印有一定记账格式的卡片登记各项经济业务的会计账簿。卡片不固定，存放在特制的卡片箱中，由记账人员保管，数量可根据经济业务增减，可以随时取放。为避免散失，使用完毕，不再登记时，要将卡片穿孔固定保管。最常见的卡片账是“固定资产明细账”，企业为每一件固定资产设置一张卡片，详细登记该项固定资产的原值、预计使用年限、预计净残值、折旧计提情况及修理记录等资料。

3. 会计账簿按账页格式分类

会计账簿按账页格式，一般分为三栏式、数量金额式和多栏式 3 种。

（1）三栏式。三栏式的账簿是账页中反映金额的栏目有 3 个，分别是“借方”、“贷方”和“余额”3 个栏目，也称“借贷余三栏式”账簿。三栏式账页是最常见的账页格式。往往在“余额”栏目之前增加一个“借或贷”栏目，表示该账户余额的方向：如果是借方余额则填“借”；如果是贷方余额则填“贷”；如果余额为零，则填“平”，表示该账户结平了，没有余额。三栏式账簿主要适用于总账、现金和银行存款日记账以及只需要进行金额核算的“应收账款”、“应付账款”等明细账。其格式如表 8－1 所示。

表 8－1　　总分类账

会计科目：实收资本　　第 45 页

2009 年		凭证号数		摘要	借方金额	贷方金额	借或贷	余额
月	日	字	号					
4	1			月初余额			贷	1 150 000
	5	银收	6	追加投资		150 000	贷	1 300 000
	30			本期发生额及余额	0	150 000	贷	1 300 000

（2）数量金额式。数量金额式账簿是在三栏式账页基础上所作的改进，将账页分为“收入”、“发出”和“结存”3 大栏，每一大栏又分别设置“数量”、“单价”和“金额”3 小栏。数量金额式账页的用途比较固定，专门用于同时提供实物数量和货币金额两方面信息的财产物资明细账，如“原材料”、

"库存商品"等科目的明细账。其格式如表 8-2 所示。

表 8-2　　原材料明细账　　第 3 页

材料名称：甲材料　　计量单位：件

2009 年		凭证	摘要	收入			发出			结存		
月	日			数量	单价	金额	数量	单价	金额	数量	单价	金额
4	1		期初结存							400	50	20 000
	5	2	生产领用				200	50	10 000	200	50	10 000
	10	9	购入材料	300	50	15 000				500	50	25 000
	20	25	生产领用				180	50	9 000	320	50	16 000
	30		本月合计	300		15 000	380		19 000	320	50	16 000

（3）多栏式。多栏式账簿是在三栏式的基础上，根据需要对账页进行的扩展和补充，即根据经济业务的特点和经营管理的需要确定账页栏目的数量，以便在同一账页中既反映总括信息又提供详细资料。这种账页格式一般适用于现金或银行存款日记账、费用、成本和收入等明细账。比如，为了反映管理费用的构成，往往对费用按用途设置多栏式账页，以利于对管理费用开支进行控制和管理。其格式如表 8-3 所示。

表 8-3　　管理费用明细账

2009 年		凭证	摘要	借方发生额						贷方
月	日			工资	办公费	折旧费	差旅费	其他	合计	
4	2	（略）	报销差旅费				2 000		2 000	
	6		购买办公用品		500				500	
			……							
	30		期末结转							71 800
	30		本月合计	35 000	25 000	8 000	2 500	1 300	71 800	71 800

账簿的分类如图 8-1 所示。

- 账簿的分类
  - 按用途分
    - 序时账簿（日记账）
    - 分类账簿
      - 总分类账簿
      - 明细分类账簿
    - 备查账簿
  - 按外表形式分
    - 订本式账簿
    - 活页式账簿
    - 卡片式账簿
  - 按账页格式分
    - 三栏式
    - 数量金额式
    - 多栏式

图 8-1 账簿的分类

三、会计账簿设置的原则

每一个会计主体都应当根据本单位经济业务的特点和经营管理的需要，设置一套适合自己需要的会计账簿。设置账簿应当遵循下列原则：

（1）账簿的设置要能保证全面、系统地反映和监督各单位的经济活动情况，为经营管理提供系统、分类的核算资料。

（2）设置账簿要在满足实际需要的前提下，考虑人力和物力的节约，力求避免重复设账。

（3）账簿的格式要按照所记录的经济业务的内容和要求提供的核算指标进行设计，力求简便实用，避免烦琐重复。

第二节　序时账簿

序时账簿是根据业务发生的时间顺序逐日逐笔进行登记的日记账。在我国现有账簿体系中，序时账簿主要是指特种日记账，企业单位通常设置库存现金和银行存款两种日记账。

一、序时账簿的基本格式

序时账簿的基本格式一般采用“借方”、“贷方”、“余额”或“收入”、“支出”、“结余”三栏式。现金和银行存款收付业务较多的企业，也可以采用多栏式，按照现金和银行存款收付的每一对应科目设专栏进行序时、分类登记，能较为全面、清晰地反映现金和银行存款收付的来龙去脉。多栏式日记账中，凡设有专栏的科目，月末根据专栏合计数一次过入总分类账；未设专栏的其他科目，则逐日逐笔过入总分类账，这样，总分类账的过账工作就大大减少了。三栏式和多栏式日记账的格式如表 8－4、表 8－5 所示。

表 8－4　　　　**库存现金日记账（三栏式）**　　　　第 12 页

2009 年		凭证号数		摘要	对应账户	收入	支出	结余
月	日	字	号					
4	1			期初余额				360
	1	银付	1	提取现金	银行存款	1 000		
	1	现付	1	购买办公用品	管理费用		100	
	1	现付	2	暂借差旅费	其他应收款		500	760
	2	现收	1	报销返纳	其他应收款	20		780
				（略）				
	30			本月合计		115 260	114 870	750

表 8－5　　　　**库存现金日记账（多栏式）**　　　　第 10 页

2008年		凭证号数		摘要	收入			支出			结余
月	日	字	号		银行存款	其他应收款	合计	管理费用	其他应收款	合计	
4	1			期初余额							360
	1	银付	1	提取现金	1 000		1 000				
	1	现付	1	购买办公用品				100		100	
	1	现付	2	暂借差旅费					500	500	760
	2	现收	1	报销返纳		20	20				780
				（略）							
		30		本月合计	73 500	320	73 820	74 000	1 420	75 420	760

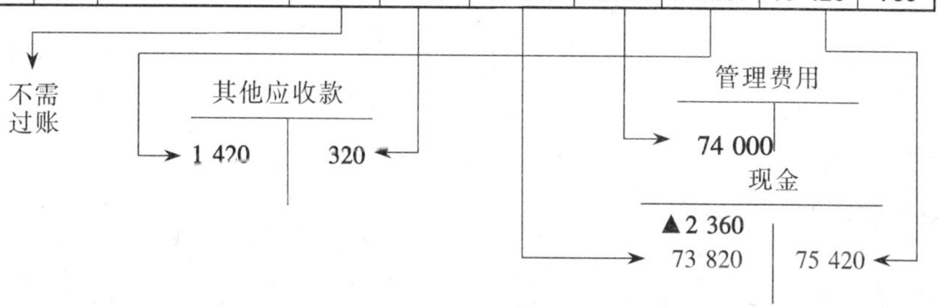

二、序时账簿的登记

企业的现金日记账和银行存款日记账通常由出纳员负责登记，会计员则负责登记现金和银行存款总分类账。具体而言，出纳员根据现金收款凭证、现金付款凭证和银行付款凭证（从银行提取现金的业务）逐日逐笔登记现金日记账，还要做到日清月结，即每日登记完毕后，应加计余额，以便及时与库存现金实有数进行核对。银行存款日记账的登记方法与现金日记账基本相同，只是记账依据有所不同，根据银行收、付款凭证和现金付款凭证（把现金存入银行的业务）登记银行存款日记账，同时定期与开户行送来的对账单进行核对。此外，对会计员来说，还要经常与出纳员核对账目，监督、检查出纳员登记的日记账。

需要特别指出的是，在根据多栏式日记账登记总账时，属于现金和银行存款相互转化的部分，已在各自日记账中进行登记，均无须过记总账，以免重复记账。如表 8－5 现金日记账中的“银行存款”专栏的 73 500 元，已在银行存款日记账中登记，“银行存款”总账直接根据银行存款日记账中的借贷方合计数登记，而无须再根据现金日记账中的专栏进行登记。

第三节　分类账簿和备查账簿

一、分类账簿

通过日记账，人们可以了解一定时期经济业务发生的全部情况。但日记账不能提供每类经济业务发生情况的资料，因此，还有必要设置分类账簿。分类账的主要作用就在于系统地归纳、综合同类经济业务发生情况的资料，为编制财务报表和加强管理提供有关资产、负债、所有者权益、费用成本以及损益等方面总括的和详细的资料。

1. 总分类账簿

总分类账簿亦称总账，是按照总分类科目（一级科目）设置账页，分类登记各项会计要素增减变化的会计账簿。由于它能提供全面、总括的会计信息，为编制财务报表提供资料，因而任何一个会计主体都要设置总账。一个企业只设一本总分类账簿，按照会计科目的编号顺序在总分类账簿中分设账户，一般采用“借方”、“贷方”和“余额”三栏式的订本式账簿。

总分类账由会计员负责登记。由于不同企业的规模大小和业务的繁简程度存在着很大的差别，因此其总账登记的具体程序和方法有所不同，主要取决于所采用的会计核算组织程序，具体内容参见本书第十一章“会计核算组织程序”。三栏式总分类账的具体格式如表 8－6 所示。

表 8－6 **总分类账**

会计科目：原材料 第 25 页

2009 年		凭证号数		摘要	借方	贷方	借或贷	余额
月	日	字	号					
4	1			月初余额			借	125 000
	3	转	4	甲材料验收入库	30 000		借	155 000
	16	转	20	乙材料验收入库	50 000		借	205 000
	30	转	45	本月发出材料		136 000	借	69 000
	30			本月合计	80 000	136 000	借	69 000

2. 明细分类账簿

明细分类账簿亦称明细账，是按照明细分类账户（二级或明细科目）分别登记某一类经济业务的会计账簿。明细账所提供的各类经济业务的详细情况，也是编制财务报表的依据。因此，各个会计主体应按照总账科目设置若干必要的明细分类账，作为总分类账的必要补充。

一个企业单位应设置哪些明细账，要根据企业实际情况而定。例如，企业应按银行和其他金融机构的名称和存款种类设置银行存款明细账；涉及外币现金收付的企业，应当按币种设置现金明细账；原材料账户应按材料的品种或名称开设明细账，等等。各种财产物资、应收应付款项、费用、成本和收入、利润等有关总账科目下都应设置明细账。

明细账的账页格式主要有三栏式、数量金额式和多栏式 3 种。根据不同性质的会计要素和不同的管理要求，明细账可采用不同的格式。如“应收账款”、“应付账款”等明细账，只要求对金额进行核算，一般采用三栏式账页；而“原材料”、“库存商品”等财产物资明细账，既要求反映金额，又要求反映数量，一般采用数量金额式账页；对于“材料采购”、“生产成本”、“管理费用”、“主营业务收入”等明细账，应能提供成本、费用或收入构成的信息，以便于为管理部门提供所需的分析资料，一般采用多栏式账页。至于设置哪些明细项目，应具体情况具体分析，根据经济业务的内容、管理要求和明细账的用途确定。多栏式费用、成本明细分类账一般在账户的一方设置专栏，如“生产成本”、“材料采购”等有关成本计算的明细账在借方按成本构成项目设置专栏，而“制造费用”、“管理费用”则在借方按预算项目设置专栏；收入类账户的明细账在贷方按收入的构成设置专栏；“本年利润”明细账可按利润的构成要素在账户的借贷双方设置专栏。有关明细账的账页格式如表8－7、表8－8所示。

表8－7 应付账款明细分类账

明细科目：华光公司　　第23页

2009年		凭证号数		摘要	借方	贷方	借或贷	余额
月	日	字	号					
4	1			月初余额			贷	24 500
	11	银付	9	偿还欠款	15 000		贷	9 500
	17	转	23	购料		11 000	贷	20 500
	26	银付	39	偿还欠款	20 500		平	0
	30			本月合计	35 500	11 000		

表8－8 生产成本明细分类账

明细科目：A产品　　第3页

2009年		凭证		摘要	直接材料	直接人工	制造费用	合计
月	日	类	号					
4	1			月初在产品成本	8 000	912	1 200	10 112
	30	转	45	领用材料	70 000			70 000
	30	转	48	工人工资		7 000		7 000
	30	转	49	工人福利费		980		980
	30	转	51	分配制造费用			16 000	16 000
	30			本月生产费用	70 000	7 980	16 000	93 980
	30			全部生产费用	78 000	8 892	17 200	104 092
	30	转	55	结转完工产品成本	71 500	8 252	16 200	95 952
	30			期末在产品成本	6 500	640	1 000	8 140

由于各会计主体会计核算的组织形式、业务量的多少、经营管理上的需要以及记录的经济业务内容不同，各种明细分类账的记录既可以由会计人员负责

登记，也可以由相关部门的业务人员负责登记，因此，明细账的记账依据既可以根据原始凭证、汇总原始凭证或记账凭证登记，也可以根据日记账的会计分录登记。登记时，可以逐笔、逐日登入或定期汇总再进行登记。

二、备查账簿

备查账簿也叫辅助账簿，是对某些未能在序时账簿和分类账簿中登记的事项进行补充登记的会计账簿。设置备查账簿是对序时账簿和分类账簿的补充，能够为加强经营管理提供必要的补充资料。备查账簿没有固定的格式，可以由各会计主体根据其经济管理的实际需要自行设计，根据有关业务内容进行登记。如对租入固定资产就需要设置备查账簿进行登记反映，其一般格式如表8－9所示。

表8－9　　租入固定资产登记簿　　第1页

固定资产名称	租约号数	出租单位	租入日期	每月租金	归还日期	备注
车床	2009－1	兴中公司	2009.1.1	2 000元	2009.7.1	

第四节　会计账簿登记规则

一、会计账簿启用的规则

会计账簿是储存会计信息资料的重要档案。为了保证账簿记录的严肃性和合法性，明确记账责任，保证资料完整，在账簿启用时，应当填列“账簿启用和经管人员一览表”，详细载明单位名称、账簿编号、账簿册数、账簿共计页数、启用日期、单位公章、经管人员姓名及签章等内容。记账人员调动工作或因故离职时，应办理交接手续，在交接记录栏内填写交接日期和交接人员姓名并盖章。这样做有利于加强企业岗位责任制，明确经济责任，维护会计账簿的严肃性。“账簿启用和经管人员一览表”格式如表8－10所示。

表8－10　　账簿启用和经管人员一览表

账簿名称：________	单位名称：________
账簿编号：________	账簿册数：________
账簿页数：________	启用日期：________
会计主管（签章）	记账人员（签章）

（续上表）

移交日期			移交人		接管日期			接管人		会计主管	
年	月	日	姓名	签章	年	月	日	姓名	签章	姓名	签章

二、会计账簿登记规则

登记会计账簿应遵循下列规定和要求：

（1）必须根据审核无误的会计凭证进行登记。

（2）记账必须用蓝黑墨水书写，不得使用铅笔或圆珠笔记账，以使账簿记录保持清晰、耐久，便于日后查考，防止涂改。除结账画线、改错、冲销账簿记录外，不得使用红色墨水。

（3）必须按编定的页码顺序逐页、逐行登记账簿，不得隔页或跳行。如果不慎发生此类情况时，不得随意涂改，应将空页、空行用红线对角划掉，并加盖“此页（行）空白”、“作废”等字样，由记账人员签章确认。

（4）每一笔账必须记明日期、凭证号数、摘要和金额等。记账后，要在记账凭证上签名或者盖章，并注明所记账簿的页数或打“√”，表示已经登记入账，避免重记或漏记。

（5）账簿记录的文字、数字，应清晰工整，字号不宜过大，一般占书写行的1/2，以便留有改错的空间。如发生差错，不得随意涂改账簿，应按规定的更正错账方法进行更正。要注意不得乱造简化字，不得使用异体字，也不得乱造代用符号，一些已约定俗成的代用符号如“¥”（人民币）、“#”（编号号数）等除外。

（6）每登满一账页，应在该页最末一行加计本页发生额及余额，并在“摘要”栏内注明“转次页”；同时，在下一页的首行记入上页加计的发生额及余额，并在“摘要”栏内注明“承前页”，以便于对账和结账。

（7）账簿登记到会计期末时，应正确地办理结账手续。结账分为月末和年末两种。如果是月末结账，在最后月末合计数栏上下各画一道红线，结计出当月借、贷方发生额和期末余额，并将期末余额转到下一会计期间，同时在“借或贷”栏目中填“借”或“贷”字，表示余额的方向；余额为“零”时，填“平”字，表示账结平了，没有余额。年末结账，则应画双红线，结平各账户，下年度重新启用新账簿时，将余额转到新账簿中去。

三、对账与结账

（一）对账

对账就是核对账目。会计核算要求账簿登记清晰、准确，但在实际工作中，可能由于各项财产物资在保管中出现自然损失（loss）和升溢（overflow）；可能由于保管不善发生贪污盗窃而致使账物不符；可能由于往来对方记录不准而出现往来款差异，等等，导致账目出现错漏。因此，在编制报表和结账之前很有必要进行财产清查，核对账目，即将会计账簿记录的有关数字与库存实物、货币资金、有价证券、往来款项等进行相互核对，保证账证相符、账账相符、账实相符。各单位的对账工作每年至少要进行1次，有些账可根据实际需要于每月、每季或每半年对账1次。

1. 账证核对

账证核对是通过对会计账簿记录与会计凭证进行核对，检查两者是否一致。具体做法是将原始凭证、记账凭证与日记账、分类账进行核对，以确保账证相符。如果发现不符时，应及时查明原因，并采用恰当的方法进行账项调整。

2. 账账核对

账账核对是指对各种账簿之间的有关数字进行核对，主要包括：

（1）日记账与分类账核对。核对的目的主要是检查过账是否有遗漏、过错账户、过错金额、过错方向等。

（2）总分类账与所属有关明细分类账核对。核对的方法主要是根据平行登记法的原理，根据明细账编制“本期发生额及余额明细表”与其总账进行核对。

（3）总分类账各账户记录核对。核对方法是通过编制试算平衡表，检验全部总账账户本月借方发生额合计数与贷方发生额合计数是否相符。

（4）本企业账与外单位账（银行和往来单位）核对。核对的主要方式是通过信函、电话、电报核对或者登门直接核对，一般应编制“银行存款余额调节表”或“往来款项对账单”，检验与往来单位的会计账簿记录是否一致以及不一致的原因。

3. 账实核对

账实核对是将企业会计账簿资料与企业各项财产物资的实有数进行核对，查明账物（款）是否相符以及不符的原因，并及时作出处理，进行必要的调账。账实核对工作的主要内容包括原材料、库存商品、在产品、现金和各项固定资产等。

（二）结账

结账是一项将账簿记录定期结算清楚的账务工作。在一定时期结束时（如月末、季末或年末），为了编制会计报表，需要进行结账。

结账是在将本期内所发生的经济业务全部登记入账的基础上，分别加计本期发生额和期末余额，并将其余额结清或结转下期的工作。为了正确反映一定时期内在账簿记录中已经记录的经济业务，总结有关经济业务活动和财务状况，各单位必须在会计期末进行结账，不能为赶编财务报表而提前结账，也不能将本期发生的经济业务拖延至下期入账，更不能先编制财务报表后再结账。结账工作主要包括以下内容：

1. 结清各种损益类账户，并据以计算确定本期利润

损益类账户包括收入类账户和费用类账户，这类账户的本期发生额，在会计期末全部要转入“本年利润”账户，以便据以计算本期的损益。损益类账户结转后期末均无余额，因此，这类账户又称为虚账户。其期末结账的程序为：

（1）将本期发生的经济业务全部登记入账，并保证其正确性。

（2）根据权责发生制的要求，调整有关账项，合理确定本期应计的收入和应计的费用。

（3）将损益类科目的余额转入“本年利润”科目，结平所有损益类科目。

【例1】华润公司2008年12月31日期末结账前有关损益类账户的资料如表8－11所示。

表8－11

账户名称	借方发生额	贷方发生额	账户名称	借方发生额	贷方发生额
主营业务成本	600 000		主营业务收入		1 000 000
管理费用	50 000		其他业务收入		130 000
财务费用	20 000		营业外收入		30 000
其他业务成本	80 000		销售费用	40 000	
所得税费用	77 500		营业税金及附加	50 000	
营业外支出	10 000				

根据上述资料编制有关结账分录：

①结清收入类账户：

借：主营业务收入　　1 000 000

　　其他业务收入　　130 000

　　营业外收入　　30 000

　贷：本年利润　　1 160 000

②结清费用类账户：

借：本年利润　　927 500

　贷：主营业务成本　　600 000

　　营业税金及附加　　50 000

　　其他业务成本　　80 000

　　销售费用　　40 000

　　管理费用　　50 000

　　财务费用　　20 000

　　营业外支出　　10 000

　　所得税费用　　77 500

根据上述分录登记到相关损益类账户后，这类账户期末无余额。

2. 结清各资产、负债和所有者权益类账户，分别结出本期发生额合计数和余额

期末加计出资产、负债和所有者权益类账户的本期发生额和期末余额，并将期末余额结转下期。在期末结账后，这类账户通常均有余额，所以又被称为实账户。各类账户结账的方法如下：

（1）对不需按月结计本期发生额的账户，如各项应收应付款明细账和各项财产物资明细账等，每次记账以后，都要随时结出余额，每月最后一笔余额即为月末余额。也就是说，月末余额就是本月最后一笔经济业务记录的同一行内余额。月末结账时，只需要在最后一笔经济业务记录之下通栏画单红线，不需要再结计一次余额。

（2）库存现金、银行存款日记账和需要按月结计发生额的收入、费用等明细账，每月结账时，要在最后一笔经济业务记录下面通栏画单红线，结出本月发生额和余额，在摘要栏内注明“本月合计”字样，在下面通栏画单红线。

（3）需要结计本年累计发生额的某些明细账户，每月结账时，应在“本月合计”行下结出自年初起至本月末止的累计发生额，登记在月份发生额下面，在摘要栏内注明“本年累计”字样，并在下面通栏画单红线。12月末的“本年累计”就是全年累计发生额，全年累计发生额下通栏画双红线。

（4）总账账户平时只需结出月末余额。年终结账时，为了总括反映全年各项资金运动情况的全貌，核对账目，要将所有总账账户结出全年发生额和年末余额，在摘要栏内注明“本年累计”字样，并在合计数下通栏画双红线。

年度终了结账时，有余额的账户，要将其余额结转下年，并在摘要栏注明

“结转下年”字样；在下一会计年度新建有关会计账户的第一行余额栏内填写上年结转的余额，并在摘要栏注明“上年结转”字样。即将有余额的账户的余额直接记入新账户余额栏内，不需要编制记账凭证，也不必将余额再记入本年账户的借方或贷方，使本年有余额的账户的余额变为零。因为既然年末是有余额的账户，其余额应当如实地在账户中加以反映，否则容易混淆有余额的账户和没有余额的账户之间的区别。总账的结账实例如表 8－12 所示。

表 8－12　　总分类账

账户名称：原材料

2009 年		凭证号数	摘要	借方	贷方	借或贷	余额
月	日						
1	1	（略）	上年结转			借	85 000
	8		购　进	50 000		借	135 000
	21		购　进	45 000		借	180 000
	31		领　用		110 000	借	70 000
1	31		本月发生额及余额	95 000	110 000	借	70 000
2	1		月初余额			借	70 000
12	31		本月合计	112 000	103 000	借	79 000
	31		本年累计	1 324 000	1 330 000	借	79 000
	31		结转下年				79 000

对于新的会计年度建账问题，一般来说，总账、日记账和多数明细账应每年更换一次。但有些财产物资明细账和债权债务明细账由于材料品种、规格和往来单位较多，更换新账，重抄一遍工作量较大，因此，可以跨年度使用，不必每年度更换一次。各种备查账簿也可以连续使用。

四、错账的查找与更正错账的方法

（一）错账查找的方法

在记账过程中，会发生各种各样的差错，产生错账，如重记、漏记、数字颠倒、数字错位、数字记错、科目记错、借贷方向记反等，从而影响会计信息的准确性，应及时找出差错，并予以更正。错账查找的方法主要有：

1. 差数法

差数法是指按照错账的差数查找错账的方法。例如，在记账过程中只登记了会计分录的借方或贷方，漏记了另一方，从而形成试算平衡表中借方发生额合计和贷方发生额合计不等。其表现形式是：借方金额遗漏，会使该金额在贷方超出；或贷方金额遗漏，使该金额在借方超出。对于这样的差错，可由会计人员通过回忆和与相关金额的记账核对来查找。

2. 尾数法

对于发生的角、分的差错可以只查找小数部分，以提高查错的效率。

3. 除 2 法

除 2 法是指以差数除以 2 来查找错账的方法。当某个借方金额错记入贷方（或相反）时，出现错账的差数表现为错误的 2 倍，将此差数用 2 去除，得出的商即是反向的金额。例如，应记入“应收账款——A 公司”科目借方的 5 000 元误记入贷方，则该明细科目的期末余额将小于其总账科目期末余额 10 000 元，被 2 除的商 5 000 元即为借贷方向反向的金额。同理，如果借方总额大于贷方 500 元，即应查找有无 250 元的贷方金额误记入借方。如非此类错误，则应另寻差错的原因。

4. 除 9 法

除 9 法是指以差数除以 9 来查找错数的方法。适用于以下 3 种情况：

一是将数字写小。如将 600 写为 60，错误数字小于正确数字 9 倍。查找的方法是：以差数除以 9 后得出的商即为写错的数字，商乘以 10 即为正确的数字。上例差数 540（即 600 - 60）除以 9，商 60 即为错数，扩大 10 倍后即可得出正确的数字 600。

二是将数字写大。如将 40 写成 400，错误数字大于正确数字 9 倍。查找的方法是：以差数除以 9 后得出的商为正确的数字，商乘以 10 后所得的积为错误的数字。上例差数 360（即 400 - 40）除以 9 后，所得的商 40 为正确数字，40 乘以 10 得出 400 为错误数字。

三是邻数颠倒。如将 56 写为 65，将 91 写为 19 等。颠倒的两个数字之差最小为 1，最大为 8（即 9 - 1）。查找的方法是：将差数除以 9，得出的商连续加 11，直到找出颠倒的数字为止。如将 37 记为 73，其差数为 36。查找此错误的方法是，将差数除以 9 得 4，连加 11 后可能的结果为 15、26、37、48、59、70、81、92。当发现账簿记录中出现上述数字（本例为 37）时，则有可能正是颠倒的数字。

（二）更正错账的方法

如果会计账簿记录发生错误，不允许用涂改、挖补、刮擦、药水消除字迹等手段更正错误，也不允许重抄，而应当根据情况，按照规定的方法进行更正。更正错账的方法通常有 3 种：画线更正法、红字更正法和补充登记法。一般应根据错误的性质和具体情况选用不同的方法更正。

1. 画线更正法

画线更正法，适用于在结账前发现记账凭证正确，纯粹属于登账过程中产生的差错导致的错账。如过账时记错记账方向、记账金额，结错余额，错写摘要，乃至过错账户等。

采用画线更正法更正这一错误，是在错误的文字或数字正中画一条红线，表示注销，然后再将正确的文字或数字用蓝黑字写在划销的文字或数字上面，并由经手人在更正处盖章，以明确责任。需要注意的是当数字发生错误时，必须将整笔数字全部划去，重新书写，不得只在划错误的数字进行局部更正。例如，将3 500.00元误记为5 300.00元，不能只更正其中的“35”，而应将5 300.00全部划去，再在上方写上正确的3 500.00，并在其旁盖章。

【例2】通过银行收回华光公司前欠的货款45 000元。原账务处理为：

借：银行存款　　45 000

　贷：应收账款　　45 000

记账员在登记账簿时，在“银行存款”方误记为“54 000”，采用画线更正法时应将已记入“银行存款”账簿中的错误数字画一红线，再在该数字上用蓝黑墨水填上正确的数字。其更正方法如表8－13所示。

表8－13

应收账款		银行存款	
	45 000	45 000 王宁 ~~54 000~~	

画线更正法仅适用于手工记账系统，采用电子计算机进行账务处理时不能采用这种方法。

2. 红字更正法

红字更正法，又称红字冲销法。适用于下列原因导致的错账：

（1）记账凭证中账户对应关系错误引起的错账。

在记账以后，发现记账凭证中应借、应贷的会计科目有错误时，应采用红字更正法更正。首先，填制一张与出错凭证基本相同的红字凭证，在“摘要”栏中注明更正错账的凭证号数、附件张数，并登记入账，从而在账上全部冲销所发生的错误；其次，用正常墨水填制一张正确的记账凭证，并据以登记入账。这样，期末结账时，账簿上所体现的本期发生额和余额就是企业实际发生的数额。

【例3】某生产车间领用材料价值1 200元。原账务处理为：

借：管理费用　　　　1 200

　贷：原材料　　　　1 200

企业在对账时发现该项错误，予以更正。

首先，应按原分录填制一张红字金额的记账凭证，并登记入账：

借：管理费用　　　　1 200[①]

　贷：原材料　　　　1 200

其次，用蓝字填制一张正确的记账凭证，并登记入账。

借：制造费用　　　　1 200

　贷：原材料　　　　1 200

以上两张记账凭证在有关总分类账中的更正记录如表8－14所示。

表8－14

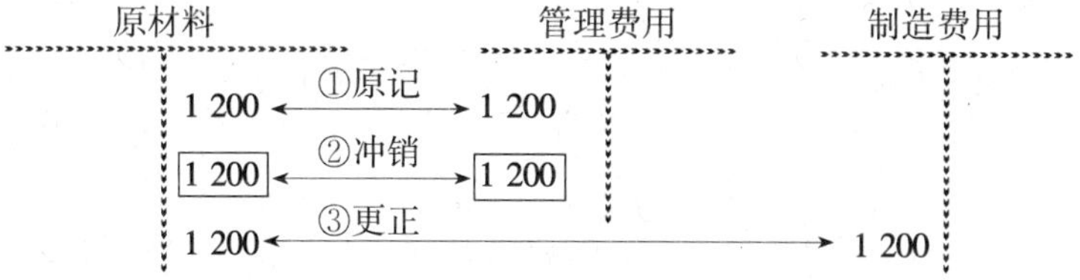

注意：运用红字更正法更正错误时，必须考虑科目间的对应关系，因而不能只在错误的科目之间更正。如更正上述错账时，只编制如下会计分录的记账凭证入账：

借：制造费用　　　　1 200

　贷：管理费用　　　　1 200

显然这种做法是错误的，因为这笔业务并没有引起“制造费用”账户和“管理费用”账户发生对应关系。这种处理虽然使账户的余额正确，但账户的本期发生额却不能反映实际情况，因此，不能对错账简单地编制与出错凭证对应关系相反的会计分录进行更正。

（2）记账凭证中账户对应关系正确，只是金额多记的错账。

记账以后，发现记账凭证中应借应贷的科目无误，但账上金额大于实际发生的金额（即金额多记）的错账。更正错误时，只需用红字按原对应关系编制

---

① □表示红字，下同

一张记账凭证，将多记金额填上，并据以入账即可。

【例4】通过银行归还前欠华维公司的购货款25 000元。原账务处理为：

借：应付账款　　52 000

　贷：银行存款　　52 000

发现错误时，用红字金额编制如下分录的记账凭证并登记入账：

借：应付账款　　27 000

　贷：银行存款　　27 000

以上两张记账凭证在有关总分类账中的更正记录如表8－15所示。

表8－15

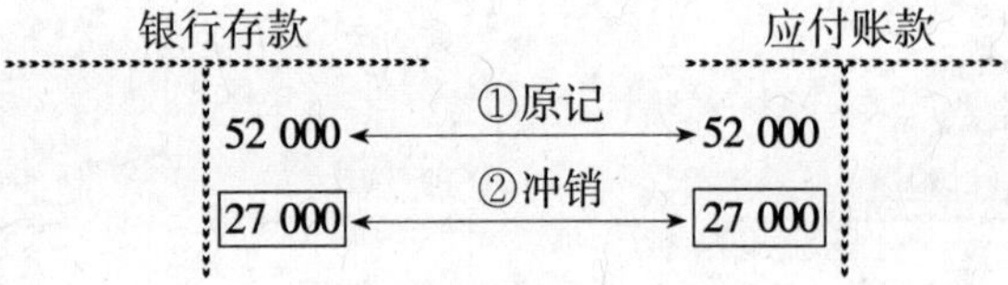

3. 补充登记法

补充登记法适用于记账凭证中账户对应关系正确，但实记金额小于应记金额（即少记金额）的错账。更正错账时，将少记的金额用蓝字补填一张记账凭证，并在“摘要”栏内注明“补记×月×日××号凭证少记数”，据以补充入账。

【例5】承上例，编制记账凭证时，金额误写为2 500元，并已登记入账：

借：应付账款　　2 500

　贷：银行存款　　2 500

发现错误时，用蓝字编制少记金额的记账凭证并登记入账：

借：应付账款　　22 500

　贷：银行存款　　22 500

以上两张记账凭证在有关总分类账中的更正记录如表8－16所示。

表 8-16

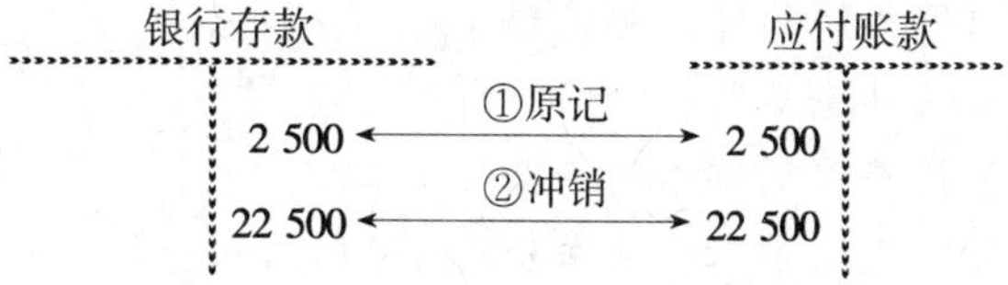

必须指出的是，这种错误同样也可以采用红字更正法予以更正，即先用红字金额填制一张会计科目、记账方向以及记入金额等内容与原错误凭证一致的记账凭证，据以入账，以冲销原错误记录；再按正常程序用蓝字编制一张正确的记账凭证，并据以入账。显然，这种做法不如直接采用补充登记法简单。因此，可以说，凡需采用补充登记法更正的错账，均能采用红字更正法，但是反过来则不一定成立。

综上所述，对于错账的更正方法，其逻辑判断思路见图 8-2 所示。

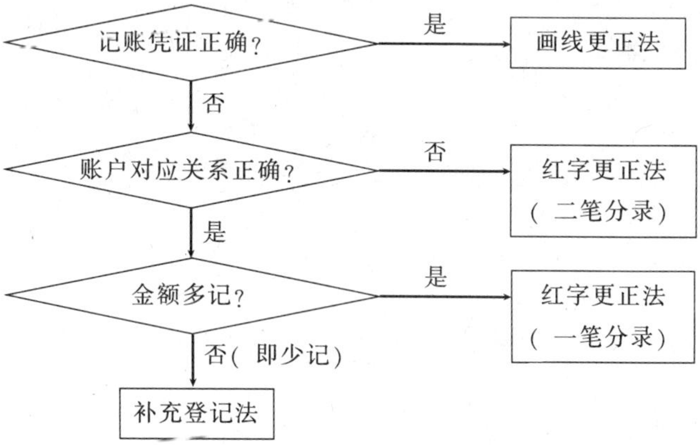

图 8-2 错账更正的逻辑判断思路

五、会计账簿保管的规则

会计账簿同会计凭证一样，都是重要的经济档案，应按规定妥善保管。年度中正在使用的会计账簿应由经管人员负责保管，保证其安全、完整。年度终了旧账结束新账建立后，更换下来的旧账应装订成册或封扎，并加贴封面，统一编号，归档交专人保管。根据国家的规定，各种会计账簿归档保管年限一般都在十年以上，重要会计账簿则要长期保管，不得丢失或任意销毁。会计账簿保管期满后，必须经上级同意方可按规定进行销毁。

复习思考题

1. 什么是会计账簿？为什么要设置并登记会计账簿？
2. 会计账簿有哪些分类？
3. 设置会计账簿应遵循哪些主要原则？
4. 简述日记账、总分类账和明细分类账的格式及登记方法。
5. 简述会计账簿登记的规则。
6. 什么是对账？对账工作包括哪些内容？
7. 更正错账的方法有哪几种？其适用范围分别是什么？

主要名词

会计账簿　序时账簿　分类账簿　备查账簿　三栏式账簿　多栏式账簿　数量金额式账簿　对账　结账　画线更正法　红字更正法　补充登记法

习题一

一、目的：练习记账错误的更正方法。

二、资料：新华企业2008年6月份结账之前发现如下错误：

（1）生产A产品领用材料8 250元，原账务处理如下：

借：生产成本　　8 250
　贷：原材料　　8 250

但“生产成本”总账有关此笔记录是借记2 850。

（2）通过银行收到兴龙公司前欠货款5 000元，原账务处理为：

借：银行存款　　50 000
　贷：应付账款　　50 000

并已按此登记入账。

（3）生产车间因维修设备而领用材料3 000元，原账务处理为：

借：制造费川　　300
　贷：原材料　　300

并已按此登记入账。

（4）本月以现金支票购买办公用品1 200元，管理部门直接领用。原账务处理为：

借：管理费用　　1 200
　贷：现金　　1 200

并已按此登记入账。

三、要求：指出正确的更正方法并说明如何更正。

习题二

一、资料：

（1）假设华光公司2009年3月份部分账户的期初余额如下表8－17所示。

表8－17

单位：元

账户	借方余额	账户	贷方余额
库存现金	15 000	短期借款	120 000
银行存款	150 000	预提费用	6 000
原材料	80 000	应付职工薪酬	25 400
待摊费用	12 000	实收资本	495 600
库存商品	80 000	本年利润	80 000
固定资产	500 000	利润分配	50 000
		累计折旧	60 000
合计	837 000	合计	837 000

（2）第七章习题资料。

二、要求：

（1）根据上述资料，登记三栏式“库存现金”、“银行存款”日记账。

（2）根据上述资料，登记“原材料”、“预提费用”总账。

第九章　财产清查

会计核算的任务之一，是反映和监督财产物资的保管和使用情况，保护企业财产物资的安全、完整，提高企业各项财产物资的利用效果。本章重点介绍财产清查的概念、作用、种类、方法，对财产清查的要求和财产清查结果的处理也作了较详细的叙述。

通过本章的学习，应该掌握以下内容：

（1）财产清查的概念和意义；

（2）财产清查的种类；

（3）财产清查的内容与方法；

（4）财产清查后的会计处理。

第一节　财产清查概述

一个企业财产物资的种类繁多，价值巨大，如果不经常进行清查与核对，可能会发生资产流失现象，造成账物（款）不符、账证不符、账账不符以及账表不符的结果，并且会影响企业产品生产成本和产品销售成本的计算，从而影响企业利润的确定。因此，企业要加强各项财产物资的管理，经常组织财产清查，保证企业财产物资的安全完整。

一、财产清查的概念及作用

1. 财产清查的概念

财产清查也叫财产检查（property check），是指通过对货币资金、存货、固定资产、对外各种投资、各种债权和票据等的盘点或核对，查明实有数与账存数是否相符，并查明账物（款）不符的原因的一种会计核算专门方法。

为了保证账簿记录的正确，应加强会计凭证的日常审核，定期地核对账簿记录，做到账证相符、账账相符。但是，只有账簿记录正确还不能说明账簿所作的记录真实可靠，因为有很多主、客观原因会使各项财产物资的账面数额与实际结存数额发生差异，造成账物（款）不符。

一般来说，造成账物（款）不符有以下几种原因：

（1）在财产物资收发时，由于度量器具的误差会产生差异，这种误差往往客观存在。例如，按100千克购入的整箱圆钉，按消耗定额发出时，以克为计量单位，最后可能账物（款）不符。

（2）工作人员在登记账簿时发生漏记或重记、错记或计算上的错误，造成账物（款）不符。

（3）财产物资保管过程中的自然损耗，如农副产品，造成账物（款）不符。

（4）结算过程中有未达账项，造成账物（款）不符。

（5）由于管理不善或工作人员的失职而发生财产物资的破损、变质、短缺，造成账物（款）不符。

（6）由于不法分子贪污、盗窃、营私舞弊，使财产物资发生损失、变质、短缺，造成账物（款）不符。

2. 财产清查的作用

财产清查，对于保护财产物资、充分挖掘物资潜力、加速资金周转、加强企业管理、维护财经纪律、保证会计指标的真实可靠，具有十分重要的意义。它是会计核算方法体系中的专门方法之一，是一项极其重要的工作。财产清查的作用主要表现在以下几个方面：

（1）通过财产清查，发现企业账物不符的原因。财产清查可以确定各项财产的实存数，将实存数与账存数进行对比，可以了解各项财产物资的实有数与账面数存在的差额，便于企业查明其产生差异的原因，提出改进企业财产管理的措施，加强企业各项财产物资的管理。通过财产清查，发现差异，及时调整账簿记录，做到账实相符，以保证会计账簿提供的数据资料真实、准确，为经济管理提供可靠的信息。

（2）通过财产清查，挖掘财产物资的潜力，加速资金周转。在财产清查过程中，可以查明各项财产盘盈、盘亏的原因和责任，从而找出财产管理中存在的问题，同时查明财产物资的储备情况（有无积压呆滞、不配套或储备过多），以便积极处理，调剂解决。这样，可以促进各单位加强对财产物资的管理，使之合理储备，充分挖掘财产物资潜力，盘活企业资产，提高使用效能，加速资金周转，提高企业总体经济效益。

（3）通过财产清查，便于企业正确确定利润。企业利润的确定依赖于正确地计算企业的销售产品成本，而本期销售产品成本的计算是否正确又取决于企业的期末结存的产品成本和本期生产完工产品的成本。从以下公式中可以看出：

本期销售产品成本＝期初结存产品成本＋本期完工产品成本－期末结存产品成本

由于期初结存产品的成本是通过上期财产清查后确定的，本期只有通过财产清查才能正确地确定本期期末结存产品成本，从而正确地确定本期销售产品成本。如果企业本期期末没有进行财产清查，没有正确确定期末结存产品的成本，就不可能正确地确定本期销售产品成本，也就不能正确地确定本期利润。同时，计算本期完工产品成本，也需要对原材料的期末结存情况进行清查，才能正确地确定本期耗用的原材料。因此，企业财产清查对企业利润的确定有直接的影响。

（4）通过财产清查，加强应收账款的管理，减少坏账损失。在财产清查过程中，通过检查核对往来账项，查明各项债权债务的结算是否遵守财经纪律和结算制度，促使各单位自觉遵守财经纪律。企业应收账款占用企业较大的资金，若不及时收取，被别人长期占用，一方面会造成企业资金周转延缓，资金利用效率降低；另一方面，可能造成企业资金无法收回，产生损失。经常对企业应收账款进行清查，加强对应收账款的管理，及时收回各种应收账款，可以减少坏账损失的发生。

二、财产清查的种类

财产清查按不同的标准有多种分类，主要有按清查对象和范围分类、按清查的时间分类、按清查的执行单位分类。

1. 按财产清查对象和范围分类

按财产清查对象和范围分类，可分为全面清查和局部清查：

（1）全面清查。它是指对企业的全部财产进行清查。全面清查的对象一般包括：现金、银行存款；存货、固定资产和其他物资；各种应收账款；委托其他单位加工保管的材料、商品和物资以及受托加工材料物资；在途的材料、商品和物资等。由于全面清查内容多、范围广，因而一般在下列情况下才需进行全面清查：①年终决算之前，要进行一次全面清查；②单位撤销、合并或改变隶属关系时，为了明确经济责任，需进行全面清查；③在进行清产核资时，要进行全面清查，以摸清家底，准确地核定资金，保证生产经营活动的正常资金需要。

（2）局部清查。它是指根据需要，对企业的部分财产进行盘点、核对。由于全面清查的范围广，清查工作量大，清查一次所用的时间比较长，因而，根据需要可只对企业的一部分财产进行清查——对局部财产进行清查。局部清查主要包括：①对于流动性较大的存货，如材料、在产品、产成品、库存商品等，年内应轮流进行盘点或重点抽查；②对于各种贵重物资，每月都应清查盘点1

次；③对于现金，应由出纳人员在每日业务终了清点核对；④对于银行存款，应以银行发给企业的银行存款对账单为依据，每周、每旬或每月都要就银行对账单进行核对；⑤对于各种债权、债务，每年至少要同对方核对1至2次。

2. 按财产清查的时间分类

按财产清查的时间分类，可分为定期清查和临时清查：

（1）定期清查。它是按预先规定的时间进行的清查。如在年末按规定进行的清查，可以在编制会计报表前发现账实不符的情况，据以调整有关账簿记录，使账实相符，从而保证会计报表资料的真实性，以便编制年度会计报表。

（2）临时清查。它是指事前不规定清查日期，根据实际需要而进行的财产清查。临时清查主要是在下列几种情况下进行的：①更换财产、现金保管人员时，要对有关人员所保管的财产、现金进行清查，以分清经济责任。②发生自然灾害和意外损失时，要对受损财产进行清查，以查明损失情况，如企业遭受水灾、台风等自然灾害后，必须进行临时清查。③上级主管、财政、税务、银行、审计等部门，对本单位进行会计检查时，应按检查的范围和要求进行清查，以验证会计资料的可靠性。④进行临时性清产核资时，要对本单位的财产进行清查，以摸清家底。

3. 按财产清查的执行单位分类

按财产清查的执行单位分类，可分为内部清查和外部清查：

（1）内部清查。它是由企业内部职工组织清查工作小组来担任财产清查工作的，大多数财产清查都是内部清查。

（2）外部清查。它是由上级主管部门、审计机关、司法部门、注册会计师等根据国家的有关规定或情况的需要对企业所进行的财产清查。外部清查必须有内部清查工作人员参加。如新中国成立以来进行的多次清产核资以及企业的资产评估，有些就属于外部清查。

三、财产清查工作的组织

财产清查是加强财务管理、发挥会计监督职能的一项重要工作，极为复杂、极为细致。因此，在进行财产清查以前要做好各项准备工作，包括组织准备和业务准备。

1. 组织准备

无论是内部清查还是外部清查，都应抽调专职人员组成清查小组，执行财产清查的任务。清查小组在清查工作开始前必须经过短期的学习、培训，明确本次清查的目的，掌握财产清查的方法、技术。清查完毕，要如实提交清查报告。

2. 业务准备

为了使财产清查工作能迅速、顺利地进行，清查之前必须做好以下几点：

（1）清查之前必须将所有经济业务全部入账并试算平衡，认真核对总账与其所属明细账的余额，以保证账簿记录的正确性，否则，势必账实不符。

（2）仓库管理人员必须在月结之前将各种实物进行整理，按其分类整齐排列，并挂上标签，标明材料物资的品种、规格、型号及结存数量，以便进行清查时与账簿记录核对。

（3）清查前必须按国家标准计量校正各种度量衡器，减少误差。

（4）准备好各种空白的清查盘存报告表（表9-1）。

表9-1 **盘存表**

单位名称： 盘点时间：

财产类别： 存放地点： 编号：

编号	名称	计量单位	数量	单价	金额	备注

盘点人：（签章） 保管人：（签章）

第二节 财产清查的基本方法

对不同的财产应采用不同的财产清查方法。对于实物形态的财产和各种票证财产应采用实地盘点，确定实存数额，检查其账物是否相符；对于往来款项应采用核对清查，检查账账是否相符。

一、货币资金的清查

货币资金包括库存现金、在开户银行和其他金融机构的各种存款。货币资金的清查往往是清查的重点，以防止经济案件的发生。

1. 现金清查

现金清查是通过实地盘点进行的。一般由主管会计或财务负责人、出纳人员共同清点各种面值钞票的张数和辅币的个数并填入盘存单。清点时要特别注意是否有短缺、是否有以借条或白条抵充现金的现象、是否超过库存限额。

现金清查可以是定期，亦可以是不定期进行。本着对企业财产负责、对出纳人员负责的原则，每月月末必须进行定期清查，平时应做一两次突击性的临时清查，千万不可碍于情面而长期不清查核对，任出纳人员自理，留下隐患。经常对现金进行清查，可以减少企业出纳及其他人员挪用、贪污公款现象的发生。在处理日常业务时，若发现收支有问题，应立即进行临时清查，以便及时追回损失的现金。

现金清查完毕，要及时填写“库存现金盘点报告表”，其格式如表 9－2 所示。对现金的长款、短款的原因要认真调查，提出意见。

如果经过现金清查，“库存现金盘点报告表”中的实存金额与账存金额是一致的，则说明现金清查没有发现问题。如果“库存现金盘点报告表”中的实存金额与账存金额不一致，则说明现金清查发现了问题，企业应以“库存现金盘点报告表”作为原始凭证，据以调账。

表 9－2　　　　库存现金盘点报告表

年　月　日

单位：

实存金额	账存金额	对比结果		备注
		盈	亏	

盘点人：　　　　　　　　出纳员：

2. 银行存款清查

银行存款是企业存入开户银行或其他金融机构的各种存款。由于银行结算方式种类繁多，可以是银行汇票、商业汇票、银行本票、汇兑、现金支票、转账支票、委托收款、异地托收承付等，从事国际贸易的企业一般采用信用证结算方式，因此，企业要严格遵守银行结算办法的有关规定，月末必须对银行存款进行清查。银行存款的清查与实物、现金的清查方法不同，它是采取与开户银行核对账目的方法进行的。将单位登记的“银行存款日记账”与银行送来的对账单逐笔核对增减额和同一日期的余额。通过核对，往往会发现双方账目不一致。其主要原因：一是正常的“未达账项”，即一方已经入账，另一方由于凭证传递时间影响没有入账的账项；二是双方账目可能发生的不正常的错账、漏账。

在同银行核对账目前，先检查本单位“银行存款日记账”，力求正确与完整，然后与银行送来的对账单逐笔核对。如果发现错账、漏账，应及时查明原因，予以更正。对于未达账项，则应于查明后编制“银行存款余额调节表”，以检查双方的账目是否相符。为减少未达账项，在月底应将开户行的各种传票及时取回，并入账。

银行存款清查程序如下：

（1）将银行存款日记账与开户银行对账单逐日逐笔核对，包括日期、银行结算凭证种类、号码、金额，凡双方都有记录的用铅笔作“√”记号于金额边。

（2）将银行存款日记账中未打“√”记号的记入“银行存款余额调节表”（见表9-3）的“企业已收、银行未收”和“企业已付、银行未付”栏目；将开户银行对账单中未打“√”记号的分别填入“银行存款余额调节表”的“银行已收、企业未收”和“银行已付、企业未付”栏目中。

（3）核对时，要特别关注上月末“银行存款余额调节表”中的未达账项是否在本月的对账单中列入，以决定此笔款的下落，防止差错、贪污、挪用情况的发生。

（4）分别计算出“银行存款余额调节表”中调整后银行对账单余额以及调整后企业账面余额。两者相等，说明银行存款日记账正确。

（5）将填制完毕的“银行存款余额调节表”，经主管会计签章之后，呈报开户银行，清查完毕。

凡有外币银行存款日记账的企业，应按币种分别编制“银行存款余额调节表”。

【例1】假设某企业2009年5月31日银行存款日记账的月末余额为50 000元，银行对账单余额为61 000元，经逐笔核对，发现有下列未达账项：

（1）将转账支票3 000元送存银行，企业已记存款增加，银行尚未记账。

（2）企业开出现金支票6 000元，企业已记存款减少，银行尚未记账。

（3）企业委托银行托收的货款10 000元已经收到，银行已记存款增加，企业尚未记账。

（4）银行代企业支付的电费2 000元，银行已记存款减少，企业尚未记账。

根据上述“未达款项”，编制银行存款余额调节表如表9-3所示。

表 9－3　　某企业银行存款期末余额调节表

银行账号：＿＿＿＿＿＿　　2009 年 5 月 31 日　　币种：人民币

开户银行对账单期末余额	金额								企业银行存款期末账面余额	金额							
调节内容	十	万	千	百	十	元	角	分	调节内容	十	万	千	百	十	元	角	分
银行对账单的存款余额		6	1	0	0	0	0	0	企业银行存款的账面余额		5	0	0	0	0	0	0
加：企业已收、银行未收			3	0	0	0	0	0	加：银行已收、企业未收		1	0	0	0	0	0	0
减：企业已付、银行未付			6	0	0	0	0	0	减：银行已付、企业未付			2	0	0	0	0	0
调整后银行对账单余额		5	8	0	0	0	0	0	调整后企业账面余额		5	8	0	0	0	0	0

会计：　　　　出纳：

需要说明的是，银行存款余额调节表类似于数学计算的草稿纸。不管是否调节平衡，均不是企业的原始凭证。如果银行存款调节表调节后是平衡的，说明企业“银行存款日记账”的记录与银行对账单一致，不存在问题；如果银行存款调节表调节后不平衡，说明企业“银行存款日记账”的记录与银行对账单不一致，仅仅说明存在问题，不能作为调整账簿记录的依据，也不该调账。此时，企业应进一步查明“银行存款日记账”记录与银行对账单不一致的原因。

二、存货的清查

1. 财产物资账面盘存的方法

财产清查的重要环节是盘点财产物资的实存数量。为使盘点工作顺利进行，应建立一定的盘存制度。一般来说，财产物资的盘存制度有永续盘存制和实地盘存制两种。

（1）永续盘存制。永续盘存制（perpetual inventory）是指对企业各项财产物资（材料和产成品）的入库和发出，都必须根据原始凭证，在有关的账簿中逐笔地进行连续登记，并随时结出账面余额。因此，这种方法也叫账面盘存制。

期末存货账面余额＝期初存货账面余额＋本期存货增加数额－本期存货减少数额

永续盘存制的优点是核算手续严密，能及时反映各项财产物资的收、发、结存情况。在永续盘存制下，需定期进行实物盘点，以查明各项财产物资的账面数与实存数是否相等，有利于加强企业对各项财产物资的管理。特别是在永续盘存制下，确定发出存货（材料、产成品）成本既方便又准确，是适合财产物资管理的一种会计处理方法。但对于大宗物资，用量过大而不便于计量，如燃料、建筑行业的材料（砖、石灰、水泥）等，不宜用此法处理。

在永续盘存制下，由于企业期末存货的账面记录是根据以上公式计算确定的，可能与存货的实际库存实物不一致，因此需要进行财产清查，确定账存数与实存数是否一致。

（2）实地盘存制。实地盘存制（periodic inventory）是指对企业各项财产物资的账面记录，平时只登记收入数，不登记发出数，月末结账时，根据实地盘点各项财产物资的实际结存数作为各项财产物资期末账面余额，倒轧推算出各项财产物资的发出数，并据以登记入账。

本期存货发出数额＝期初存货账面余额＋本期存货增加数额－期末盘点结存数额

实地盘存制的优点是核算简单。其缺点是：财产物资的收、发手续不严密；不能通过账簿记录随时反映和监督各项财产物资的收、发、结存情况；反映的数字不够准确；对财产物资管理不善造成的不合理的短缺、霉烂变质、超定额损耗、贪污盗窃的损失不能反映和控制，而全部都算入本期发出数中，不利于加强企业财产物资的管理。因此，除非特殊情况，一般不宜采用此种方法。但是，大部分商品零售企业和建筑行业大多采用实地盘存制确定发出存货的成本。

在实地盘存制下，由于期末存货账面金额是根据期末的实地盘点确定的，因此，不存在账物不符的现象，故不需要进行核对。

永续盘存制与实地盘存制并不是财产清查的制度，而是用于确定存货的期末账面余额，并计算存货发出数额的两种不同的方法。

永续盘存制以原始凭证为依据，对存货的增减变动，如实地反映在账面上；实地盘存制却只以存货收入的凭证为依据，在账面上反映，而期末余额是按实地盘存数确定的，本期发出数额是倒轧出来的。

存货是企业为销售或耗用而储存的各种资产，流动性较强。它随着企业生产经营活动而不断被购入，不断被消耗生产成产品，不断被销售。会计方法中对于重要的存货物资都要求采用永续盘存制度，通过总分类账、明细分类账及实物账实行内部控制。随着计算机技术在会计中的应用、推广，记账差错率已大为降低，但仍难免少数不法分子贪污盗窃，特别是寄存在外埠的原材料更容易出问题。为保证财务报表的正确性、可靠性，定期对存货进行清查是完全有必要的。

2. 存货清查的方法

存货的全部清查一般选择在年度终了，平时有特殊情况时，可以随时进行清查。存货清查方法主要有实地盘点法和技术推算法。

（1）实地盘点法是指在实物财产堆放现场进行逐一清点数量或用计算仪器确定实存数量的方法。这种方法准确可靠，运用范围广。

（2）技术推算法是通过量方计尺，按一定的标准对实物财产的实存数进行推算的一种方法。这种方法适用于大量成堆，难以逐一清查的财产物资。

为了明确经济责任，盘点时，有关财产物资的保管人员应该在场参加盘点工作，对各项财产物资的盘点结果，应逐一如实地登记在“盘存单”上。为了进一步查明实存数和账存数是否一致，还要根据盘存单中所记录的实存数额与有关账簿记录的账面结存余额相核对，填制“实存账存对比表”，以确定实物财产盘盈或盘亏的数额（表 9－4）。

表 9－4　　实存账存对比表

年　　月　　日

企业名称：

编号	类别及名称	计量单位	单价	实存		账存		对比结果				备注
								盘盈		盘亏		
				数量	金额	数量	金额	数量	金额	数量	金额	

如果“实存账存对比表”中的实存数与账存数一致，则说明存货清查没有发现问题；如果“实存账存对比表”中的实存数与账存数不一致，则说明存货清查发现了问题，企业应根据“实存账存对比表”进行调账。“实存账存对比表”是调整账面记录的原始凭证，也是分析盈亏原因、明确经济责任的重要依据。

三、固定资产的清查

固定资产的清查一般在每年年末进行。清查时按固定资产的分类成立清查小组，分别清查房屋、建筑物、机器设备、交通工具。清查时，由其中一人担任书写填表工作，其他人员清点固定资产实物，检查固定资产的编号、名称、型号、规格、制造厂家、出厂编号及日期，并向使用单位询问其技术状况：完好、不完好、停机待修、需用、不需用、报废等。

固定资产清查时还必须通过会计记录查清固定资产的原始价值、净值、已提折旧数额。如发现账簿记录不完整，仅有固定资产净值而没有原始价值时，应及时更正、补充。

租出固定资产由租出方负责清查。发现没有登记入账的固定资产，要将清查结果与租入方进行核对，然后登记入账。

对借出和未按规定手续批准转让出去的固定资产也要认真清查，及时收回或补办转让手续，防止固定资产被侵占和流失。清查固定资产应登记“固定资产清查报告表”，其格式如表 9－5 所示。

表 9－5　　固定资产清查报告表

车间名称：　　　　清查日期：　年　月　日　　　　第　页

序号	设备编号	设备名称	型号	规格	制造厂商	制造厂编号	制造年月	投入生产时间（年月）	账面价值技术状况						开动班次	使用单位核定使用意见			备注
									原值	已提折旧	净值	完好	不完好	停机待修		需用	不需用	报废	
(1)	(2)	(3)	(4)	(5)	(6)	(7)	(8)	(9)	(10)	(11)	(12)	(13)	(14)	(15)	(16)	(17)	(18)	(19)	

责任工程师：（签名）　　　车间主任：（签名）　　　清查人员：（签名）

如果“固定资产清查报告表”中的实存数与账存数一致，则说明固定资产清查没有发现问题；如果“固定资产清查报告表”中的实存数与账存数不一致，则说明固定资产清查发现了问题，企业应根据“固定资产清查报告表”进行调账。“固定资产清查报告表”是调整账面记录的原始凭证，同时也是分析盈亏原因、明确经济责任的重要依据。

四、应收债权的清查

应收债权的清查包括对应收账款、应收票据、各种其他应收款的清查，其重点是对应收销货款的清查。应收账款清查可以按账龄分析法进行清查，即将应收账款按所欠时间长短分别列示，然后与债务方进行核对。外单位所欠货款拖欠时间越长，形成坏账的可能性越大，为了维护本企业的经济利益、减少损失，应及时清查，追回货款。清查方法可以是派专人前往对方进行核对、催收，也可以通过信函查询，开出结算资金核对表（一式二联）与对方进行核对。核对内容包括原始记录发生的时间和原因、金额，第一次偿付的时间、金额及付款方式，第二次偿付的时间、金额及付款方式……余额是多少。对方收到结算资金核对表后应与其有关账目进行核对，并在回单上注明是否相符，如不符则应注明差异。

清查完毕后，再根据各个往来单位寄回的回单，编制“结算资金清查报告表”（表9－6）。

表9－6 **结算资金清查报告表**

清查日期： 年 月 日 制表日期： 年 月 日

总分类账户名称： 总分类账户结余金额： 第 页

明细账户名称	账面结存余额	清查结果		核对不符的原因和金额					备注
		核对相符金额	核对不符金额	有争执的账项	未达账项			合 计	

清查人员： 会计：

需要注意的是，“结算资金清查报告表”与“银行存款余额调节表”不是原始凭证。如果“结算资金清查报告表”发现有问题，企业不能根据“结算资金清查报告表”调账，只是说明应收账款核对发现了问题，企业应进一步查明不一致的原因，减少坏账损失。

第三节　财产清查结果的账务处理

通过财产清查后，发现问题的应根据清查结果及时调整账目，以保证账物相符，然后经有关部门和人员批准后进行账务处理。

一、财产清查结果的处理原则与程序

1. 财产清查结果的处理原则

财产清查的结果不外乎3种情况：一是账存数与实存数相等；二是账存数大于实存数，表示财产物资发生短缺，即盘亏；三是账存数小于实存数，表示财产物资发生盈余，即盘盈。

对于账存数与实存数相等的情况，说明所清查企业财产没有问题，不需作任何账务处理。

对于后两种情况，企业必须认真调查研究，分析原因，按规定程序及时处理。处理的原则如下：

（1）认真查明财产发生账物不符的原因和性质。无论是盘亏、盘盈或毁损，都说明企业在经营管理、财产物资的保管中存在着一定的问题。因此，一旦发现账存数与实存数不一致，应该核准数字，并进一步分析形成差异的原因，明确经济责任，提出相应的处理意见。

（2）积极处理超储积压物资，及时清理各种长期拖欠的应收账款。在清查中凡发现有积压的材料物资，要尽早处理，能用的尽量用，不需要用的可销售，以加速资金周转，提高资金的利用率；凡未使用、不需要用的固定资产，如生产设备，也应尽早外销或用于对外投资，提高其利用率，提高经济效益。对积压的产成品、半成品要积极寻找市场进行销售；对市场上无销路、滞销的产品，应找出原因后对产品的设计加以改进，以适应市场需要。完全没有市场的产品应通知生产部门停止生产。拖欠时间比较长的应收款项，应查明拖欠的原因，及时解决。如果对方确实出现了关、停、并、转的情况，应及时作坏账处理。

2. 财产清查结果的处理程序

财产清查结果的账务处理分两步：

第一步，根据已查明属实的财产盘盈、盈亏或毁损的数字编制的“实存账存对比表”填制记账凭证，据以登记有关账目，调整账簿记录，使各项财产物资的实存数与账存数保持一致。

第二步，查清原因、明确责任以后，再根据审批后的处理决定文件，填制记账凭证，分别记入有关的账户。

由此可见，会计上对各项财产物资差异的具体处理，是分批准前和批准后两步进行的。

二、财产清查结果的账务处理

1. 账户设置

为了反映和监督各单位财产盘盈、盘亏和毁损及其处理情况，应设置“待处理财产损溢”账户。各项待处理财产物资的盘盈的数额，在批准前记入该账户的贷方，批准后将结转数登记在该账户的借方；各项待处理财产物资的盘亏及毁损数，在批准前记入该账户借方，批准后将结转数登记在该账户的贷方。本账户如有贷方余额，表示尚待批准处理财产物资的盘盈数；如有借方余额，表示尚待批准处理财产物资的盘亏、毁损数。一般情况下，企业应尽快处理，不能长时间存在余额。待处理财产损溢账户结构如表 9－7 所示。

表 9－7　　待处理财产损溢

借方	贷方
发生的待处理财产物资的盘亏和毁损数 结转已批准处理的财产物资的盘盈数	发生的待处理财产物资的盘盈数 转销已批准处理的财产物资的盘亏数和毁损数
余额：尚待批准处理的各种财产物资的净损失	余额：尚待批准处理的各种财产物资的净溢余

为了分别反映固定资产和流动资产的盘亏、盘盈情况，应在本账户下分别设置“待处理财产损溢——待处理流动资产损溢”和“待处理财产损溢——待处理固定资产损溢”两个明细账户，进行明细分类核算。

以下分别介绍流动资产和固定资产清查结果的账务处理方法。

2. 流动资产盘盈、盘亏的账务处理

（1）流动资产盘盈的账务处理。

【例 2】某企业在财产清查时，发现甲材料盘盈 50 千克，单价 8 元/千克，价值 400 元。根据“存货实存账存对比表”盘盈的数额，调整“原材料”账户，以保持“原材料”的账实相符。

借：原材料——甲材料　　400

　贷：待处理财产损溢——待处理流动资产损溢　　400

【例3】承上例。经调查，上述材料盘盈是由于收发计量不准确的原因造成的。经有关部门批准，此盘盈材料的价值冲减管理费用。

借：待处理财产损溢——待处理流动资产损溢　　400

　贷：管理费用　　400

（2）流动资产盘亏的账务处理。流动资产发生盘亏、毁损时，也应查明原因，报经批准。在批准前，应调整账户记录，借记“待处理财产损溢——待处理流动资产损溢”账户，贷记有关账户；批准后，再根据批准意见，借记有关账户，贷记“待处理财产损溢——待处理流动资产损溢”账户。

【例4】某企业在财产清查中，发现乙材料盘亏1 000元。根据“存货实存账存对比表”盘亏的数额，调整“原材料”账户，以保持“原材料”账实相符。

借：待处理财产损溢——待处理流动资产损溢　　1 000

　贷：原材料——乙材料　　1 000

【例5】承上例。经调查，上述乙材料盘亏属于定额内的自然损耗。经有关部门批准，乙材料的盘亏金额，转作管理费用。

借：管理费用　　1 000

　贷：待处理财产损溢——待处理流动资产损溢　　1 000

【例6】某企业遭受自然灾害，损失甲材料35 000元，根据“存货实存账存对比表”调整“原材料”账户，保持“原材料”账户的账实相符。

借：待处理财产损溢——待处理流动资产损溢　　35 000

　贷：原材料——甲材料　　35 000

【例7】承上例。上述企业遭受自然灾害属保险责任范围，企业向保险公司索赔，保险公司核准同意赔付其80%，剩余部分经有关部门批准记入“营业外支出”。

借：其他应收款——保险公司　　28 000

　　营业外支出　　7 000

　贷：待处理财产损溢——待处理流动资产损溢　　35 000

3. 固定资产盘盈、盘亏的账务处理

（1）固定资产盘盈的账务处理。对于盘盈的固定资产，同样要查明原因报经有关部门批准，其账务处理也要分批准前和批准后两步。批准前，根据盘盈的数额，调整有关账户记录：按盘盈的固定资产原值，借记“固定资产”账户；按估计的折旧额（根据其新旧程度估计），贷记“累计折旧”账户；按两者差额，贷记“待处理财产损溢——待处理固定资产损溢”账户。批准后，再列作营业外收入，借记“待处理财产损溢——待处理固定资产损溢”账户，贷记“营业外收入”账户。

【例8】某企业在财产清查过程中，盘盈机器设备1台，估计原值80 000元，估计现值60 000元，报有关部门批准。

借：固定资产　　80 000
　贷：累计折旧　　60 000
　　　待处理财产损溢——待处理固定资产损溢　　20 000

【例9】承上例。批准后上述盘盈机器设备，作为营业外收入处理。

借：待处理财产损溢——待处理固定资产损溢　　20 000
　贷：营业外收入　　20 000

（2）固定资产盘亏的账务处理。盘亏的固定资产在批准前，按其原值和已提折旧的差额，借记“待处理财产损溢——待处理固定资产损溢”账户；按已提折旧额，借记“累计折旧”账户。按固定资产原值，贷记“固定资产”账户。批准后，再列作营业外支出，借记“营业外支出”账户，贷记“待处理财产损溢——待处理固定资产损溢”账户。

【例10】某企业在财产清查中发现盘亏设备1台，原值55 000元，已提折旧25 000元，报有关部门批准。

借：待处理财产损溢——待处理固定资产损溢　　30 000
　　累计折旧　　25 000
　贷：固定资产　　55 000

【例11】承上例。批准后，上述盘亏设备作为营业外支出处理。

借：营业外支出　　30 000
　贷：待处理财产损溢——待处理固定资产损溢　　30 000

复习思考题

1. 什么是未达账项？为什么会存在未达账项？

2. 银行与企业之间的未达账项有哪些？

3. 对现金清查时采用什么方法？应注意哪些问题？

4. 在企业破产或被兼并时，需对企业的部分财产进行重点清查，对吗？

5. 盘点后，对于发现的账外物资或盘盈物资等，不应立即登记在盘存单上，而应首先报上级批准，待处理方案批准后，再在盘存单上进行登记。这种说法正确吗？

主要名词

财产清查　永续盘存制　实地盘存制　未达账项　银行存款　银行对账单　银行存款余额调节表　库存现金　盘盈溢余　盘亏损失　账账核对　账实核对　账证核对　账表核对

习题一

一、目的：练习固定资产清查的会计处理。

二、资料：大众工厂2009年1月份对固定资产进行清查时发现：

(1) 盘亏机器1台，账面价值6 000元，已提折旧2 000元，经批准按营业外支出处理。

(2) 盘盈设备1台，估计重置价值8 000元，七成新，经批准作为营业外收入处理。

(3) 盘盈机器1台，重置价值14 000元，已提折旧2 000元，已上报待批。

三、要求：根据以上资料编制会计分录。

习题二

一、目的：练习库存现金清查的会计处理。

二、资料：大众工厂2009年2月份进行库存现金的清查，结果如下：

盘点库存现金，实存现金有650元，当日现金日记账结存数为820元。清查时，发现保险柜中尚有3张未入账的单据：

(1) 职工李同所开白条借据一张，金额80元。

(2) 以现金40元暂付职工王一差旅费。

(3) 职工王强报销办公用品费用30元。

经研究决定，盘亏的由出纳人员赔偿。

三、要求：根据以上经济业务编制必要的会计分录。

习题三

一、目的：综合练习财产清查结果的处理。

二、资料：大众工厂2008年12月份进行财产清查。

(1) 清查中发现账外机器1台（盘盈），估计重置价值为4 000元，新旧程度为六成新。

(2) 材料清查结果如表9－8所示。

表9－8

材料盘点盈亏报告表

2008年12月31日

材料名称	计量单位	单价（元）	实际盘存		账面结存		盘盈		盘亏		备注
			数量	金额	数量	金额	数量	金额	数量	金额	
甲	千克	0.6	1 000	600	1 100	660			100	60	定额内自然损耗
乙	吨	40	3	120	2	80	1	40			计量不准溢余
丙	只	6	245	1 470	250	1 500			5	30	管理不善丢失
合计	—	—	—		—		—	40	—	90	

此外，发现丁材料实存比账存多30千克，每千克10元，经查明是为伟达厂加工后剩余材料，伟达厂未及时提回。

（3）上述各项盘盈、盘亏报请有关部门批准后作如下处理：

①账外机器作为营业外收入；

②材料收发计量上的差错（不论盘盈、盘亏）和定额内自然损耗，均通过“管理费用”列支；

③管理人员失职造成的材料损失，责成过失人赔偿。

三、要求：

（1）根据上述清查结果，编制审批前的会计分录。

（2）根据批准处理后的意见，编制审批后的会计分录。

（3）登记“待处理财产损溢”账户。

习题四

一、目的：练习银行存款余额调节表的编制。

二、资料：大众厂2009年3月最后3天银行存款日记账与银行对账单的记录如下（假定以前的记录是相符的）：

（1）大众厂银行存款日记账的记录（见表9－9）；

（2）银行对账单的记录（见表9－10）；

（3）经核查，大众厂账面记录有两笔错误（会计分录没错，只是登记账簿的数字写错）：

① 3月29日，开出转账支票2416号支付报刊订阅费确系120元；错记为102元；

② 3月30日，开出转账支票2417号支付车间机器修理费应为89元，错记为98元。

三、要求：

（1）编制更正会计分录，更正以上两笔错账后，计算银行存款日记账的更正后余额。

(2) 查明未达账项后，编制银行存款余额调节表。

表 9－9

日期	摘要	金额（元）
3 月 29 日	开出转账支票 2416 号预付下半年报刊订阅费	102
29 日	收到委托银行代收山东泰利厂货款	10 000
30 日	开出转账支票 2417 号支付车间机修费	98
31 日	存入因销售产品收到的转账支票一张	6 300
31 日	开出转账支票 2418 号支付钢材货款	1 400
合计	月末余额	84 700

表 9－10

日期	摘要	金额（元）
3 月 29 日	代收山东泰利厂货款	10 000
30 日	代付电费	2 700
31 日	代收安徽某厂货款	3 500
31 日	支付 2416 号转账支票	120
31 日	支付 2417 号转账支票	89
合计	月末余额	80 591

第十章　财务会计报告

会计信息的使用者期望的不是以会计凭证和会计账簿形式所反映的具体信息，而是期望获得能集中、简明扼要地反映企业财务状况和经营成果的汇总资料。因此，会计人员应在汇总日常会计核算资料的基础上，定期编制财务会计报告，使之成为经“提炼”的、能清晰地反映企业财务状况和经营业绩的、对各会计信息使用者决策有用的会计信息。

通过本章的学习，应该掌握以下内容：

（1）财务会计报告的概念和作用；

（2）财务会计报告与会计报表的关系；

（3）财务会计报表的分类；

（4）财务会计报告的编制要求；

（5）资产负债表及其编制；

（6）利润表及其编制；

（7）现金流量表的概念、作用与结构。

第一节　财务会计报告的意义和种类

企业的外部利益关系人（投资者、债权人、政府管理部门等）了解企业的财务状况、经营成果和现金流量信息的主要渠道是企业编制和对外提供的财务会计报告。

一、财务会计报告的概念和作用

1. 财务会计报告的概念

企业的财务会计报告（financial statements）是企业会计核算的最终成果（会计循环的最后阶段），是企业对外提供财务会计信息的主要形式。可以说，企业的日常会计核算工作都是为了期末编制财务会计报告而积累资料所做的准备工作。财务会计报告是会计人员以日常核算资料为主要依据，总括反映会计主体某一特定时期的财务状况和某一会计期间的经营成果和现金流量情况的综合性报告文件。

编制财务会计报告是会计核算的一种专门方法，也是会计循环的最后环节。在企业日常的会计核算中，企业所发生的各项经济业务都已按照一定的会计程序，在有关会计账簿中进行全面、连续、分类汇总的记录和计算，企业的财务状况、经营成果、现金流量，在日常会计记录中已有所反映。但是，这些日常核算资料比较分散，不能集中、概括地反映企业的财务状况、经营成果和现金流量。为了向企业的管理者、投资者、债权人以及税收、证券等政府管理部门和其他有关方面提供必要的财务资料，就必须把日常核算资料定期加以归类、加工、汇总，编制成各种财务会计报告。

企业财务会计报告的使用者都是站在各自的立场，通过企业财务会计报告了解企业的财务信息，分析、评估企业的经营业绩和财务状况，以便作出各自的投资及经营决策。企业财务会计报告的使用者一般包括企业所有者、债权人、管理当局、政府部门及其他关心企业的潜在投资者。

社会上存在着许多潜在的投资者。这些潜在的投资者的投资目的不一定完全相同，但他们对未来投资对象的财务状况、经营情况等信息表现出浓厚的兴趣。为了对自己的投资风险和收益作出合理的判断，他们也要通过阅读企业财务会计报告了解其所需信息。

2. 财务会计报告的作用

财务会计报告本身并非财务会计的目的，而是借助于财务会计报告将财务信息提供给财务会计报告使用者，以便他们作出各自的决策。为此，先要明确财务会计报告的目标。财务会计报告的目标通过其作用而体现出来，概括而言，财务会计报告的具体作用包括以下几方面：

（1）财务会计报告能提供有助于投资者、债权人进行合理决策的信息。在市场经济条件下，企业资金来源主要是企业所有者的资本投资和债权人的贷款。对于投资者来说，主要关心企业经营业绩、盈利能力、投资风险和投资报酬率等情况，还要了解企业利润分配政策、未来发展前景，希望未来有比较稳定的红利分配；对于债权人来说，主要关心企业财务状况、负债比率、偿债能力、还债信誉等情况，希望未来能安全和及时地收回其贷款的本金及应收利息。显然，企业财务会计报告能够为投资者、债权人提供他们所需要的相关信息。

（2）财务会计报告能提供管理当局受托经管责任的履行情况的信息。企业所有者（投资者）与企业经营者是一种经济委托关系。企业所有者委托经营者经营其资源，他们为了维护自己的经济利益，需要经常了解和评价企业经营者的经营业绩及其对受托资源的经济责任的履行情况。而经营者理应定期向投资者呈报自己对受托责任的履行情况。企业财务会计报告就是反映经营者经营业绩的主要依据。损益表能充分、完整地揭示和反映经营者在一定期间的经营责任履行情况；资产负债表能提供经营者对企业资源的利用情况及资本增值情况。

（3）财务会计报告能为财务会计报告的使用者提供评价和预测企业未来的现金流量信息。企业财务会计报告的使用者对企业信息的需求，目的是为了帮助他们制定未来的经营决策，因而需要预测企业未来的经营活动。其中主要内容是财务预测，即预测有关企业的预期现金流入量、流出量及其净增减额，也就是预测企业在未来一定期间内能否产生足够的现金流入来偿付到期的债务和支付股利，是否有足够的现金流入进行扩大经营规模。企业在一定时期内所实现的净利润与所产生的现金净流量是不一致的。企业实现了净利润，并不能表明有相应的现金流入。没有现金流入，企业是不能支付所应分配的股利和所应偿还的到期债务的。因此，投资者、债权人在进行未来经营决策时，有赖于企业财务会计报告提供的现金流量信息。财务会计报告的现金流量表能提供用户评估和预测未来现金流量的信息。

（4）财务会计报告能为政府管理部门进行宏观调控和管理提供信息。在我国，国家宏观管理部门包括国有资产管理部门、财政部门、税务部门以及企业上级主管部门，上市公司还包括证券监管部门等。国有资产管理部门通过企业财务会计报告了解国有资产的保值、增值情况；财政部门通过企业财务会计报告了解国民经济发展趋势、产业结构及地区分布状况，以指导国家宏观经济的调控，便于财政部门制定其年度财政政策；税务部门通过企业财务会计报告检查企业是否按照税法规定及时、足额地上缴各种税款，促使企业依法经营，减少国家税收流失；企业主管部门通过对企业财务会计报告的汇总和分析，为国家制订宏观经济计划和进行宏观调控提供信息。

二、财务会计报告的内容

1. 财务会计报告的构成

企业财务会计报告由会计报表、会计报表附注组成。会计报表是企业财务报告的主要内容。企业编制的会计报表分为对内提供的报表和对外提供的报表。

企业对内提供的报表主要有各种成本、费用核算报表，如全部商品成本报表、可比产品成本报表、主要产品单位成本表、制造费用明细表、管理费用明细表、经营费用明细表等。企业对内提供的报表是企业根据内部管理的某种特定需要而编制的，其种类、格式、编制方法等均由企业自行确定。

企业对外提供的财务报告的内容、会计报表的种类和格式、会计报表附注的主要内容等，主要由《企业财务会计报告条例》、《企业会计准则——财务报告的列报》和国家证券管理部门规定。对外提供的财务会计报表必须按照财政部统一规定的种类和格式。

2. 会计报表

会计报表是财务报告的主要部分，它是以企业的会计凭证、会计账簿和其他会计资料为依据，按照规定的格式、内容和要求，定期编制并对外报送的，以货币作为主要计量单位总括地反映企业财务状况、经营成果和现金流量的书面报告文件。由于它主要是以表格的形式出现，因此称为会计报表。

表 10－1 为我国 2006 年 10 月 30 日颁布的《企业会计准则——应用指南》所要求编制的财务会计报表。

表 10－1　　财务会计报表的种类

编号	财务会计报表名称	编报期
会企 01 表	资产负债表	中期报告、年度报告
会企 02 表	利润表	中期报告、年度报告
会企 03 表	现金流量表	中期报告、年度报告
会企 04 表	所有者权益增减变动表	中期报告、年度报告
会企 02 表附表 2	分部报表（业务分部）	年度报告
会企 02 表附表 3	分部报表（地区分部）	年度报告

3. 会计报表附注

会计报表附注是为了便于会计报表使用者理解会计报表的内容而对会计报表的编制基础、编制依据、编制原则和方法及主要项目等所作的解释。会计报表附注至少应当包括的内容有：

（1）不符合会计核算基本前提的说明；

（2）重大会计政策和会计估计的说明；

（3）重大会计政策和会计估计变更的说明；

（4）或有事项和资产负债表日后事项；

（5）关联方关系及其交易的披露；

（6）重要资产转让及出售的说明；

（7）企业合并、分立的说明；

（8）会计报表中重要项目的明细资料；

（9）有助于理解和分析会计报表而需要说明的其他资料。

三、会计报表的分类

企业的主要会计报表按不同的标准可以作不同的分类。

1. 按报表的服务对象分类

企业会计报表按报表的服务对象，可分为对内报表和对外报表。

对内报表是指为适应企业内部管理需要而编制的不对外公开的报表，如成本报表等。对内报表一般无统一规定的格式，也没有统一的指标体系。

对外报表是指企业向外提供的，供企业投资者、债权人、政府部门、其他与企业有经济利益关系的单位和个人使用的报表。企业对外提供的报表一般需要经注册会计师签证后才能对外报送。企业对外报送的报表为财务会计报表，由有关法规规定其具体格式和报送时间。

企业对外报送的财务会计报表有资产负债表（balance sheet）、利润表（income statement）、现金流量表（statement of cash flow）和所有者权益增减变动表4个主要报表和相关的附表（表10－1所列均为企业需要对外报送的财务会计报表）。

2. 按编报时间分类

企业会计报表按编报的时间，可分为中期报表和年度报表。中期报表有月报、季报、半年报表。月报（monthly statement）、季报（seasonal statement）是企业月末、季末编制报送的财务会计报告，主要用来反映企业各月末、季末的财务状况及月度、季度经营成果情况。年报（annual statement）是企业在年末编制的财务会计报告，用来反映企业全年的经营成果、财务状况及现金流量情况。现金流量表为年度报表，即只在年末编制。根据《公司法》、《证券法》等有关法规的要求，可能需要企业对外报送半年期报表，即半年末编制的财务会计报表。资产负债表和利润表应按月、按季、按年编报；现金流量表只需按年编报。

3. 按反映资金的运动状态分类

企业会计报表按反映资金的运动状态，可分为静态报表和动态报表。静态报表（static statement）是反映资金运动处于相对静止状态时的会计报表，用来反映某一时点上企业资产、负债及所有者权益的分布情况。由于期末账户余额提供的是各项目的增减变动结果指标，即静态指标，所以静态报表一般根据账户期末余额填列，如资产负债表。动态报表（dynamic statement）是反映资金运动显著变动状态的会计报表，用来反映企业在一定时期内收入、费用、利润形成情况。由于企业各账户借、贷方发生额提供的是动态指标，因此，动态报表一般根据账户的本期发生额填列，如利润表和现金流量表。

4. 按编报单位分类

企业会计报表按编报单位，可分为单位报表和汇总报表。单位报表是指独立核算的各个单位根据本单位日常核算资料编制的报表，用来反映本单位的财务状况、经营成果及现金流量情况。汇总报表是由上级主管部门以及总公司根据所属单位的报表和其他核算资料汇总编制的，反映同一部门、同一行业、总公司的综合经营结果、财务状况及现金流量情况。

5. 按报表各项目所反映的数字内容分类

企业会计报表按报表各项目所反映的数字内容，可分个别单位会计报表和合并会计报表。个别单位会计报表各项目数字所反映的内容，仅仅包括企业本身的财务数字。合并会计报表是由母公司编制的，一般包括所有控股子公司的有关数字。通过编制和提供合并报表可以向报表使用者提供公司集团总体的财务状况和经营成果信息。

四、编制财务会计报告的要求

企业应当按照《企业财务会计报告条例》的规定，编制和对外提供真实、完整的财务会计报告。这是对企业编制和提供财务会计报告的总体要求。为了使企业所编制的财务会计报告能清楚地反映财务会计报告使用者所需的会计信息，便于他们理解和使用财务会计报告，企业在编制财务会计报告时应按照如下要求：

（1）相关性。财务会计报告所提供的各项信息，必须具备相关性才有用。相关性（relevance）是指企业在财务会计报告中提供的各种信息应该与财务会计报告使用者所需要的信息相关联，即财务会计报告揭示的会计信息应与会计信息使用者的决策相关。企业在编制财务会计报告时，应该尽量少列出或不列出与会计信息使用者进行决策不相关联的信息。对于企业投资者、贷款者和其他将要作出投资、信贷和类似决策的人来说，会计信息必须能够帮助他们了解过去、对比现在、预测未来，以便作出正确的决策。

（2）真实性。会计信息既要有相关性，又要有可靠性，这是会计工作的核心要求。财务会计报告的可靠性（reliability）也就是真实性，即真实地反映企业的财务状况和经营业绩，为会计信息使用者提供真实的、可靠的、有用的信息。可靠性有两个可以辨别的不同意义：第一层意义表明财务会计报告所提供的信息对决策者有用，即可靠；第二层意义表明财务会计报告所提供的信息与企业实际情况相符，即真实。

（3）及时性。及时性（timeliness）一般来说是附属于相关性的。如果在决策者需要会计信息时，得不到及时的信息提供或者所提供的是已经过时了的会计信息，这将对现时的决策来说无任何作用。及时性是指会计信息在失去其决策价值之前或者说在决策者需要时，向决策者提供或被决策者所拥有并使用。如果会计信息不具备及时性，再相关、再可靠的信息都会变成无用的信息，因此，会计信息既要有相关性和可靠性，又要有及时性，应在保证相关和可靠的基础上及时提供。我国《企业会计制度》对各种报表的编报期限规定为：

企业的月度中期财务会计报告应当于月度终了后6天（节假日顺延）对外提供。

企业的季度中期财务会计报告应当于季度终了后15天（节假日顺延）对外提供。

企业的半年度中期财务会计报告应当于半年度终了后60天或2个月（节假日顺延）对外提供。

企业的年度财务会计报告应当于年度终了后4个月（节假日顺延）对外提供。

（4）可比性。会计信息的可比性（comparability）是指企业的会计信息能与别的企业的同一指标相比较，能与本企业其他时期的同一指标相比较。如果企业会计信息可比性较强，其有用性将会大大提高。对会计信息进行比较，往往可产生直观的效果。如将一家企业的投资报酬率与其他企业的投资报酬率相比，可使投资者评价各企业的投资效益好坏，便于投资者作出新的投资决策。不可比较的会计信息，其有关评估无法合理地进行，对投资者来说，其有用性就会减弱。

（5）重要性。重要性（materiality）是指财务会计报告要揭示那些对报表使用者来说比较有影响的信息，那些对会计信息使用者不太重要、影响不大的信息不必单独揭示。重要性与相关性不同：相关性和可靠性是会计信息成为有用所必须具备的主要质量特征，重要性不属于这一类的特征。但相关性和重要性又有许多共同之处，两者都会对投资者或其他决策者产生一定的影响，或起一定的作用。有些信息之所以在财务会计报告中不予单独揭示，是因为投资者对这种信息不感兴趣（与投资无关），或是因为它涉及的金额太小，不足以起作用。有些信息之所以单独在报表中列示，如“1年内到期的长期债券投资”、“1年内到期的长期负债”等，这表明该信息是比较重要的信息。

（6）完整性。完整性（complete）是指财务会计报告必须按照规定的报表内容完整地、无遗漏地填列并报送。完整性总是相对的，因为财务会计报告不可能把一切会计事项都详细地表现出来。会计信息的完整性与相关性有密切联系。如果遗漏了一项相关的会计信息，即使未曾篡改所反映的情况，信息的相关性也会受到极大的损害。

（7）成本效益性。成本效益性（cost-benefit）是指企业提供会计信息时不但应满足信息使用者的需要，同时还应考虑成本和效益的关系。企业在财务会计报告中要求作某一特定的揭示是合理的，从中可望得到的效益必须大于有关的、可望发生的代价。财务信息可视为一种特殊商品，需要耗费一定的加工成本，但揭示信息的成本必须低于其所提供信息将产生的效益。因此，有些信息即使对特定决策者是相关的，如果其正式揭示的成本超过其效益，就不能通过正式的财务会计报告揭示，而只能采用其他财务会计报告手段来补充揭示。

第二节　资产负债表

一、资产负债表的概念和作用

1. 资产负债表的概念

资产负债表（balance sheet）或财务状况表（statement of financial positions）是反映企业在某一特定日期（月末、季末、半年末、年末）财务状况的财务会计报表。它是根据资产、负债和所有者权益之间的相互关系，按照一定的分类标准和一定的顺序，把企业在一定日期的资产、负债、所有者权益各项目予以适当排列，并对日常工作中形成的大量数据进行高度浓缩整理后编制而成的。它表明企业在某一特定日期所拥有或可控制的、预期能为企业带来利益的经济资源，所承担的现有义务和所有者对净资产的要求权。

2. 资产负债表的作用

资产负债表可以提供的信息主要有：①企业在某一时点上所拥有的经济资源及这些经济资源的分布和构成情况；②企业资金来源的构成情况，包括企业所承担的债务及所有者权益各个项目的状况；③企业所承担的债务以及企业的偿债能力（包括短期和长期的偿债能力）；④企业未来财务状况的变动趋势。

由资产负债表所反映的信息，可以归纳出资产负债表的以下作用：

（1）资产负债表能帮助企业管理当局了解企业作为法人在生产经营活动中所控制的经济资源和所承担的责任、义务；了解企业资产、负债各项目的构成比例是否合理；通过对企业前后期资产负债表的对比，可以反映出企业资产、负债的结构变化，分析企业经营管理工作的绩效。

（2）资产负债表可以帮助投资者考核企业管理人员是否有效地利用了现有的经济资源，是否使资产得到保值增值，从而对企业管理人员的业绩进行考核评价。

（3）资产负债表可以帮助企业债权人了解企业的偿债能力、支付能力及现有财务状况，为他们预测企业风险、预测企业发展前景、作出投资决策提供必要的信息。

二、资产负债表的结构与格式

资产负债表是以“资产 = 负债 + 所有者权益”这一平衡原理为基础编制的。实际上，它是这一会计等式的展开式，它对企业资产、负债、所有者权益各方面分项列出其各个要素项目（报表项目）。资产、负债、所有者权益三大静态会计要素构成了资产负债表的主要结构内容：资产要素项目按流动性大小分为流动资产、长期投资、固定资产、无形资产、递延资产和其他长期资产等类别；负债要素项目按债务偿还期的长短分为流动负债和长期负债等类别；所有者权益要素项目本身不多，可不再分类，只是按永久性递减的顺序排列。

资产负债表各会计要素及要素项目的不同排列方式，形成了该表的具体格式。资产负债表的格式一般有报告式和账户式两种。

1. 报告式资产负债表

报告式（report form）资产负债表又称直列式资产负债表，它是以“资产 - 负债 = 所有者权益”这一会计等式为基础编制的。它将资产、负债、所有者权益等会计要素及要素项目在资产负债表中从上到下排列，上部分填列各资产项目，下部分填列各负债项目，上部分减下部分的差额为所有者权益。这种报表的特点是：产权关系清楚，易为债权人、所有者及一般使用者所理解。但是，如果经济业务较多，报告式资产负债表的行数太多，可能要几个页面才能完成，不便于使用。报告式资产负债表的格式如表 10 - 2 所示。

表 10 - 2　　资产负债表（报告式）

编制单位：　　年　月　日　　单位：元

项目	年初数	期末数
流动资产：		
货币资金		
应收账款		
存货		
……		
流动资产小计		
长期投资：		
长期股权投资		

（续上表）

项目	年初数	期末数
固定资产：		
固定资产原值		
减：累计折旧		
固定资产净值		
……		
非流动资产小计		
资产合计		
流动负债：		
短期借款		
应付账款		
……		
流动负债小计		
长期负债：		
长期借款		
……		
长期负债小计		
负债合计		
所有者权益：		
实收资本		
……		
所有者权益合计		

2. 账户式资产负债表

账户式（account form）资产负债表又称横列式资产负债表，它如同一个“T”形账户，将报表分为左右两部分。资产类项目填列在左方，负债类和所有者权益类项目填列在右方。左方各项目相加之和的资产总计与右方各项目相加之和的负债与所有者权益总计应该相等。账户式资产负债表的主要特点是：与会计基本等式“资产 = 负债 + 所有者权益”一样，资产列于报表（等式）的左边，负债和所有者权益列于报表（等式）的右边，左右对照，便于对企业财务状况的比较分析。我国《企业会计准则》规定，企业应采用账户式资产负债表。账户式资产负债表的主要格式如表 10 – 3 所示。

表 10－3　　资产负债表（账户式）

编制单位：　　年　月　日　　单位：元

项目	年初数	期末数	项目	年初数	期末数
流动资产：			流动负债：		
货币资金			短期借款		
短期投资			应付账款		
应收账款			……		
存货			流动负债小计		
……			非流动负债：		
流动资产合计			长期借款		
非流动资产：			……		
长期股权投资			长期负债小计		
固定资产			负债合计		
在建工程			所有者权益：		
无形资产			实收资本		
长期待摊费用			资本公积		
……			……		
非流动资产合计			所有者权益合计		
资产总计			负债和所有者权益总计		

三、资产负债表的编制

资产负债表反映了企业月末、季末、年末全部资产、负债和所有者权益的情况，由表首、正表、补充资料 3 部分构成。

资产负债表的表首说明企业的名称、报表的名称、编制报表的日期与计量单位，直接在报表相应位置填列。

资产负债表“年初数”栏内各项数字，应根据上年末资产负债表“期末数”栏内所列数字填列。如果本年度资产负债表规定的各个项目名称和内容同上年度不一致，应对上年年末资产负债表各项目的名称和数字按照本年度的规定进行调整，填入本表“年初数”栏。

资产负债表“期末数”栏应根据当期会计账簿资料中资产、负债、所有者权益类账户的余额填列。具体填列方法归纳为如下几点：

（1）直接根据总账科目的余额填列。如“应收票据”、“应收股利”、“应收利息”、“短期借款”、“应付票据”、“应付职工薪酬”、“应交税费”、“应付股利"、"其他应付款"、"实收资本"、"资本公积" 等项目。

(2) 根据明细科目的余额分析计算填列。如"应收账款" 项目根据"应收账款"、"预收账款" 科目的所属明细科目的期末借方余额相加并减去"坏账准备" 账户贷方余额填列。又如,"应付账款" 项目根据"应付账款"、"预付账款" 科目的有关明细科目的期末贷方余额相加填列;"预收账款" 项目根据"应收账款"、"预收账款" 科目的所属明细科目的期末贷方余额填列;"预付账款" 项目根据"应付账款"、"预付账款" 科目的所属明细科目的期末借方余额相加填列。

明细账余额资料按以下方法计算填列:

"应收账款" 项目 ="应收账款" 所属明细账借方余额之和 + "预收账款" 所属明细账借方余额之和

"应收账款" 项目如要填净额,须减去"坏账准备" 期末贷方余额。

"预收账款" 项目 ="预收账款" 所属明细账贷方余额之和 + "应收账款" 所属明细账贷方余额之和

"应付账款" 项目 ="应付账款" 所属明细账贷方余额之和 + "预付账款" 所属明细账贷方余额之和

"预付账款" 项目 ="预付账款" 所属明细账借方余额之和 + "应付账款" 所属明细账借方余额之和

(3) 根据几个总账科目的期末余额计算填列。如"货币资金" 项目根据"库存现金"、"银行存款"、"其他货币资金" 科目的期末总账余额相加填列;"存货" 项目根据"原材料"、"低值易耗品"、"包装物"、"生产成本"、"库存商品" 等总账科目余额相加并减去"存货跌价准备" 账户贷方余额填列;"固定资产" 项目根据"固定资产" 科目借方余额减去"累计折旧" 科目贷方余额填列。

(4) 根据有关科目的期末余额分析计算填列。如"1 年内到期的长期负债" 项目,根据"长期借款"、"应付债券"、"长期应付款" 科目的期末余额中提出的 1 年内将要到期的长期负债数额分析填列;"1 年内到期的长期债权投资" 根据"持有至到期投资" 等科目的期末余额中提出的 1 年内将要到期的长期债权投资数额分析填列。

(5) 反映或有负债的情况。如在财务会计报告附注中的"已贴现的商业承兑汇票" 项目,按照备查账簿中记录的商业承兑汇票贴现额填列。

【例 1】W 企业 2008 年 12 月 31 日有关账户的期末余额如表 10 - 4 所示。

表 10－4　　　　　　　　　　　　　　　　　　　　　　　　单位：元

会计科目	借方余额	贷方余额	会计科目	借方余额	贷方余额
库存现金	20 000		短期借款		89 000
银行存款	150 000		应付账款		240 000
其他货币资金	50 000		预收账款		100 000
应收账款	200 000		其他应付款		120 000
坏账准备		10 000	应交税费		150 000
预付账款	80 000		预提费用		6 000
其他应收款	30 000		长期借款		300 000
原材料	360 000		实收资本		800 000
生产成本	281 000		资本公积		70 000
库存商品	200 000		盈余公积		140 250
待摊费用	5 000		利润分配		80 750
持有至到期投资	180 000				
固定资产	500 000				
累计折旧		120 000			
无形资产	170 000				
合计	2 226 000	130 000	合计		2 096 000

其中有关账户的详细资料如下：

（1）“应收账款”期末借方余额 200 000 元，其中应收 A 单位的明细账为借方余额 350 000 元，应收 B 单位的明细账为贷方余额 150 000 元。

（2）“预收账款”期末贷方余额 100 000 元，其中预收 C 单位的明细账为贷方余额 150 000 元，预收 D 单位的明细账为借方余额 50 000 元。

（3）“应付账款”期末贷方余额 240 000 元，其中应付 E 单位的明细账为贷方余额 280 000 元，应付 F 单位的明细账为借方余额 40 000 元。

（4）“预付账款”期末借方余额 80 000 元，其中预付 G 单位的明细账为借方余额 140 000 元，预付 H 单位的明细账为贷方余额 60 000 元。

（5）“持有至到期投资”期末借方余额 180 000 元中有 50 000 元将于 2009 年 5 月到期。

（6）“长期借款”期末借方余额 300 000 元中有 100 000 元将于 2009 年 7 月到期。

根据以上资料编制该企业的资产负债表如表 10－5 所示。

表 10－5　　资产负债表

编制单位：W 企业　　2008 年 12 月 31 日　　单位：元

项　　目	年初数	期末数	项　　目	年初数	期末数
流动资产：			流动负债：		
货币资金	150 000	220 000	短期借款	180 000	89 000
应收账款	350 000	390 000	应付账款	330 000	340 000
预付账款	160 000	180 000	预收账款	250 000	300 000
其他应收款	40 000	30 000	其他应付款	150 000	120 000
存货	850 000	841 000	应交税费	140 000	150 000
待摊费用	6 000	5 000	预提费用		6 000
1 年内到期的长期债权投资		50 000	1 年内到期的长期负债	50 000	100 000
流动资产合计	1 556 000	1 716 000	流动负债合计	1 100 000	1 105 000
非流动资产：			长期借款	200 000	200 000
持有至到期投资	130 000	130 000	负债合计	1 300 000	1 305 000
固定资产	400 000	380 000	所有者权益：		
无形资产	170 000	170 000	实收资本	800 000	800 000
非流动资产合计	700 000	680 000	资本公积	70 000	70 000
			盈余公积	40 000	140 250
			未分配利润	46 000	80 750
			所有者权益合计	956 000	1 091 000
资产总计	2 256 000	2 396 000	负债和所有者权益总计	2 256 000	2 396 000

货币资金项目＝20 000＋150 000＋50 000＝220 000（元）

应收账款项目＝350 000＋50 000－10 000＝390 000（元）

预付账款项目＝40 000＋140 000＝180 000（元）

存货＝360 000＋281 000＋200 000＝841 000（元）

应付账款项目＝280 000＋60 000＝340 000（元）

预收账款项目＝150 000＋150 000＝300 000（元）

持有至到期投资项目＝180 000－50 000＝130 000（元）

长期借款项目＝300 000－100 000＝200 000（元）

固定资产项目＝500 000－120 000＝380 000（元）

第三节　利润表

一、利润表的概念和作用

1. 利润表的概念

利润表（income statement）又称损益表或收益表，它是反映企业在一定期间实现的经营成果的报表。利润表不仅把企业一定时期的营业收入与其同一会计期间相关的营业成本、费用进行配比，以计算一定时期的营业利润，而且还反映企业与生产经营无直接关系的投资活动、营业外收支活动所引起的盈亏。通过利润表反映的收入和费用等情况，能够反映企业生产经营收入实现情况、费用消耗情况，表明企业一定时期的生产经营成果；同时，通过利润表提供的不同时期的数字比较，可以分析企业未来利润的发展趋势、获利能力，了解投资者投入资本的增值情况。由于利润是企业经营业绩的综合体现，又是进行利润分配的主要依据，因此，利润表是财务会计报告中的主要报表。

2. 利润表的作用

利润表的作用主要表现在以下几个方面：

（1）可以考核企业生产经营成果的好坏。利润表提供的会计期间内企业已实现的收入，发生的成本、费用，获得的利润（亏损）等数据资料可以反映出企业经营者的经营业绩，便于投资者评估经营者受托经济责任的完成好坏。

（2）可以反映企业的获利能力。通过利润表中提供的各种收入数据资料以及对其增减变动的分析，可以了解企业获利能力的大小，并有助于结合其他相关资料对企业未来收益能力进行预测，便于投资者作出其投资决策。

（3）可以考核企业的管理水平。通过利润表中提供的各种费用支出数额及其增减变动分析，可以考核企业费用的开支水平，衡量企业管理水平的高低，便于管理者分析企业盈利能力变动的具体原因，有助于管理者采取开源节流的措施。

二、利润表的结构与格式

利润表是以“收入－费用＝利润”这一会计动态平衡公式为基础，分别列示收入、费用、利润三大会计动态要素的各要素项目，反映企业利润总额的形成过程的报表。收入、费用、利润三大会计要素也叫利润表要素，构成了利润表的主要结构和内容。收入要素项目包括从事经营业务取得的收入、对外投资取得的收入与非经营业务取得的收入；费用要素项目包括从事经营业务发生的成本、营业费用、营业税金及附加、管理费用、财务费用、投资损失、非经营业务发生的支出等。

利润表中收入、费用、利润要素项目的不同排列方式，形成了该表的不同格式。利润表常见的格式有单步式和多步式两种。

1. 单步式

单步式（single form）利润表通常采用上下加减的报告式结构，集中列示收入要素项目、费用要素项目，根据收入总额与费用总额的差额直接列示利润净额。单步式利润表是将当期所有的收入加总在一起，然后将所有的费用加总在一起，通过一次计算求出当期净损益。在单步式下，利润表分为收入、费用和损失、净利润3部分。收入包括主营业务收入、其他业务收入、投资收益、营业外收入等；费用和损失包括主营业务成本、营业费用、管理费用、营业外支出等；净利润是两者计算的结果。单步式利润表对于一切收入和费用支出一视同仁，不分彼此和先后。由于单步式利润表所表示的都是未经加工的原始资料，便于财务会计报告的阅读者理解。该表的特点是：表式简单而易于理解，避免了项目分类上的困难，但它没有揭示出收入与费用之间的配比关系，不便于报表使用者进行具体分析，也不利于同行业报表间的比较。其格式如表10－6所示。

表10－6　　**利润表（单步式）**

编制单位：　　2008年度　　单位：元

项目	本月数	本年累计数
一、收入		
营业收入		3 800 000
投资收益		60 000
……		……
营业外收入		20 000
收入合计		3 880 000
二、费用		
营业成本		2 900 000
营业税金及附加		50 000
管理费用		120 000
销售费用		150 000
财务费用		100 000
营业外支出		60 000
……		……
所得税费用		125 000
费用合计		3 505 000
三、净利润		375 000

2. 多步式

多步式（multiple-step form）利润表分步骤反映出利润额的全部计算过程，从主营业务收入开始，先计算主营业务利润，再计算营业利润，然后计算利润总额，最后得出净利润。多步式利润表中的各利润指标是通过多个步骤计算出来的。多步式利润表通常分为以下几步：

第一步，从主营业务收入出发，减去主营业务成本、营业税金及附加，计算得出主营业务利润。

第二步，在主营业务利润基础上加其他业务利润，减去营业费用、管理费用、财务费用，计算出营业利润。

第三步，在营业利润的基础上加投资收益、营业外收入，减营业外支出，计算得出本期实现的利润总额，即税前会计利润。

第四步，从税前会计利润中减去所得税，计算出本期净利润。

多步式利润表的优点在于：便于对企业生产经营情况进行分析，有利于不同企业之间进行比较。更重要的是采用多步式利润表进行核算有利于预测企业未来的赢利能力。我国《企业会计准则》规定利润表采用多步式编制。其格式如表10－7所示。

三、利润表的编制

利润表中的“本月数”栏，反映各项目的本月实际发生数。在编报中期报表时，填列上年同期累计实际发生数；在编报年度报表时，填列上年全年累计实际发生数，并将“本月数”栏改成“上年数”栏。如果上年度利润表的项目名称和内容与本年度利润表不一致，应对上年度报表项目的名称和数字按本年度的规定进行调整，并按调整后的数字填入报表的“上年数”栏。报表中的“本年累计数”栏，反映各项目自年初起至报告期末止的累计实际数。由于利润表是一种动态报表，其构成要素是收入、费用和利润，根据这些要素设置的账户为虚账户，一般没有期末余额，只有本期发生额，所以利润表的各项目是根据有关账户本期发生额填列的。

报表各项目的具体填列方法如下：

（1）“营业收入”项目，反映企业经营主要业务所取得的收入总额。本项目应根据“主营业务收入”、“其他业务收入”科目的本期实际发生额分析填列。

（2）“营业成本”项目，反映企业经营主要业务所发生的实际成本。本项目应根据“主营业务成本”、“其他业务成本”科目的本期实际发生额分析填列。

（3）“营业税金及附加”项目，反映企业经营主营业务应负担的营业税、城市维护建设税、资源税和教育费附加等。本项目应根据“营业税金及附加”科目的本期实际发生额分析填列。

（4）“销售费用”项目，反映企业在销售商品和商业企业在购入商品等过程中发生的费用。本项目应根据“销售费用”科目的本期实际发生额分析填列。

（5）“管理费用”项目，反映企业发生的管理费用。本项目应根据“管理费用”科目的本期实际发生额分析填列。

（6）“财务费用”项目，反映企业发生的财务费用。本项目应根据“财务费用”科目的本期实际发生额分析填列。

（7）“投资收益”项目，反映企业以各种方式对外投资所取得的收益。本项目应根据“投资收益”科目的本期实际发生额分析填列。若为投资损失，以“-”号填列。

（8）“资产减值损失”项目，反映企业发生的资产减值损失。本项目应根据“资产减值损失”科目的本期实际发生额分析填列。

（9）“营业外收入”项目和“营业外支出”项目，反映企业所发生的与其生产经营无直接关系的各项收入和支出。分别根据“营业外收入”和“营业外支出”科目的本期实际发生额分析填列。

（10）“利润总额”项目，反映企业实现的利润总额。若为亏损，以“-”号填列。

（11）“所得税费用”项目，反映企业按规定从当期损益中扣除的所得税。本项目应根据“所得税费用”科目的本期实际发生额分析填列。

（12）“净利润”项目，反映企业实现的净利润。若为亏损，以“-”号填列。

【例2】 W企业2008年12月31日有关损益类科目全年的本期发生额为：“主营业务收入”贷方发生额合计为3 800 000元、“投资收益”贷方发生额合计为60 000元、“营业外收入”贷方发生额合计为20 000元、“主营业务成本”借方发生额合计为2 900 000元、“营业税金及附加”借方发生额合计为50 000元、“管理费用”借方发生额合计为120 000元、“销售费用”借方发生额合计为150 000元、“财务费用”借方发生额合计为100 000元、“营业外支出”借方发生额合计为60 000元。所得税率为25%。假设不存在税法调整项目。根据资料编制W企业2008年度的利润表如表10-7所示。

表 10－7 **利润表**

编制单位：W 企业 2008 年度 单位：元

项目	本月数	本年累计数
一、主营业务收入		3 800 000
减：主营业务成本		2 900 000
营业税金及附加		50 000
管理费用		120 000
销售费用		150 000
财务费用		100 000
加：投资收益		60 000
减：资产减值损失		0
二、营业利润		540 000
加：营业外收入		20 000
减：营业外支出		60 000
三、利润总额		500 000
减：所得税费用		125 000
四、净利润		375 000

第四节 现金流量表

一、现金流量表的概念及作用

1. 现金流量表的概念

在现实经济生活中，经常会出现这类情形：一家企业营业兴旺，订单猛增，获利颇丰，但却陷入财务困境，甚至不得不中止营业。有些企业在某一年度出现了巨额亏损，却有能力购建大量固定资产，进行扩大规模的投资。前者获利颇丰，但却陷入财务困境，原因何在？后者出现巨额亏损，却有大量资金进行投资，其资金从何而来？像这些莫名其妙的问题，投资者、债权人在企业资产负债表和利润表提供的信息中难以找到答案。对此，财务状况变动表，即现金流量表，则能提供答案。因此现金流量表（cash flow statement）作为财务会计报告的第三张主要报表便应运而生了。

现金流量表是以现金为基础编制的反映企业一定时期（会计期间）现金流入、现金流出及其增减变动情况的财务状况变动表。企业提供的财务会计报表一般包括资产负债表、利润表和现金流量表，这 3 张表分别从不同角度反映企业的财务状况、经营成果和现金流量。资产负债表反映企业特定日期所拥有的资产、所需偿还的债务以及投资者所拥有的净资产的情况；利润表反映企业一定期间内的经营成果，即利润或亏损的情况，表明企业运用其所拥有的资产获取利润的能力；现金流量表反映企业一定期间内现金的流入和流出及现金净增减情况。

2. 现金流量表的作用

现金流量表以现金的流入和流出反映企业在一定期间内的经营活动、投资活动和筹资活动的动态情况，反映企业现金流入和流出的全貌。现金流量表的主要作用有：

（1）说明企业一定期间内现金流入和流出的原因。现金流量表将现金流量划分为经营活动、投资活动和筹资活动所产生的现金流量，并按照流入现金和流出现金项目分别反映。如企业当期从银行借入 500 万元，偿还银行利息 3 万元，在现金流量表的筹资活动所产生的现金流量中分别反映借款引起现金流入量 500 万元，支付利息引起现金流出量 3 万元。因此，现金流量表能够反映企业现金流入和流出的原因，即现金从哪里来，流到哪里去了。这些信息是资产负债表和利润表所不能提供的。

（2）说明企业偿还债务的能力和支付股利的能力。投资者投入资金、债权人提供企业短期或长期使用的资金，其目的主要是为了获利。通常情况下，会计报表使用者比较关注企业的获利情况，并且往往以获得利润的多少作为衡量标准。企业获利在一定程度上表明了企业具有一定的支付能力，但是，企业在一定期间内获得的利润并不代表企业真正具有偿债或支付能力。在某些情况下，虽然企业利润表上反映的经营业绩很可观，但因发生财务困难而不能偿还到期债务；还有些企业虽然利润表上反映的经营成果并不可观，但却有足够的偿付能力。产生这种情况有诸多原因，其中会计核算采用的权责发生制、配比原则等所含的估计因素是其主要原因之一。现金流量表完全以现金的收取和支出为基础，消除了由于会计核算采用的估计等原因所产生的有获利能力而无支付能力的现象。

（3）分析企业未来获取现金的能力。现金流量表反映企业一定期间内的现金流入和流出的整体情况，说明企业现金是从哪里来的，运用到哪里去了。现金流量中的经营活动产生的现金流量，代表企业运用其经济资源创造现金流量的能力，有助于分析一定期间内产生的净利润与经营活动产生现金流量的差异；投资活动产生的现金流量，代表企业运用资金对外投资产生现金流量的能力及购置和处置固定资产、无形资产等长期资产引起的现金流量；筹资活动产生的现金流量，代表企业通过筹资获得现金流量的能力。通过现金流量表及其他财务信息，可以分析企业未来获取或支付现金的能力。例如，企业通过银行借款筹得资金，在本期现金流量表中反映为现金流入，但却意味着未来偿还借款时要流出现金。又如，本期应收未收的款项，在本期现金流量表中虽然没有反映为现金的流入，但意味着未来将会有一定量的现金流入。

（4）分析企业投资、理财活动对经营成果和财务状况的影响。现金流量表提供一定时期现金流入和流出的动态财务信息，表明企业在报告期内由经营活动、投资活动、筹资活动获得多少现金，企业获得的这些现金是如何运用的，并能够说明资产、负债、净资产的变动原因，对资产负债表和利润表起到补充说明的作用。现金流量表是连接资产负债表和利润表的桥梁。资产负债表中货币资金年末与年初的差额是现金流量的结果，引起这一结果的主要原因是利润表中收入、费用的发生导致了现金的流入和流出（还有投资和筹资活动的影响）。

（5）能提供不涉及现金的投资和筹资活动的信息。现金流量表除了反映企业与现金有关的投资和筹资活动外，还通过附注或补充资料的方式提供不涉及现金的投资和筹资活动方面的信息，使财务会计报告使用者能够全面了解和分析企业的投资和筹资活动。

二、现金流量表的编制基础

1. 现金概念

财务状况变动表按编制的基础不同，可分为以营运资金为基础编制的财务状况变动表、以全部资金为基础编制的财务状况变动表和以现金为基础编制的财务状况变动表。现金流量表是以现金为基础编制的财务状况变动表。这里的现金是广义的现金，指企业库存现金、可以随时用于支付的存款及现金等价物。具体包括：

（1）库存现金。库存现金是指企业持有的可随时用于支付的现金。

（2）银行存款。银行存款是指企业存在银行或其他金融机构的随时可以用于支付的存款。它与会计核算中“银行存款”科目所包括的内容不完全一致，区别在于：存在银行或其他金融机构的款项如果不能随时用于支付，如不能随时支取的定期存款，则不属于现金流量表中的现金概念；而提前通知银行或其他金融机构就可支取的定期存款，则属于现金流量表中的现金概念。

（3）其他货币资金。其他货币资金是指企业存在银行的有特定用途的资金，或在途中尚未收到的资金，如外埠存款、银行汇票存款、银行本票存款、信用证保证金、信用卡、在途货币资金等。

（4）现金等价物。现金等价物是指企业持有的期限短、流动性强、易于转换为已知金额现金、价值变动风险很小的债券投资。现金等价物的主要特点是流动性强，如购买日至到期日短于3个月的短期债券投资。如企业于2008年12月1日购入2006年1月1日发行的期限为3年的国债，购买时为2008年12月1日，到期日为2009年1月1日，购买日至到期日还有1个月（短于3个月），则这项短期投资视为现金等价物。注意，购买日至到期日应短于3个月是指债券投资，不是股权投资。可见，是否作为现金等价物的主要标志是购买日至到期日在3个月或短于3个月内是否可转换为已知现金的投资。

2. 现金流量概念

现金流量是指企业的现金流入与流出量。现金流量是某一期间内企业现金流入和流出的数量。影响现金流量的因素有经营活动、投资活动和筹资活动。

现金流量表的目的是为财务会计报告使用者提供企业一定会计期间内有关现金的流入和流出的信息。企业在一定时期内现金的流入和流出是由各种因素导致的，如工业企业为生产产品需要用现金支付购入原材料的价款、支付职工工资、购买固定资产等。掌握现金流量概念，首先要对企业各项经营业务产生或运用的现金流量进行合理的分类。通常按照企业经营业务发生的性质，可将企业一定期间内产生的现金流量归为以下3类：

（1）经营活动产生的现金流量。经营活动是指企业投资活动和筹资活动以外的所有交易和事项。经营活动引起的现金流量包括：销售商品、提供劳务收到的现金；购买商品、接收劳务支付的现金；支付职工工资所付的现金；支付税金所付的现金；其他经营活动所支付的现金等。

（2）投资活动产生的现金流量。投资活动是指企业长期资产以及不在现金等价物范围内的投资的购建和处置活动。投资活动引起的现金流量包括：收回投资所收到的现金；处置固定资产、无形资产和其他长期资产所收到的现金；分回股利和利息所收到的现金；对外投资所支付的现金；购建固定资产、无形资产和其他长期资产所支付的现金等。

（3）筹资活动产生的现金流量。筹资活动是指导致企业所有者权益及借款规模和构成发生变化的活动。筹资活动引起的现金流量包括：发行股票、债券收到的现金；借款收到的现金；偿还债务所支付的现金；分配股利、支付利息所付的现金等。

现金流量表的编制比较复杂，其具体填列方法将在“中级财务会计”课程中详细介绍。其他财务会计报告和财务会计报告附注等也将在“中级财务会计”课程中介绍。现金流量表的基本格式如表10－8所示。

表 10－8　　现金流量表

编制单位：　　______年度　　单位：元

项目	金额
一、经营活动产生的现金流量	
销售商品、提供劳务收到的现金	
收到的税费返还	
收到的其他与经营活动有关的现金	
现金流入小计	
购买商品、接收劳务支付的现金	
支付给职工以及为职工支付的现金	
支付的各种税费	
支付的其他与经营活动有关的现金	
现金流出小计	
经营活动产生的现金流量净额	
二、投资活动产生的现金流量	
收回投资所收到的现金	
取得投资收益所收到的现金	
处置固定资产、无形资产和其他长期资产所收到的现金净额	
收到的其他与投资活动有关的现金	
现金流入小计	
购建固定资产、无形资产和其他长期资产所支付的现金	
投资所支付的现金	
支付的其他与投资活动有关的现金	
现金流出小计	
投资活动产生的现金流量净额	
三、筹资活动产生的现金流量	
吸收投资所收到的现金	
借款所收到的现金	
收到的其他与筹资活动有关的现金	
现金流入小计	
偿还债务所支付的现金	
分配股利、利润或偿付利息所支付的现金	
支付的其他与筹资活动有关的现金	
现金流出小计	
筹资活动产生的现金流量净额	

（续上表）

项目	金额
四、汇率变动对现金的影响	
五、现金及现金等价物净增加额	
补充资料	金额
一、将净利润调节为经营活动现金流量	
净利润	
加：计提的资产减值准备	
固定资产折旧	
无形资产摊销	
长期待摊费用摊销	
处置固定资产、无形资产和其他长期资产的损失（减：收益）	
财务费用	
投资损失（减：收益）	
存货的减少（减：增加）	
经营性应收项目的减少（减：增加）	
经营性应付项目的增加（减：减少）	
其他	
经营活动产生现金流量净额	
二、不涉及现金收支的投资和筹资活动	
债务转为股本	
一年内到期的可转换公司债券	
融资租入固定资产	
三、现金及现金等价物净增加情况	
现金的期末余额	
减：现金的期初余额	
加：现金等价物期末余额	
减：现金等价物期初余额	
现金及现金等价物净增加额	

复习思考题

1. 什么是财务会计报告？财务会计报告的作用有哪些？
2. 财务会计报告的构成体系是怎样的？
3. 财务会计报表如何分类？
4. 财务会计报告的编制有哪些要求？
5. 何为资产负债表？其基本结构如何？如何编制资产负债表？
6. 何为利润表？其基本结构如何？如何编制利润表？

7. 何为现金流量表？

8. 资产负债表、利润表、现金流量表的作用有何不同？

9. 编制资产负债表、利润表都有平衡关系吗？各是什么平衡关系？

10. 哪些报表要求对外报送？哪些报表不需对外报送？

主要名词

会计报告　会计报表　资产负债表　利润表　现金流量表　动态报表　静态报表　对外报告　对内报告　完整性原则　真实性原则　成本与效益性原则

习题一

新星企业 2008 年 8 月 31 日有关科目余额为：

有借方余额的：库存现金 20 000 元、银行存款 350 000 元、应收账款 450 000 元、原材料 800 000 元、低值易耗品 40 000 元、包装物 120 000 元、生产成本 400 000 元、库存商品 1 250 000 元、长期股权投资 580 000 元、持有至到期投资 360 000 元（其中 80 000 元已于 1 年内到期）、固定资产 1 000 000 元、在建工程 220 000 元、无形资产 440 000 元。

有贷方余额的：短期借款 500 000 元、应付账款 420 000 元、应付票据 100 000 元、应交税费 250 000 元、应付职工薪酬 200 000 元、坏账准备 9 000 元、累计折旧 350 000 元、长期借款 400 000 元（其中 100 000 元已于 1 年内到期）。

计算所有者权益为多少。假设所有者权益中，股本、资本公积、盈余公积和未分配利润分别为所有者权益的 50%、30%、12%、8%，计算各权益项目的数额。根据资料和计算结果编制资产负债表。

习题二

华龙公司 2008 年 12 月 31 日部分账户余额见表 10－9 所示。

表 10－9　　　　　　　　　　**账户余额表**

编制单位：华龙公司　　　　　2008 年 12 月 31 日　　　　　　单位：元

总账科目	明细科目	借方余额	贷方余额	总账科目	明细科目	借方余额	贷方余额
应收账款		100 000		预收账款			40 000
	——A 公司	60 000			——甲公司		50 000
	——B 公司	30 000			——乙公司	10 000	
	——C 公司		20 000	应付账款			60 000
	——D 公司	30 000			——丙公司		40 000
预付账款		10 000			——丁公司		20 000
	——E 公司		20 000	坏账准备			2 000
	——F 公司	30 000					

根据表 10－9 的资料，计算资产负债表中“应收账款”、“预收账款”、“应付账款”、“预付账款”项目应填列的金额。

习题三

华龙公司2008年度有关损益类科目的本期发生额如表10－10所示。

表10－10　　　　本期发生额表

编制单位：华龙公司　　　　2008年度　　　　单位：元

会计科目	借方发生额	贷方发生额
主营业务收入		1 250 000
其他业务收入		120 000
投资收益		300 000
营业外收入		50 000
主营业务成本	800 000	
营业税金及附加	20 000	
其他业务成本	70 000	
销售费用	60 000	
管理费用	50 000	
财务费用	40 000	
营业外支出	30 000	
合计	1 070 000	1 720 000

所得税税率为25%，无其他纳税调整项目。

要求：

（1）计算营业利润、利润总额和所得税，并编制利润表。

（2）按净利润的10%提取法定盈余公积，8%提取任意盈余公积，60%发放现金股利。计算本年应计提取的法定盈余公积、任意盈余公积和应发数的现金股利。

第十一章 会计核算组织程序

会计核算组织程序是指会计凭证、会计账簿、会计报表三者相结合的方式，也称之为会计账务处理程序或会计核算形式。其内容主要包括：会计凭证和会计账簿的种类、格式；会计凭证与会计账簿之间的联系方法；会计账簿与会计报表之间的联系方法；由收集和审核原始凭证、填制记账凭证、登记账簿，到编制会计报表的工作程序和方法等。本章主要讲解各种基本的会计核算组织程序，从收集和审核原始凭证、填制记账凭证、登记账簿，一直到编制会计报表的整个账务处理过程中所采用的技术方法。

通过本章的学习，应该掌握以下内容：

（1）会计核算组织程序的意义；

（2）记账凭证组织程序；

（3）汇总记账凭证组织程序；

（4）科目汇总表组织程序。

第一节 会计核算组织程序的意义和种类

企业经营活动较多，涉及的会计凭证也很多。会计人员要高效率地将这些会计凭证登记到有关的账簿，并据以编制会计报表，就必须根据企业经济业务的多少来选择适当的会计核算组织程序。

一、确定会计核算组织程序的意义

会计凭证、会计账簿和会计报表是记录和提供会计信息的必不可少的工具。因此，如何设置和设计会计凭证、账簿和报表的种类、格式和填制方法，如何规定各种凭证、账簿和报表之间的相互联系及其登记程序，是科学合理地组织会计核算工作必须解决的一个重要问题，也是会计制度设计的一个重要方面。

会计凭证、会计账簿、会计报表之间的结合方式不同，因此形成了各种不同的会计核算组织程序，而不同的核算组织程序又具有不同的特点、优缺点和适用范围。因此，科学合理地确定适用于企业的核算组织程序，对于保证会计信息质量、有效地组织和管理会计工作、提高会计核算工作的效率和满足会计报表使用者的信息需求，具有重要的意义。

（1）有利于会计工作程序的规范化，保证会计信息的质量。只有合理地确定会计凭证、会计账簿、会计报表之间的结合方式，才能保证会计信息处理的系统性、完整性、全面性和及时性。

（2）有利于保证会计信息的可靠性，提高会计信息的有用性。通过会计凭证、会计账簿、会计报表相互之间的联系和制约，可保证会计信息的可靠性；并通过及时向会计报表使用者提供有用的决策信息，实现财务会计的目标。

（3）有利于减少不必要的会计核算环节，提高会计工作效率。通过科学合理地确定企业的会计核算组织程序，可以使核算组织程序井然有序，减少不必要的会计凭证、会计账簿的传递环节和核算手续，从而提高会计工作效率。

二、建立会计核算组织程序的基本要求

各企业应该根据其生产经营过程的特点和管理要求等具体情况，科学合理地确定核算组织程序。企业在确定核算组织程序时，应符合以下几项基本要求：

（1）能够适应会计单位的经营特点、规模大小和业务繁简的情况，有利于会计核算的分工与汇总。任何会计单位的核算组织程序，既要适合本单位的经营活动特点和业务的繁简，又要符合本单位经营管理的要求和财会机构组织要求，便于会计核算的分工与协作，建立财会岗位责任制。各种会计资料应该有机地结合起来，前后协调一致，以便提供正确、及时的会计信息。应明确规定会计核算各环节或岗位应负的职责，使各个岗位和有关人员相互制约、相互监督，从而有效地查错纠弊。

（2）能够全面、系统、公允和及时地反映会计主体的财务状况、经营成果和现金流量情况，为会计报表使用者提供有用的决策信息，并确保其不被误解。确定会计凭证、会计账簿的种类和格式时，不仅应保证能够及时编制会计报表，而且应便于利用账簿资料作各种必要的分析。同时，还要建立完整的序时账簿体系，保持核算形式的统一，以利于会计检查。

（3）有利于简化核算手续，提高核算工作效率，节约核算费用。在保证提供准确、完整、及时的会计信息的前提下，应尽量简化会计工作手续，减少重复和不必要的劳动，提高工作效率。

三、会计核算组织程序的种类

根据以上要求，在我国会计实务中企业采用的核算组织程序主要有以下5种：

（1）记账凭证核算组织程序；

（2）汇总记账凭证核算组织程序；

（3）科目汇总表核算组织程序；

（4）多栏式日记账核算组织程序；

（5）日记总账核算组织程序。

以上5种核算组织程序既具有许多相同点，又各有一些不同点。各种核算组织程序的特点主要表现在登记总账的依据和方法的不同。由于最常用的核算组织程序是前4种，因此，下面我们着重讲解记账凭证核算组织程序、汇总记账凭证核算组织程序、科目汇总表核算组织程序和多栏式日记账核算组织程序。从理论上讲，在会计电算化条件下，由于可以直接根据会计凭证将数据输入计算机，而且一次输入的数据可以同时存储在多个磁盘中，编制会计报表时，可以直接从各个磁盘中调用数据，因此，更适合采用通用日记账核算组织程序，以简化核算手续。

第二节 记账凭证核算组织程序

对于经济业务不多的企业，可以直接以各有关记账凭证为依据登记总账和明细账。

一、记账凭证核算组织程序的特点

记账凭证核算组织程序的特点是直接根据每张记账凭证逐笔登记总账。它是会计核算中最基本的一种核算组织程序，其他各种核算组织程序基本上都是在此基础上根据会计主体经营特点和管理要求而发展起来的。

在记账凭证核算组织程序下，记账凭证一般采用收款凭证、付款凭证和转账凭证3种格式（也可采用通用记账凭证格式）。为了便于通过记账凭证了解资金的来龙去脉、便于查账并减少核算工作量和凭证数量，一般不采用单式记账凭证格式。

总账、现金日记账和银行存款日记账一般采用借、贷、余三栏式。对于各种明细分类账的格式，应该根据本单位的管理需要，分别采用三栏式、数量金额式或多栏式等。

二、记账凭证核算组织程序的主要工作步骤

记账凭证核算组织程序的一般处理程序为：

（1）根据原始凭证（或汇总原始凭证）填制记账凭证。

（2）根据收款凭证和付款凭证，逐日逐笔登记现金日记账和银行存款日记账。

（3）根据原始凭证、汇总原始凭证或记账凭证，登记各种明细分类账。

（4）直接根据每张记账凭证逐笔登记总分类账。在总账的“摘要”栏内，应说明经济业务的主要内容或对方科目。其中，现金和银行存款账户可以根据各类日记账汇总登记，也可以不设置这两个科目的总账，而用其日记账簿代替总账，不过这样处理可能会影响会计账簿的控制功能。

（5）月终，将现金日记账、银行存款日记账、各种明细账余额分别与有关总账余额核对相符。

（6）月终，根据核对无误的总分类账、各种明细分类账记录及其他有关资料编制会计报表。

记账凭证核算组织程序可用图 11－1 表示。

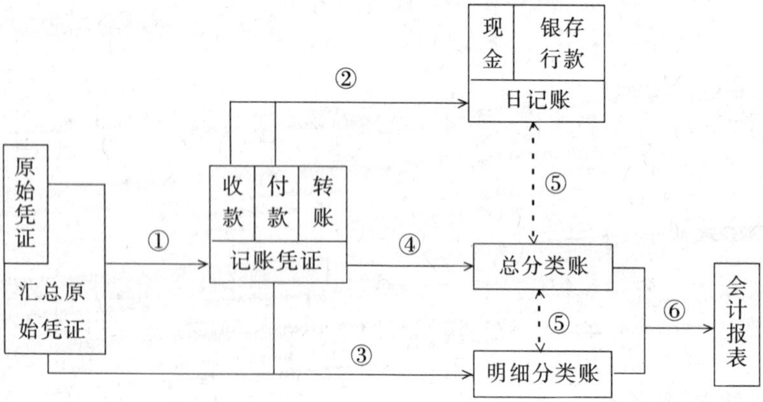

图 11－1　记账凭证核算组织程序

为了减少登记总分类账簿的工作量，简化核算手续，应尽量把业务内容相同的原始凭证先汇编成汇总原始凭证（如各种原始凭证汇总表），再根据汇总原始凭证填制记账凭证。这样可以大大减少记账凭证的数量，并由此减少登记总账和明细账的工作量。

三、记账凭证核算组织程序的优缺点和适用范围

记账凭证核算组织程序的优点：由于总账是根据记账凭证逐笔登记的，因此可以较详细地反映经济业务的发生和完成情况；核算手续简单明了，便于理解。

记账凭证核算组织程序的缺点：由于总账是直接根据记账凭证逐笔登记的，所以登记总账的工作量较大。

因此，记账凭证核算组织程序主要适用于规模较小且经济业务量较少的会计单位。

四、记账凭证核算组织程序举例

（一）资料

（1）运兴实业公司2009年6月30日有关总账账户期末余额如表11－1所示。

表11－1 **账户余额表**

编制单位：运兴实业公司　　2009年6月30日　　单位：元

账户名称	借方余额	账户名称	贷方余额
库存现金	2 000	短期借款	100 000
银行存款	160 000	应付账款	370 000
应收账款	380 000	应付职工薪酬	68 000
其他应收款	100 000	应交税费	5 000
原材料	200 000	预提费用	6 000
生产成本	120 000	实收资本	2 870 000
库存商品	365 000	本年利润	209 600
待摊费用	1 600	累计折旧	500 000
固定资产	2 800 000		
合计	4 128 600	合计	4 128 600

（2）2009年6月30日有关明细账账户余额如表11－11至表11－14所示。

（3）7月份发生下列经济业务：

①1日，购入机器一台，取得普通发票，价款50 000元，以银行存款支付。

②2日，以现金预付采购员李安差旅费1 000元。

③3日，向兴达公司购入甲材料20 000千克，每千克10元，对方代垫运杂费3 000元，增值税34 000元，材料已验收入库，款暂欠。

④4日，以银行存款支付广告费10 000元。

⑤ 5 日，向华盈公司购入乙材料 8 000 千克，每千克 8 元，对方代垫运杂费 2 000 元，增值税 10 880 元，材料已验收入库，款暂欠。

⑥ 6 日，以现金支付公司购买办公用品费 300 元。

⑦ 7 日，以银行存款归还所欠华盈公司货税款及代垫运杂费。

⑧ 8 日，生产车间为制造 A 产品领用下列材料：甲材料 5 000 千克，单位成本 10 元；乙材料 1 000 千克，单位成本 8 元。

⑨ 9 日，以银行存款预付企业保险费 15 000 元。

⑩ 10 日，向银行借入短期借款 300 000 元，存入银行。

⑪ 11 日，以银行存款缴纳应交增值税 5 000 元。

⑫ 12 日，以银行存款支付本月水电费 10 000 元。其中车间耗用 7 000 元，公司耗用 3 000 元。

⑬ 13 日，采购员李安报销差旅费 900 元，交回现金 100 元。

⑭ 14 日，向银行提取现金 50 000 元，备发工资。

⑮ 15 日，以现金 50 000 元支付本月职工工资。

⑯ 16 日，销售 A 产品 2 000 件，每件售价 50 元，另收增值税 17 000 元，款项收存银行。

⑰ 17 日，向顺兴公司销售 A 产品 5 000 件，每件售价 50 元，另收增值税 42 500 元，款项尚未收到。

⑱ 18 日，收到顺兴公司货款 250 000 元，增值税 42 500 元，存入银行。

⑲ 19 日，以银行存款支付本月产品销售费用 30 000 元。

⑳ 20 日，以银行存款归还前欠兴达公司货款 150 000 元。

㉑ 21 日，以银行存款归还短期借款 100 000 元。

㉒ 22 日，以银行存款购买职工医药用品 9 000 元。

㉓ 23 日，以银行存款支付本月公司电话费 6 000 元。

㉔ 31 日，结转本月应付工资。其中 A 产品生产工人工资 35 000 元，车间管理人员工资 5 000 元，公司管理人员工资 10 000 元。

㉕ 31 日，按上述人员工资总额的 14% 计提职工福利费。

㉖ 31 日，计提本月固定资产折旧费。其中生产车间用固定资产折旧15 000 元，公司用固定资产折旧 8 000 元。

㉗ 31 日，摊销应由本月负担的公司待摊费用 2 250 元。

㉘ 31 日，预提银行借款利息 2 000 元。

㉙ 31 日，将本月发生的制造费用转入生产成本账户。

㉚ 31 日，结转本月完工产品的生产成本。本月生产 A 产品 10 000 件，制造成本 245 600 元，全部完工验收入库。

㉛ 31 日，结转本月销售产品的生产成本 187 900 元。

㉜ 31 日，按 25% 所得税税率计算并结转本月应交所得税。

㉝ 31 日，结转各成本、费用账户。

㉞ 31 日，结转各收入账户。

（二）编制记账凭证

根据前述资料，编制记账凭证如表 11－2 至表 11－8 所示（为简化起见，本例将部分记账凭证作了适当合并）。

表 11－2

收款凭证

借方科目：库存现金　　2009 年 7 月 13 日　附件 3 张　　现收字第 1 号

摘要	贷方科目		记账	金额							
	总账科目	明细账科目		十	万	千	百	十	元	角	分
李安交回现金	其他应收款	李安					1	0	0	0	0
合计							1	0	0	0	0

会计主管：×××　记账：×××　出纳：×××　审核：×××　填制：×××

表 11－3

付款凭证

贷方科目：库存现金　　2009 年 7 月 2 日　附件 4 张　　现付字第 1 号

摘要	借方科目		记账	金额							
	总账科目	明细账科目		十	万	千	百	十	元	角	分
李安借差旅费	其他应收款	李安				1	0	0	0	0	0
合计						1	0	0	0	0	0

会计主管：×××　记账：×××　出纳：×××　审核：×××　填制：×××

表 11－4

转账凭证

2009 年 7 月 3 日　附件 5 张　　转字第 1 号

摘要	会计科目		记账	借方金额	贷方金额
	总账科目	明细科目			
购甲材料	原材料	甲材料		203 000	
	应交税费	应交增值税		34 000	
	应付账款	兴达公司			237 000
合计				¥237 000	¥237 000

会计主管：×××　记账：×××　审核：×××　填制：×××

表 11－5 **收款凭证（合并）**

借方科目：银行存款 单位：元

2009 年		凭证	摘要	贷方科目		记账	金额
月	日	号数		总账科目	明细科目		
7	10	银收 1	向银行借款	短期借款			300 000
	16	银收 2	销售产品	主营业务收入			100 000
				应交税费	应交增值税		17 000
	18	银收 3	收货款	应收账款	顺兴公司		292 500

表 11－6 **付款凭证（合并）**

贷方科目：银行存款 单位：元

2009 年		凭证	摘要	借方科目		记账	金额
月	日	号数		总账科目	明细科目		
7	1	银付 1	购机器一台	固定资产	设备		50 000
	4	银付 2	支付广告费	销售费用			10 000
	7	银付 3	偿还货款	应付账款	华盈公司		76 880
	9	银付 4	预付企业保险费	待摊费用			15 000
	11	银付 5	缴纳增值税	应交税费	应交增值税		5 000
	12	银付 6	付水电费	制造费用	水电费		7 000
				管理费用	水电费		3 000
	14	银付 7	提现金备发工资	库存现金			50 000
	19	银付 8	付销售费用	销售费用			30 000
	20	银付 9	支付货款	应付账款	兴达公司		150 000
	21	银付 10	还借款	短期借款			100 000
	22	银付 11	购医药用品	应付职工薪酬			9 000
	23	银付 12	付电话费	管理费用	电话费		6 000

表 11－7 **付款凭证（合并）**

贷方科目：库存现金 单位：元

2009 年		凭证	摘要	借方科目		记账	金额
月	日	号数		总账科目	明细科目		
7	6	现付 2	付办公费	管理费用	办公费		300
	15	现付 3	支付工资	应付职工薪酬	工资		50 000

表 11－8 **转账凭证（合并）** 单位：元

2009 年		凭证号数	摘要	账户名称		记账	借方金额	贷方金额
月	日			总账科目	明细科目			
7	5	转 2	购乙材料	原材料	乙材料		66 000	
				应交税费	应交增值税		10 880	
				应付账款	华盈公司			76 880
	8	转 3	生产产品领用材料	生产成本	A 产品		58 000	
				原材料	甲材料			50 000
				原材料	乙材料			8 000
	13	转 4	李安报差旅费	管理费用	差旅费		900	
				其他应收款	李安			900
	17	转 5	销售商品	应收账款	顺兴公司		292 500	
				主营业务收入				250 000
				应交税费	应交增值税			42 500
	31	转 6	结转工资	生产成本	A 产品		35 000	
				制造费用	工资		5 000	
				管理费用	工资		10 000	
				应付职工薪酬	工资			50 000
	31	转 7	计提职工福利费	生产成本	A 产品		4 900	
				制造费用	工资		700	
				管理费用	工资		1 400	
				应付职工薪酬	福利			7 000
	31	转 8	计提折旧	制造费用	折旧费		15 000	
				管理费用	折旧费		8 000	
				累计折旧				23 000
	31	转 9	摊销费用	管理费用			2 250	
				待摊费用				2 250
	31	转 10	预提利息	财务费用			2 000	
				预提费用				2 000

（续上表）

2009年		凭证号数	摘要	账户名称		记账	借方金额	贷方金额
月	日			总账科目	明细科目			
	31	转11	结转制造费用	生产成本	A产品		27 700	
				制造费用				27 700
	31	转12	结转完工产品成本	库存商品	A产品		245 600	
				生产成本	A产品			245 600
	31	转13	结转本月销售成本	主营业务成本			187 900	
				库存商品	A产品			187 900
	31	转14	计算所得税	所得税费用			22 062.50	
				应交税费	应交所得税			22 062.50
	31	转15	结转成本费用	本年利润			283 812.50	
				主营业务成本				187 900
				销售费用				40 000
				管理费用				31 850
				财务费用				2 000
				所得税费用				22 062.50
	31	转16	结转收入	主营业务收入			350 000	
				本年利润				350 000

（三）登记账簿

根据以上收款凭证、付款凭证及原始凭证，逐笔登记库存现金日记账、银行存款日记账，如表11－9、表11－10所示。

表11－9　　库存现金日记账

单位：元

2009年		凭证号数	摘要	借方	贷方	余额
月	日					
7	1		月初余额			2 000
	2	现付1	李安借差旅费		1 000	1 000

（续上表）

2009年		凭证号数	摘要	借方	贷方	余额
月	日					
	6	现付2	付办公费		300	700
	13	现收1	李安交回现金	100		800
	14	银付7	提现备发工资	50 000		50 800
	15	现付3	支付工资		50 000	800
	31		本月合计	50 100	51 300	800

表11－10 **银行存款日记账**

单位：元

2009年		凭证号数	摘要	借方	贷方	余额
月	日					
7	1		月初余额			160 000
	1	银付1	购机器一台		50 000	110 000
	4	银付2	支付广告费		10 000	100 000
	7	银付3	偿还货款		76 880	23 120
	9	银付4	预付企业保险费		15 000	8 120
	10	银收1	向银行借款	300 000		308 120
	11	银付5	缴纳增值税		5 000	303 120
	12	银付6	支付水电费		10 000	293 120
	14	银付7	提现备发工资		50 000	243 120
	16	银收2	销售产品	117 000		360 120
	18	银收3	收货款	292 500		652 620
	19	银付8	付销售费用		30 000	622 620
	20	银付9	支付货款		150 000	472 620
	21	银付10	还借款		100 000	372 620
	22	银付11	购医药用品		9 000	363 620
	23	银付12	付电话费		6 000	357 620
	31		本月合计	709 500	511 880	357 620

（四）登记明细分类账

根据原始凭证、原始凭证汇总表及各种记账凭证，登记各种明细分类账，如表 11 - 11 至表 11 - 14 所示（为简化举例，只登记原材料明细分类账和应付账款明细分类账，其他从略）。

表 11 - 11　　原材料明细分类账

材料名称：甲材料

2009 年		凭证号数	摘要	收入			发出			结存		
月	日			数量（千克）	单价（元）	金额（元）	数量（千克）	单价（元）	金额（元）	数量（千克）	单价（元）	金额（元）
7	1		月初余额							15 000	10	150 000
	3	转 1	购料	20 000	10.15	203 000				35 000		
	8	转 3	领料				5 000	10	50 000	30 000		
	31		本月合计	20 000	10.15	203 000	5 000	10	50 000	30 000	10.1	303 000

表 11 - 12　　原材料明细分类账

材料名称：乙材料

2009 年		凭证号数	摘要	收入			发出			结存		
月	日			数量（千克）	单价（元）	金额（元）	数量（千克）	单价（元）	金额（元）	数量（千克）	单价（元）	金额（元）
7	1		月初余额							6 250	8	50 000
	5	转 2	购料	8 000	8.25	66 000				14 250		
	8	转 3	领料				1 000	8	8 000	13 250		
	31		本月合计	8 000	8.25	66 000	1 000	8	8 000	13 250	8.15	108 000

表 11 - 13　　应付账款明细分类账

客户名称：兴达公司　　单位：元

2009 年		凭证号数	摘要	借方	贷方	借或贷	余额
月	日						
7	1		月初余额			贷	270 000
	3	转 1	购甲材料		237 000	贷	507 000
	20	银付 9	偿付货款	150 000		贷	357 000
	31		本月合计	150 000	237 000	贷	357 000

表 11－14　**应付账款明细分类账**

客户名称：华盈公司　　单位：元

2009 年		凭证号数	摘要	借方	贷方	借或贷	余额
月	日						
7	1		月初余额			贷	100 000
	5	转 2	购乙材料		76 880	贷	176 880
	7	银付 3	偿还货款	76 880		贷	100 000
	31		本月合计	76 880	76 880	贷	100 000

（五）登记总分类账

根据记账凭证逐笔登记总分类账，如表 11－15 至表 11－38 所示。

表 11－15　**总　　账**

账户名称：库存现金　　单位：元

2009 年		凭证号数	摘要	借方	贷方	借或贷	余额
月	日						
7	1		月初余额			借	2 000
	2	现付 1	李安借差旅费		1 000		
	6	现付 2	付办公费		300		
	13	现收 1	李安交回现金	100			
	14	银付 7	提现备发工资	50 000			
	15	现付 3	支付工资		50 000		
	31		本月合计	50 100	51 300	借	800

表 11－16　**总　　账**

账户名称：银行存款　　单位：元

2009 年		凭证号数	摘要	借方	贷方	借或贷	余额
月	日						
7	1		月初余额			借	160 000
	1	银付 1	购机器一台		50 000		
	4	银付 2	支付广告费		10 000		
	7	银付 3	偿还货款		76 880		
	9	银付 4	预付企业保险费		15 000		
	10	银收 1	向银行借款	300 000			

（续上表）

2009年		凭证号数	摘要	借方	贷方	借或贷	余额
月	日						
	11	银付5	缴纳增值税		5 000		
	12	银付6	支付水电费		10 000		
	14	银付7	提现备发工资		50 000		
	16	银收2	销售产品	117 000			
	18	银收3	收货款	292 500			
	19	银付8	付销售费用		30 000		
	20	银付9	支付货款		150 000		
	21	银付10	还借款		100 000		
	22	银付11	购医药用品		9 000		
	23	银付12	付电话费		6 000		
	31		本月合计	709 500	511 880	借	357 620

表11－17　　　　　　　　　　**总　账**

账户名称：应收账款　　　　　　　　　　　　　　单位：元

2009年		凭证号数	摘要	借方	贷方	借或贷	余额
月	日						
7	1		月初余额			借	380 000
	17	转5	销售商品	292 500			
	18	银收3	收货款		292 500		
	31		本月合计	292 500	292 500	借	380 000

表11－18　　　　　　　　　　**总　账**

账户名称：其他应收款　　　　　　　　　　　　　　单位：元

2009年		凭证号数	摘要	借方	贷方	借或贷	余额
月	日						
7	1		月初余额			借	100 000
	2	现付1	李安借差旅费	1 000			
	13	现收1	李安交回现金		100		
	13	转字4	李安报差旅费		900		
	31		本月合计	1 000	1 000	借	100 000

表 11－19　　　　**总　　账**

账户名称：原材料　　　　单位：元

2009 年		凭证号数	摘要	借方	贷方	借或贷	余额
月	日						
7	1		月初余额			借	200 000
	3	转 1	购甲材料	203 000			
	5	转 2	购乙材料	66 000			
	8	转 3	生产产品领用材料		58 000		
	31		本月合计	269 000	58 000	借	411 000

表 11－20　　　　**总　　账**

账户名称：生产成本　　　　单位：元

2009 年		凭证号数	摘要	借方	贷方	借或贷	余额
月	日						
7	1		月初余额			借	120 000
	8	转 3	领用材料	58 000			
	31	转 6	结转工资	35 000			
	31	转 7	计提职工福利费	4 900			
	31	转 11	结转制造费用	27 700			
	31	转 12	结转完工产品生产成本		245 600		
	31		本月合计	125 600	245 600	平	0

表 11－21　　　　**总　　账**

账户名称：库存商品　　　　单位：元

2009 年		凭证号数	摘要	借方	贷方	借或贷	余额
月	日						
7	1		月初余额			借	365 000
	31	转 12	结转完工产品生产成本	245 600			
	31	转 13	结转本月销售成本		187 900		
	31		本月合计	245 600	187 900	借	422 700

表 11－22　　总　　账

账户名称：待摊费用　　单位：元

2009 年		凭证号数	摘要	借方	贷方	借或贷	余额
月	日						
7	1		月初余额			借	1 600
	9	银付 4	预付企业保险费	15 000			
	31	转 9	摊销费用		2 250		
	31		本月合计	15 000	2 250	借	14 350

表 11－23　　总　　账

账户名称：固定资产　　单位：元

2009 年		凭证号数	摘要	借方	贷方	借或贷	余额
月	日						
7	1		月初余额			借	2 800 000
	1	银付 1	购机器一台	50 000			
	31		本月合计	50 000	0	借	2 850 000

表 11－24　　总　　账

账户名称：短期借款　　单位：元

2009 年		凭证号数	摘要	借方	贷方	借或贷	余额
月	日						
7	1		月初余额			贷	100 000
	10	银收 1	向银行借款		300 000		
	21	银付 10	还借款	100 000			
	31		本月合计	100 000	300 000	贷	300 000

表 11－25 **总　账**

账户名称：应付账款　　单位：元

2009 年		凭证号数	摘要	借方	贷方	借或贷	余额
月	日						
7	1		月初余额			贷	370 000
	3	转字 1	购材料		237 000		
	5	转字 2	购材料		76 880		
	7	银付 3	偿还货款	76 880			
	20	银付 9	偿还货款	150 000			
	31		本月合计	226 880	313 880	贷	457 000

表 11－26 **总　账**

账户名称：应付职工薪酬　　单位：元

2009 年		凭证号数	摘要	借方	贷方	借或贷	余额
月	日						
7	1		月初余额			贷	68 000
7	15	现付 3	支付工资	50 000			18 000
	22	银付 11	购医药用品	9 000			9 000
	31	转字 6	结转工资		50 000		59 000
	31	转字 7	计提福利费		7 000		66 000
	31		本月合计	59 000	57 000	贷	66 000

表 11－27 **总　账**

账户名称：应交税费　　单位：元

2009 年		凭证号数	摘要	借方	贷方	借或贷	余额
月	日						
7	1		月初余额			贷	5 000
	3	转 1	购甲材料	34 000			
	5	转 2	购乙材料	10 880			

（续上表）

2009年		凭证号数	摘要	借方	贷方	借或贷	余额
月	日						
	11	银付5	缴纳增值税	5 000			
	16	银收2	销售商品		17 000		
	17	转字5	销售商品		42 500		
	31	转字14	计算应缴所得税		22 062.50		
	31		本月合计	49 880	81 562.50	贷	36 682.50

表11－28　　　　总　账

账户名称：预提费用　　　　单位：元

2009年		凭证号数	摘要	借方	贷方	借或贷	余额
月	日						
7	1		月初余额			贷	6 000
	31	转字10	预提利息费用		2 000		
	31		本月合计	0	2 000	贷	8 000

表11－29　　　　总　账

账户名称：实收资本　　　　单位：元

2009年		凭证号数	摘要	借方	贷方	借或贷	余额
月	日						
7	1		月初余额			贷	2 870 000

表11－30　　　　总　账

账户名称：本年利润　　　　单位：元

2009年		凭证号数	摘要	借方	贷方	借或贷	余额
月	日						
7	1		月初余额			贷	209 600
	31	转15	结转成本、费用	283 812.50			
	31	转16	结转收入		350 000		
	31		本月合计	283 812.50	350 000	贷	275 787.50

表 11－31　　　　　　　　　　　　　总　　账

账户名称：累计折旧　　　　　　　　　　　　　　　　　　　　单位：元

2009年 月	日	凭证号数	摘要	借方	贷方	借或贷	余额
7	1		月初余额			贷	500 000
	31	转字 8	计提折旧		23 000		
	31		本月合计	0	23 000	贷	523 000

表 11－32　　　　　　　　　　　　　总　　账

账户名称：主营业务收入　　　　　　　　　　　　　　　　　　单位：元

2009年 月	日	凭证号数	摘要	借方	贷方	借或贷	余额
7	16	银收 2	销售产品		100 000		
	17	转 5	销售产品		250 000		
	31	转 16	结转收入	350 000			
	31		本月合计	350 000	350 000	平	0

表 11－33　　　　　　　　　　　　　总　　账

账户名称：主营业务成本　　　　　　　　　　　　　　　　　　单位：元

2009年 月	日	凭证号数	摘要	借方	贷方	借或贷	余额
7	31	转 13	结转本月销售成本	187 900			
	31	转 15	结转成本		187 900		
	31		本月合计	187 900	187 900	平	0

表 11－34　　　　　　　　　　　　　总　　账

账户名称：销售费用　　　　　　　　　　　　　　　　　　　　单位：元

2009年 月	日	凭证号数	摘要	借方	贷方	借或贷	余额
7	4	银付 2	广告费	10 000			
	19	银付 8	支付费用	30 000			
	31	转 15	结转费用		40 000		
	31		本月合计	40 000	40 000	平	0

表 11－35　　　　总　账

账户名称：制造费用　　　　单位：元

2009 年 月	日	凭证号数	摘要	借方	贷方	借或贷	余额
7	12	银付 6	水电费	7 000			
	31	转 6	工资	5 000			
	31	转 7	职工福利费	700			
	31	转 8	折旧费	15 000			
	31	转 11	结转制造费用		27 700		
	31		本月合计	27 700	27 700	平	0

表 11－36　　　　总　账

账户名称：管理费用　　　　单位：元

2009 年 月	日	凭证号数	摘要	借方	贷方	借或贷	余额
7	6	现付 2	付办公费	300			
	12	银付 6	水电费	3 000			
	13	转 4	差旅费	900			
	23	银付 12	电话费	6 000			
	31	转 6	工资	10 000			
	31	转 7	福利费	1 400			
	31	转 8	折旧费	8 000			
	31	转 9	费用摊销	2 250			
	31	转 15	结转利润		31 850		
	31		本月合计	31 850	31 850	平	0

表 11－37　　　　总　账

账户名称：财务费用　　　　单位：元

2009 年 月	日	凭证号数	摘要	借方	贷方	借或贷	余额
7	31	转 10	预提利息	2 000			
	31	转 15	结转利润		2 000		
	31		本月合计	2 000	2 000	平	0

表 11－38

总 账

账户名称：所得税费用

单位：元

2009 年		凭证号数	摘要	借方	贷方	借或贷	余额
月	日						
7	31	转 14	计算所得税	22 062. 50			
	31	转 15	结转利润		22 062. 50		
	31		本月合计	22 062. 50	22 062. 50	平	0

（六）编制会计报表

根据以上账簿记录，经核对无误后，编制运兴实业公司 7 月份的资产负债表、利润表。如表 11－39、表 11－40 所示。

表 11－39

资产负债表

编制单位：运兴实业公司　　2009 年 7 月 31 日　　单位：元

资产	年初数	期末数	负债和所有者权益	年初数	期末数
流动资产：	（略）		流动负债：	（略）	
货币资金		358 420	短期借款		300 000
应收账款		380 000	应付账款		457 000
其他应收款		100 000	应付职工薪酬		66 000
存货		833 700	应交税费		36 682. 50
待摊费用		14 350	预提费用		8 000
流动资产合计		1 686 470	负债合计		874 742. 50
非流动资产：			所有者权益：		
固定资产净值		2 327 000	实收资本		2 870 000
资产总计		4 013 470	未分配利润		275 787. 50
			所有者权益合计		3 138 727. 50
			负债和所有者权益总计		4 013 470

表 11 - 40 利润表

编制单位：运兴实业公司 2009 年 7 月 单位：元

项目	本月数	本年累计数
一、营业收入	350 000	（略）
减：营业成本	187 900	
营业税金及附加		
管理费用	31 850	
财务费用	2 000	
销售费用	40 000	
二、营业利润	88 250	
加：营业外收入		
减：营业外支出		
三、利润总额	88 250	
减：所得税费用	22 062. 50	
四、净利润	66 187. 50	

第三节 汇总记账凭证核算组织程序

汇总记账凭证是指对一定时期内所有记账凭证，按收款凭证、付款凭证和转账凭证加以分类汇总而成的记账凭证。因此，也称为分类汇总记账凭证。

一、汇总记账凭证核算组织程序的特点

汇总记账凭证核算组织程序的特点是：先定期（如每隔 5 日、10 日或者 15 日）将全部记账凭证按收款凭证、付款凭证和转账凭证分别归类编制成汇总记账凭证（包括汇总收款凭证、汇总付款凭证和汇总转账凭证），再根据汇总记账凭证登记总账。

在汇总记账凭证核算组织程序下，不仅需要设置收款凭证、付款凭证和转账凭证，还需要设置汇总记账凭证，作为登记总账的依据。

二、汇总记账凭证的编制方法

汇总记账凭证是将收款凭证、付款凭证和转账凭证分类加以汇总而成的记账凭证。

1. 汇总收款凭证的编制方法

汇总收款凭证是指按“库存现金”和“银行存款”科目的借方分别设置的，按其对应的贷方科目归集的一种汇总记账凭证。它汇总了一定时期内所有现金和银行存款的收款业务。其格式如表 11－41 所示。

表 11－41　　　　汇总收款凭证

借方科目：库存现金（或银行存款）　　　年　月　日　　　　　第　号

贷方科目	金额				总账页数	
	自____日至____日 凭证自　号至　号共　张	自____日至____日 凭证自　号至　号共　张	自____日至____日 凭证自　号至　号共　张	合计	借方	贷方
合计						

汇总收款凭证的编制方法是：根据一定期间内的所有现金或银行存款的收款凭证，按其对应的贷方科目进行归类，定期（一般可每隔 5 日、10 日或者 15 日）计算出每一个贷方科目发生额合计数，并据此填入汇总收款凭证中。月终时，再在汇总收款凭证中计算出每个贷方科目的合计数，并据以登记总分类账，即根据汇总收款凭证的合计数，记入总账中“库存现金”或“银行存款”科目的借方，以及有关科目的贷方。

2. 汇总付款凭证的编制方法

汇总付款凭证是指按“库存现金”和“银行存款”科目的贷方分别设置的，按其对应的借方科目归集的一种汇总记账凭证。它汇总了一定时期内所有现金和银行存款的付款业务。其格式如表 11－42 所示。

表 11－42　　**汇总付款凭证**

贷方科目：库存现金（或银行存款）　　年　月　日　　第　号

借方科目	金额				总账页数	
	自____日至____日 凭证自 号至 号共 张	自____日至____日 凭证自 号至 号共 张	自____日至____日 凭证自 号至 号共 张	合计	借方	贷方
合计						

汇总付款凭证的编制方法是：根据一定期间内的所有现金或银行存款的付款凭证，按其对应的借方科目进行归类，定期（一般可每隔 5 日、10 日或者 15 日）计算出每一个借方科目发生额合计数，并据此填入汇总付款凭证中。月终时，再在汇总付款凭证中计算出每个借方科目的合计数，并据以登记总分类账，即根据汇总付款凭证的合计数，记入总账中"库存现金"或"银行存款"科目的贷方，以及有关科目的借方。

3. 汇总转账凭证的编制方法

汇总转账凭证是指按贷方科目分别设置的，按其对应的借方科目归集的用来汇总一定时期内转账业务的一种汇总记账凭证。它汇总了一定时期内所有转账业务。其格式如表 11－43 所示。

表 11－43　　**汇总转账凭证**

贷方科目：　　年　月　日　　第　号

借方科目	金额				总账页数	
	自____日至____日 凭证自 号至 号共 张	自____日至____日 凭证自 号至 号共 张	自____日至____日 凭证自 号至 号共 张	合计	借方	贷方
合计						

汇总转账凭证的编制方法是：根据一定期间内的所有转账凭证，按贷方科目设置，按其对应的借方科目进行归类，定期（一般可每隔 5 日、10 日或者 15 日）计算出每一个借方科目发生额合计数，并据此填入汇总转账凭证中。月终时，再在汇总转账凭证中计算出每个借方科目的合计数，并据以登记总分类账，即根据汇总转账凭证的合计数，记入总账中设证科目的贷方，以及有关科

目的借方。

由于汇总转账凭证中的科目对应关系是一个贷方科目与一个或几个借方科目相对应，因此，为了便于编制汇总转账凭证，要求平时填制的转账凭证，其科目对应关系应该是一贷一借或一贷多借，而不能是一借多贷（更不能是多借多贷）。

如果月内某一贷方科目的转账凭证不多，也可以不编制汇总转账凭证，直接根据转账凭证记入总账的借方和贷方。

三、汇总记账凭证核算组织程序的主要工作步骤

汇总记账凭证核算组织程序的一般处理程序为：

（1）根据原始凭证（或汇总原始凭证）填制收款凭证、付款凭证和转账凭证。

（2）根据收款凭证和付款凭证，逐日逐笔登记现金日记账和银行存款日记账。

（3）根据原始凭证、汇总原始凭证或记账凭证，登记各种明细分类账。

（4）根据收款凭证、付款凭证和转账凭证，定期编制汇总收款凭证、汇总付款凭证和汇总转账凭证。

（5）根据定期编制的汇总收款凭证、汇总付款凭证和汇总转账凭证，登记总分类账。具体来说，就是根据汇总收款凭证的合计数，记入“库存现金”或“银行存款”总账的借方，以及各个对应账户的贷方；根据汇总付款凭证的合计数，记入“库存现金”或“银行存款”总账的贷方，以及各个对应账户的借方；根据汇总转账凭证的合计数，记入设证总账的贷方，以及各个对应账户的借方。

（6）月份终了，将库存现金日记账、银行存款日记账、各种明细账余额分别与有关总账余额核对相符。

（7）月份终了，根据核对无误的总分类账、各种明细分类账记录及其他有关资料编制会计报表。

汇总记账凭证核算组织程序可用图 11－2 表示。

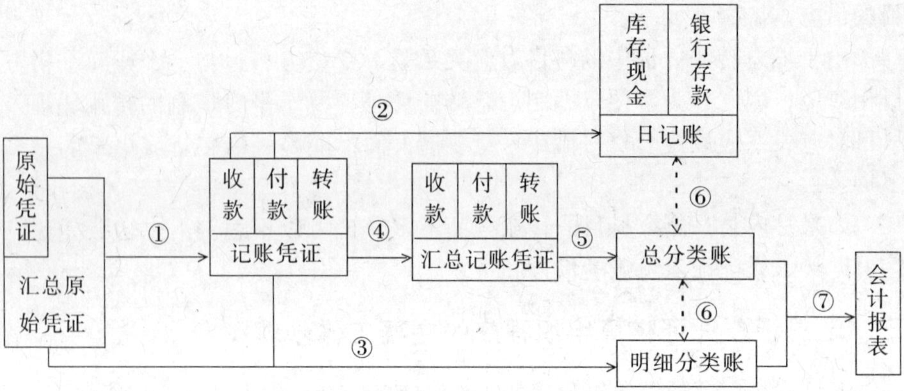

图 11－2　汇总记账凭证核算组织程序

四、汇总记账凭证核算组织程序的优缺点和适用范围

汇总记账凭证核算组织程序的优点：由于总账是在月末根据汇总记账凭证一次性登记入账的，因此减少了登记总账的工作量；由于汇总记账凭证是定期根据专用复式记账凭证按科目对应关系分类汇总而填制的，因此通过有关科目之间的对应关系，可以了解经济业务的全貌和资金运动的来龙去脉。

汇总记账凭证核算组织程序的缺点：由于汇总记账凭证是按每一个贷（借）方科目分类汇总，而不是按经济业务的性质进行分类汇总的，因此不利于对日常核算工作的合理分工；当同一贷（借）方科目的转账凭证不多，则记账凭证的汇总难以起到简化记账工作的作用。

因此，汇总记账凭证核算组织程序主要适用于规模较大、经济业务量较多的会计单位。

第四节　科目汇总表核算组织程序

科目汇总表是指根据一定时期内所有记账凭证，分类计算每一个总账科目的本期借方发生额合计数和贷方发生额合计数，并据此编制的汇总表。因此，科目汇总表也称为全部记账凭证汇总表。

一、科目汇总表核算组织程序的特点

科目汇总表核算组织程序的特点是：先定期（如每隔 5 日、10 日或者 15 日）根据所有记账凭证编制科目汇总表，然后再根据科目汇总表登记总账。

在科目汇总表核算组织程序下，不仅需要设置记账凭证，还需要设置科目汇总表，作为登记总账的依据。对于货币资金的收、付款业务，可以采用收款凭证和付款凭证，对于转账业务则应采用单式记账凭证（即借项转账凭证和贷项转账凭证）；也可以将所有记账凭证设置成通用复式记账凭证格式。为了便于编制科目汇总表，所有复式记账凭证的科目对应关系应该是一借一贷，不能一借多贷、一贷多借或多借多贷，并且复式转账凭证应该复写两联。

二、科目汇总表的编制方法

科目汇总表有两种不同的主要格式，如表 11－44、表 11－45 所示。

表 11－44　　科目汇总表（格式 1）

年　月　日至　日　　　　第　号

会计科目	记账凭证起讫号码	本期发生额		总账页数
		借方	贷方	
合计				

表 11－44 是每汇总一次就编制一张科目汇总表的格式。

表 11－45　　科目汇总表（格式 2）

年　月份　　　　第　号

<table>
<tr><td rowspan="2">会计科目</td><td colspan="2">1—10 日</td><td colspan="2">11—20 日</td><td colspan="2">21—30 日</td><td colspan="2">本月合计</td><td rowspan="2">总账页数</td></tr>
<tr><td>借方</td><td>贷方</td><td>借方</td><td>贷方</td><td>借方</td><td>贷方</td><td>借方</td><td>贷方</td></tr>
<tr><td></td><td></td><td></td><td></td><td></td><td></td><td></td><td></td><td></td><td></td></tr>
<tr><td>合计</td><td></td><td></td><td></td><td></td><td></td><td></td><td></td><td></td><td></td></tr>
<tr><td>记账凭证起讫号数</td><td colspan="2">现收第　号至第　号
现付第　号至第　号</td><td colspan="2">银收第　号至第　号
银付第　号至第　号</td><td colspan="4">转账第　号至第　号</td><td>共　张</td></tr>
</table>

表 11－45 是每旬汇总一次，但全月只编制一张科目汇总表的格式。

科目汇总表的编制方法是：定期（一般可每隔 5 日、10 日或者 15 日）将所有记账凭证按照相同会计科目归类，分别计算出每一个总账科目的借方发生额合计数和贷方发生额合计数，并据此填入科目汇总表内即可。

科目汇总表无须反映会计科目之间的对应关系，只需将记账凭证中的相同科目定期归类汇总出本期借、贷方发生额即可。所有会计科目的全月借、贷方发生额可以汇总在同一张汇总表内，然后据以登记总账。汇总的次数一般视业务多少而定，可以每天汇总一次，也可以定期汇总，一般是每隔5日、10日或者15日汇总一次。由于借贷记账法的记账规则是“有借必有贷，借贷必相等”，因此，所编制的科目汇总表内借方发生额合计数一定等于贷方发生额合计数。

同时，还应注意：① 科目汇总表内现金和银行存款的本期借、贷方发生额，也可以根据“库存现金日记账”和“银行存款日记账”的收、支合计数填列。② 所有记账凭证的科目对应关系应该是一借一贷，即收款凭证只填列一个贷方科目，付款凭证只填列一个借方科目；转账凭证也应该是一借一贷，同时复写两联，其中一联作为借方科目的转账凭证，另一联作为贷方科目的转账凭证（或者对转账业务采用单式记账凭证格式，即按经济业务所涉及的每一个会计科目分别填列借项凭证和贷项凭证）。

三、科目汇总表核算组织程序的主要工作步骤

科目汇总表核算组织程序的一般处理程序为：

①根据原始凭证（或汇总原始凭证）填制收款凭证、付款凭证和转账凭证等记账凭证。

②根据收款凭证和付款凭证，逐日逐笔登记库存现金日记账和银行存款日记账。

③根据原始凭证、汇总原始凭证或记账凭证，登记各种明细分类账。

④根据一定时期内所有记账凭证，汇总编制科目汇总表。

⑤根据科目汇总表，登记总分类账。由于科目汇总表不能清楚地反映各项经济业务的内容，所以总账中的“摘要”栏可以改填科目汇总表的编号。

⑥月份终了，将库存现金日记账、银行存款日记账、各种明细账余额分别与有关总账余额核对相符。

⑦月份终了，根据核对无误的总分类账、各种明细分类账记录及其他有关资料编制会计报表。

科目汇总表核算组织程序可用图11－3表示。

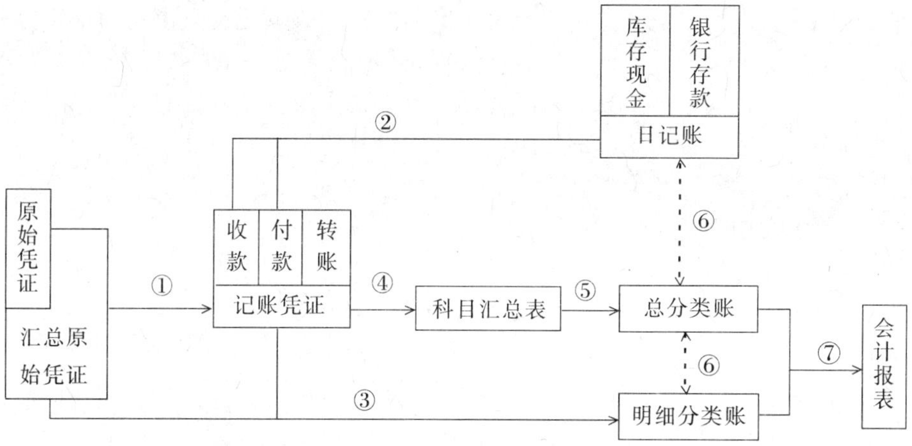

图 11－3 科目汇总表核算组织程序

四、科目汇总表核算组织程序的优缺点和适用范围

科目汇总表核算组织程序的优点：由于它是先定期根据记账凭证编制科目汇总表，然后再根据科目汇总表登记总账的，因此可以大大减少登记总账的工作量；科目汇总表可以起到试算平衡表的作用。

科目汇总表核算组织程序的缺点：由于科目汇总表只汇总总分类账户的本期借、贷方发生额，不反映总分类账户之间的对应关系，因此不便于分析经济业务的全貌及其资金运动的来龙去脉，不便于查对账目。

因此，科目汇总表核算组织程序主要适用于规模较大、经济业务量较多的会计单位。

五、科目汇总表核算组织程序举例

现以新丰贸易批发公司 2009 年 12 月发生的经济业务为例，说明在科目汇总表核算组织程序下，各种记账凭证和科目汇总表的填制方法，现金日记账、银行存款日记账、总分类账的登记方法，资产负债表和利润表的编制方法（明细分类账的登记和日记账、明细账与总账的核对从略）。

（1）根据原始凭证（或汇总原始凭证）填制记账凭证。

根据新丰公司 200×年 12 月发生的经济业务，编制收款凭证、付款凭证和转账凭证。为方便起见，我们用表 11－46 的会计分录来代替各种有关的记账凭证。

在会计实务中，如果企业采用复式记账凭证，为了方便编制科目汇总表，所有记账凭证的科目对应关系应该是一借一贷，即收款凭证只填列一个贷方科目，付款凭证只填列一个借方科目；转账凭证应该是一借一贷，同时复写两联，其中一联作为借方科目的入账凭证，另一联作为贷方科目的入账凭证（或者采用单式记账凭证格式，即按经济业务所涉及的每一个会计科目分别填列借项凭证和贷项凭证）。但是，为了简化内容，下面所有的记账凭证（会计分录），均为复式记账凭证，这一点请大家注意。

表 11 - 46　　会计分录（代记账凭证）

200×年		凭证字号		摘要	借方		贷方	
月	日	字	号		会计科目	金额（元）	会计科目	金额（元）
12	2	转	1	外购商品，款项未付，商品未入库	材料采购 应交税费	139 000 23 630	应付账款	162 630
	3	转	2	昨天外购的商品入库	库存商品	139 000	材料采购	139 000
	3	银收	1	销售商品，并收到货款	银行存款	146 250	主营业务收入 应交税费	125 000 21 250
	3	转	3	结转销售成本	主营业务成本	105 000	库存商品	105 000
	4	银付	1	采购员借差旅费	其他应收款	1 000	银行存款	1 000
	4	银收	2	取得短期借款	银行存款	20 000	短期借款	20 000
	4	转	4	处理旧设备	累计折旧 固定资产清理	500 2 000	固定资产	2 500
	4	银收	3	取得旧设备的变价收入	银行存款	2 100	固定资产清理	2 100
	4	转	5	结转处理旧设备的净收益	固定资产清理	100	营业外收入	100
	5	转	6	行政部门领用低值易耗品	管理费用	2 100	低值易耗品	2 100
	6	银付	2	付广告费	销售费用	1 250	银行存款	1 250
	8	现付	1	支付商品展销费用	销售费用	585	库存现金	585
	9	银付	3	购汽车1辆	固定资产	118 200	银行存款	118 200
	10	转	7	接受捐赠小汽车1辆	固定资产	99 450	资本公积	99 450

（续上表）

200×年		凭证字号		摘要	借方		贷方	
月	日	字	号		会计科目	金额（元）	会计科目	金额（元）
	10	银付	4	外购商品，并支付款项	材料采购 应交税费 销售费用	90 000 15 300 1 000	银行存款	106 300
	11	银付	5	预付货款	预付账款	188 400	银行存款	188 400
	13	转	8	10 日外购的商品入库	库存商品	90 000	材料采购	90 000
	14	银付	6	销售退回，冲收入退货款	主营业务收入 应交税费	20 000 3 400	银行存款	23 400
	14	转	9	销售退回，冲成本	库存商品	16 000	主营业务成本	16 000
	14	银收	4	收回原已转作坏账的货款	银行存款	1 200	应收账款	1 200
	14	转	10	冲回坏账准备	应收账款	1 200	坏账准备	1 200
	15	银付	7	支付金融机构手续费	财务费用	500	银行存款	500
	18	转	11	销售商品，款项未收	应收账款	84 750	主营业务收入 应交税费	72 436 12 314
	18	银收	5	销售商品，并收到货款	银行存款	120 000	主营业务收入 应交税费	102 564 17 436
	18	转	12	结转销售成本	主营业务成本	120 000	库存商品	120 000
	18	银收	6	收到所有者的投资额	银行存款	50 000	实收资本	50 000
	19	转	13	外购商品，原已预付货款	材料采购 应交税费 销售费用	125 000 21 250 1 450	预付账款	147 700
	19	转	14	19 日外购的商品入库	库存商品	125 000	材料采购	125 000
	20	转	15	采购员报差旅费	销售费用	1 000	其他应收款	1 000
	20	现付	2	以现金补付采购员报差旅费	销售费用	100	库存现金	100
	20	银付	8	外购材料物资，并已付款	原材料 应交税费	5 000 850	银行存款	5 850

（续上表）

200×年		凭证字号		摘要	借方		贷方	
月	日	字	号		会计科目	金额（元）	会计科目	金额（元）
	25	现付	3	支付退休人员工资	管理费用	500	库存现金	500
	25	银收	7	索赔收入	银行存款	13 500	营业外收入	13 500
	26	银付	9	对外（福利机构）捐赠	营业外支出	5 000	银行存款	5 000
	26	银付	10	上交税金	应交税费	8 000	银行存款	8 000
	28	银付	11	提现	库存现金	15 000	银行存款	15 000
	28	现付	4	发工资	应付职工薪酬	15 000	库存现金	15 000
	29	转	16	销售商品，货款尚未收到	应收账款	731 250	主营业务收入 应交税费	625 000 106 250
	29	银付	12	代垫上项销售商品运费	应收账款	500	银行存款	500
	29	转	17	结转销售成本	主营业务成本	505 000	库存商品	505 000
	29	银收	8	预收货款	银行存款	49 000	预收账款	49 000
	30	银付	13	以存款偿还原赊购款	应付账款	162 630	银行存款	162 630
	30	银付	14	归还短期借款	短期借款	60 000	银行存款	60 000
	30	转	18	让售多余材料物资，未收到货款	应收账款	2 925	其他业务收入 应交税费	2 500 425
	30	转	19	结转让售多余材料物资的成本	其他业务成本	2 200	原材料	2 200
	30	转	20	提取公积金	利润分配	5 000	盈余公积	5 000
	30	转	21	分配利润	利润分配	30 000	应付股利	30 000
	30	银付	15	支付已分配的利润	应付股利	30 000	银行存款	30 000
	30	转	22	分配本月的工资费用	销售费用 管理费用	11 000 4 000	应付职工薪酬	15 000
	30	转	23	计提应付福利费	销售费用 管理费用	1 540 560	应付职工薪酬	2 100
	30	转	24	销售商品，以预收货款抵付	预收账款	40 950	主营业务收入 应交税费	35 000 5 950
	30	银付	16	归还多收货款	预收账款	8 050	银行存款	8 050
	30	转	25	结转销售成本	主营业务成本	28 000	库存商品	28 000

（续上表）

200×年		凭证字号		摘要	借方		贷方	
月	日	字	号		会计科目	金额（元）	会计科目	金额（元）
	31	银收	9	收到本季存款利息，已预计 1 500	银行存款	2 000	其他应收款 财务费用	1 500 500
	31	银收	10	收回原赊销款	银行存款	731 750	应收账款	731 750
	31	转	26	应计城建税和教育费附加	营业税金及附加	1 500	应交税费	1 500
	31	转	27	结转待处理财产损失：500 元由个人赔偿；1 500 元属一般经营损失	其他应收款 销售费用	500 1 500	待处理财产损溢	2 000
	31	银付	17	支付本季度的借款利息	财务费用 预提费用	1 800 3 200	银行存款	5 000
	31	转	28	计提设备修理费	管理费用	3 000	预提费用	3 000
	31	转	29	调整预收租金中属于本期的收入	其他应付款	500	其他业务收入	500
	31	转	30	摊销财产保险费	销售费用 管理费用	1 000 500	待摊费用	1 500
	31	转	31	摊销包装物费用	其他业务成本	400	待摊费用	400
	31	转	32	计提折旧	管理费用	8 500	累计折旧	8 500
	31	转	33	计提坏账准备，冲回多提部分	坏账准备	937	资产减值损失	937
	31	转	34	计提应交所得税	所得税费用	41 263	应交税费	41 263
	31	转	35	将各项收益转入“本年利润”账户	主营业务收入 其他业务收入 营业外收入 资产减值损失	940 000 3 000 13 600 937	本年利润	957 537

（续上表）

200×年		凭证字号		摘要	借方		贷方	
月	日	字	号		会计科目	金额（元）	会计科目	金额（元）
	31	转	36	将各项成本、费用转入“本年利润”账户	本年利润	833 748	主营业务成本 销售费用 营业税金及附加 其他业务成本 管理费用 财务费用 营业外支出 所得税费用	742 000 20 425 1 500 2 600 19 160 1 800 5 000 41 263
	31	转	37	将本年实现的利润总额结转“未分配利润”账户	本年利润	123 789	利润分配	123 789

（2）登记库存现金、银行存款日记账。

登记库存现金日记账和银行存款日记账如表 11－47 和表 11－48 所示。

表 11－47　　库存现金日记账

第　页

200×年		凭证字号		摘要	对应科目	收入	支出	结余
月	日	字	号					
11	30			本月结余				1 520
12	8	现付	1	支付商品展销费用	销售费用		585	
	20	现付	2	以现金补付采购员报差旅费	销售费用		100	
	25	现付	3	支付退休人员工资	管理费用		500	
	28	银付	11	提现	银行存款	15 000		
	28	现付	4	发工资	应付职工薪酬		15 000	
	31			本月合计		15 000	16 185	335

表 11-48 **银行存款日记账**

第　页

200×年		凭证字号		摘要	对应科目	收入	支出	结余
月	日	字	号					
11	30			本月结余				420 050
12	3	银收	1	销售商品，并收到货款	主营业务收入 应交税费	146 250		566 300
	4	银付	1	采购员借差旅费	其他应收款		1 000	
	4	银收	2	取得短期借款	短期借款	20 000		
	4	银收	3	取得旧设备的变价收入	固定资产清理	2 100		587 400
	6	银付	2	付广告费	销售费用		1 250	586 150
	9	银付	3	购汽车 1 辆	固定资产		118 200	467 950
	10	银付	4	外购商品，并支付款项	商品采购 应交税费 销售费用		106 300	361 650
	11	银付	5	预付货款	预付账款		188 400	173 250
	14	银付	6	销售退回，冲收入退货款	主营业务收入 应交税费		23 400	
	14	银收	4	收回原已转作坏账的货款	应收账款	1 200		151 050
	15	银付	7	支付金融机构手续费	财务费用		500	150 550
	18	银收	5	销售商品，并收到货款	主营业务收入 应交税费	120 000		
	18	银收	6	收到所有者的投资额	实收资本	50 000		320 550
	20	银付	8	外购材料物资，并已付款	原材料 应交税费		5 850	314 700
	25	银收	7	索赔收入	营业外收入	13 500		328 200
	26	银付	9	对外（福利机构）捐赠	营业外支出		5 000	
	26	银付	10	上交税金	应交税费		8 000	315 200
	28	银付	11	提现	库存现金		15 000	300 200
	29	银付	12	代垫上项销售商品运费	应收账款		500	
	29	银收	8	预收货款	预收账款	49 000		348 700

（续上表）

200×年		凭证字号		摘要	对应科目	收入	支出	结余
月	日	字	号					
	30	银付	13	以存款偿还原赊购款	应付账款		162 630	
	30	银付	14	归还短期借款	短期借款		60 000	
	30	银付	15	支付已分配的利润	应付股利		30 000	
	30	银付	16	归还多收货款	预收账款		8 050	88 020
	31	银收	9	收到本季存款利息，已预计 1 500	其他应收款 财务费用	2 000		
	31	银收	10	收回原赊销款	应收账款	731 750		
	31	银付	17	支付本季度的借款利息	财务费用 预提费用		5 000	816 770
	31			本月合计		1 135 800	739 080	816 770

（3）根据原始凭证、汇总原始凭证或记账凭证，登记各种明细账（略）。

（4）根据各种记账凭证，汇总编制科目汇总表。

每旬末将所有的记账凭证按照相同的会计科目归类，分别计算出每一个会计科目的借、贷方发生额合计数，并据此填入科目汇总表内，如表 11－49 所示。每月汇总 3 次，并且将所有会计科目的全月各旬借、贷方发生额填入同一张科目汇总表内。

科目汇总表内库存现金和银行存款的本期借、贷方发生额，也可以根据“库存现金日记账”和“银行存款日记账”的收、支合计数填列。

表 11－49 **科目汇总表**

200×年 12 月份 第 号

会计科目	1—10 日		11—20 日		21—30 日		本月合计	
	借方	贷方	借方	贷方	借方	贷方	借方	贷方
库存现金		585		100	15 000	15 500	15 000	16 185
银行存款	168 350	226 750	171 200	218 150	796 250	294 180	1 135 800	739 080
应收账款			85 950	1 200	734 675	731 750	820 625	732 950
坏账准备				1 200	937		937	1 200
预付账款			188 400	147 700			188 400	147 700

（续上表）

会计科目	1—10 日		11—20 日		21—30 日		本月合计	
	借方	贷方	借方	贷方	借方	贷方	借方	贷方
其他应收款	1 000			1 000	500	1 500	1 500	2 500
商品采购	229 000	139 000	125 000	215 000			354 000	354 000
库存商品	139 000	105 000	231 000	120 000		533 000	370 000	758 000
原材料			5 000			2 200	5 000	2 200
低值易耗品		2 100						2 100
待摊费用						1 900		1 900
固定资产清理	2 100	2 100					2 100	2 100
固定资产	217 650	2 500					217 650	2 500
累计折旧	500					8 500	500	8 500
短期借款		20 000			60 000		60 000	20 000
应付账款		162 630			162 630		162 630	162 630
预收账款					49 000	49 000	49 000	49 000
其他应付款					500	500	500	500
应付职工薪酬					15 000	17 100	15 000	17 100
应付股利					30 000	30 000	30 000	30 000
应交税费	38 930	21 250	25 500	29 750	8 000	155 388	72 430	206 388
预提费用					3 200	3 000	3 200	3 000
实收资本				50 000				50 000
资本公积		99 450						99 450
盈余公积						5 000		5 000
本年利润					957 537	957 537	957 537	957 537
利润分配					35 000	123 789	35 000	123 789
待处理财产损溢						2 000		2 000
主营业务收入		125 000	20 000	175 000	940 000	660 000	960 000	960 000
主营业务成本	105 000		120 000	16 000	533 000	742 000	758 000	758 000

（续上表）

会计科目	1—10 日		11—20 日		21—30 日		本月合计	
	借方	贷方	借方	贷方	借方	贷方	借方	贷方
销售费用	2 835		2 550		15 040	20 425	20 425	20 425
营业税金及附加					1 500	1 500	1 500	1 500
管理费用	2 100				17 060	19 160	19 160	19 160
财务费用			500		1 800	2 300	2 300	2 300
所得税费用					41 263	41 263	41 263	41 263
其他业务收入					3 000	3 000	3 000	3 000
其他业务成本					2 600	2 600	2 600	2 600
资产减值损失					937	937	937	937
营业外收入		100			13 600	13 500	13 600	13 600
营业外支出					5 000	5 000	5 000	5 000
合计	906 465	906 465	975 100	975 100	4 441 155	4 441 155	6 322 720	6 322 720
记账凭证起讫号数	现收第　号至第　号 现付第　号至第　号（略）		银收第　号至第　号 银付第　号至第　号（略）		转账第　号至第　号（略）			

（5）根据科目汇总表登记总分类账。

在科目汇总表核算组织程序中，总账只能采用三栏式，而且在账簿记录中不反映账户之间的对应关系。下面仅以“库存现金”和“银行存款”账户为例说明总账的格式和登记方法，如表 11－50 和表 11－51 所示（其余账户略）。

表 11－50　　**总分类账**

会计科目名称及编号：101 库存现金　　第 1 页

200×年		凭证编号	摘要	借方	贷方	借/贷	余额
月	日						
12	1		月初余额			借	1 520
	31	科汇 12	1—10 日发生额		585		
	31	科汇 12	11—21 日发生额		100		
	31	科汇 12	21—31 日发生额	15 000	15 500		
			本月合计	15 000	16 185	借	335

表 11－51　　　　　　　　　　　　　　　　**总分类账**

会计科目名称及编号：102 银行存款　　　　　　　　　　　　　　　　　　第 2 页

200×年		凭证编号	摘要	借方	贷方	借/贷	余额
月	日						
12	1		月初余额			借	420 050
	31	科汇 12	1—10 日发生额	168 350	226 750		
	31	科汇 12	11—20 日发生额	171 200	218 150		
	31	科汇 12	21—31 日发生额	796 250	294 180		
			本月合计	1 135 800	739 080	借	816 770

（6）月终，将库存现金日记账、银行存款日记账余额以及各种明细账的余额合计数，分别与总账中有关科目的余额核对相符（略）。

（7）根据总分类账、各种明细分类账记录及其他有关资料编制会计报表。

由于科目汇总表只需将记账凭证中的相同科目定期归类汇总出各总账账户的本期借、贷方发生额，而根据“有借必有贷，借贷必相等”的记账规则，所有科目的本期借、贷方发生额合计也就必然相等，因此，科目汇总表具有试算平衡的作用。尽管如此，为了检查过账是否正确，结账后仍然需要编制“试算平衡表”，其格式和编制方法，以及各种会计报表的格式和编制方法，见第四章。

第五节　多栏式日记账核算组织程序

多栏式日记账是在账内按现金或银行存款收支的对应科目设置专栏的一种序时账簿。

一、多栏式日记账核算组织程序的特点

多栏式日记账核算组织程序的特点是：库存现金日记账和银行存款日记账均采用多栏式，并根据多栏式库存现金日记账和银行存款日记账的记录登记总账。但是，对于转账业务，可以直接根据转账凭证逐笔登记总账，也可以根据转账凭证定期编制转账凭证科目汇总表（或汇总转账凭证，或转账日记账），然后据此登记总账。

二、多栏式日记账核算组织程序的凭证和账簿要求

在多栏式日记账核算组织程序下，不仅需要设置记账凭证（包括收款凭证、付款凭证和转账凭证），还需要设置多栏式库存现金日记账和银行存款日记账。多栏式库存现金日记账和银行存款日记账按收、付的对应科目设置专栏。

此外，对于转账业务，也可以同时设置转账凭证科目汇总表（或汇总转账凭证，或转账日记账）。

三、多栏式日记账的编制方法

多栏式库存现金日记账和银行存款日记账，是把收入栏和支出栏分别按照对应科目即收入的来源科目（贷方科目）和支出的用途科目（借方科目）设置若干专栏。其基本格式如表 11 – 52 所示。

表 11 – 52　　库存现金（或银行存款）日记账

第　页

年		凭证		摘要	收入					支出				余额
月	日	字	号		主营业务收入	应收账款	预收账款	……	收入合计	管理费用	应付账款	……	支出合计	
				合计										

显然，像表 11 – 52 这样的多栏式日记账篇幅太大。为了扩大其适用范围，在会计实务中一般将多栏式日记账分设成多栏式收入日记账和多栏式支出日记账两本。其基本格式如表 11 – 53 和表 11 – 54 所示。

表 11－53　　库存现金（或银行存款）收入日记账

第　页

年		凭证		摘要	收入					支出合计	余额
月	日	字	号		主营业务收入	应收账款	预收账款	……	收入合计		
				合计							

表 11－54　　库存现金（或银行存款）支出日记账

第　页

年		凭证		摘要	支出					支出合计
月	日	字	号		管理费用	应付账款	预付账款	其他应收款	……	
				合计						

多栏式库存现金日记账和银行存款日记账的编制方法主要有两种：

（1）由出纳人员根据审核后的收、付款凭证逐日逐笔登记多栏式库存现金（或银行存款）的收入日记账和支出日记账。

每日终了时，再将多栏式库存现金（或银行存款）支出日记账中当日的支出合计数，过入多栏式库存现金（或银行存款）收入口记账中当日“支出合计”栏内，并结出当日库存现金（或银行存款）的账面结存数额。会计人员应对多栏式库存现金（或银行存款）日记账的记录进行检查监督，并负责于月末根据多栏式库存现金（或银行存款）日记账各专栏的合计数，分别登记有关总账账户。

月份终了时，应结出多栏式库存现金（或银行存款）日记账的对应账户栏合计数额、库存现金（或银行存款）本月收入合计数额和本月支出合计数额，作为库存现金（或银行存款）收款业务和付款业务的登记总账的依据。

注意：多栏式库存现金（或银行存款）日记账中对应账户银行存款（或库存现金）栏的发生额，因已同时记入多栏式银行存款（或库存现金）日记账，所以不应再过入总账，以免重复。下面的多栏式日记账核算组织程序（工作步骤）主要就是针对这种情况而规定的。

（2）设置"库存现金和银行存款出纳登记簿"，由出纳人员根据审核后的收、付款凭证逐日逐笔登记，以便逐笔掌握库存现金收付情况和与银行核对收付款项；然后，将收、付款凭证交由会计人员据以逐日汇总登记多栏式库存现金（或银行存款）日记账，并于月末根据多栏式日记账登记总账。出纳登记簿与多栏式库存现金（或银行存款）日记账要相互核对。

上述第一种方法可以简化核算工作，而第二种方法可以加强内部牵制。总之，采用多栏式库存现金日记账和银行存款日记账可以减少收、付款凭证的汇总编制手续，简化总账登记工作；同时，可以清晰地反映账户的对应关系，了解库存现金、银行存款收付款项的来龙去脉。

四、多栏式日记账核算组织程序的主要工作步骤

多栏式日记账核算组织程序的一般处理程序为：

（1）根据原始凭证（或汇总原始凭证）填制收款凭证、付款凭证和转账凭证。

（2）根据收款凭证和付款凭证，逐日逐笔（或汇总）登记多栏式库存现金日记账和多栏式银行存款日记账。如果会计单位不另外设置出纳登记簿，则应由出纳员根据审核后的收、付款凭证逐日逐笔登记多栏式日记账；如果会计单位另外设置出纳登记簿，则应由会计人员根据审核后的收、付款凭证逐日汇总登记多栏式日记账。登记多栏式日记账时，应根据收款凭证登记多栏式库存现金（银行存款）收入日记账，根据付款凭证登记多栏式库存现金（银行存款）支出日记账。对于转账业务，下面第（4）点将说明，可以直接根据转账凭证逐笔登记总账，也可以先根据转账凭证定期编制转账凭证科目汇总表（或汇总转账凭证，或转账日记账），然后再据此登记总账。

（3）根据原始凭证、汇总原始凭证或记账凭证，登记各种明细分类账。

（4）月份终了，根据多栏式库存现金（或银行存款）日记账登记总分类账。同时，根据转账凭证（或转账凭证科目汇总表，或汇总转账凭证，或转账日记账）登记总分类账。将库存现金、银行存款的收入栏合计（全月收入总额）过入库存现金、银行存款总账的借方；将库存现金、银行存款的支出栏合计（全月支出总额）过入库存现金、银行存款总账的贷方；将多栏式日记账的收入栏下各专栏合计数（对应科目的本期贷方发生额）分别过入各有关总账的贷方；将多栏式日记账的支出栏下各专栏合计数（对应科目的本期借方发生额）分别过入各有关总账的借方。如前所述，还应根据转账凭证（或转账凭证科目汇总表，或汇总转账凭证，或转账日记账）登记总账。

注意：库存现金、银行存款总账的本期借、贷方发生额，只能根据多栏式库存现金、银行存款日记账的收、付栏合计数登记。如果多栏式日记账中设有

银行存款、库存现金专栏，其数字无需过账，以免重复。

(5) 月份终了，将各种明细分类账的余额分别与有关总分类账户的余额核对相符。

(6) 月份终了，根据核对无误的总分类账和明细分类账记录编制会计报表。

多栏式日记账核算组织程序可用图 11－4 表示。

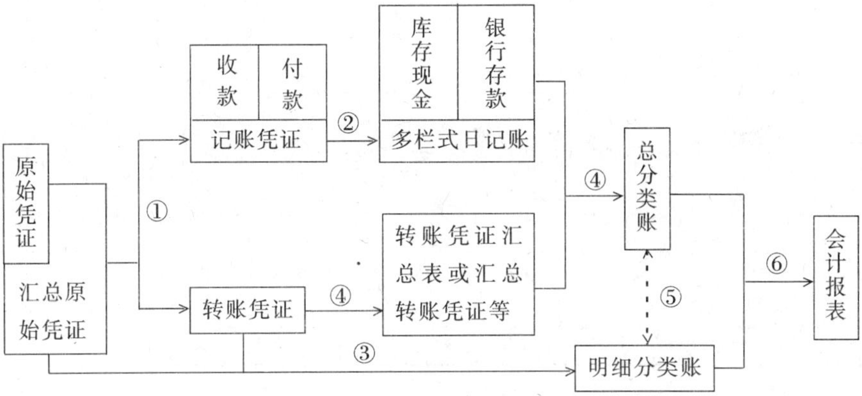

图 11－4 多栏式日记账核算组织程序

五、多栏式日记账核算组织程序的优缺点和适用范围

多栏式日记账核算组织程序的优点：由于日记账采用专栏记录，使每一笔经济业务的记录都能清楚地反映会计科目的对应关系，从而为检查分析货币资金的来源与去向提供了方便；由于月终是根据各专栏的合计数记入总账的，因而能大大减少登记总账的工作量。

多栏式日记账核算组织程序的缺点：在经济业务较复杂、会计科目设置较多的会计单位中，多栏式日记账的专栏栏次过多，账页篇幅太大，不便于记账。

因此，多栏式日记账核算组织程序主要适用于货币资金收、付业务较多，但使用的会计科目较少的会计单位。在这些单位中，由于货币资金收付业务量大，为了便于分工和加强货币资金收支的内部控制，通常还将收入和支出分别设置账簿，并由专人负责管理。

第六节 日记总账核算组织程序

日记总账是一种兼有序时记录和总分类记录双重功能的联合账簿。

一、日记总账核算组织程序的特点

日记总账核算组织程序的特点是：根据记账凭证，逐日逐笔登记兼有序时记录功能和总分类记录功能的日记总账。企业除了需要设置一本日记总账外，不需要另外设置其他总分类账簿。

日记总账的基本格式如表 11－55 所示。

表 11－55　　日记总账

第　页

年		凭证		摘要	发生额	现金		银行存款		…	管理费用	…	主营业务收入	…
月	日	字	号			借	贷	借	贷	…	借	…	贷	…

在日记总账中，其金额栏要按照一级会计科目分设若干栏，有多少一级科目，就应设置多少金额栏；并且，在每一科目栏之下，一般还需要再分“借”和“贷”两小栏。当然，为了简化日记总账的格式，对于平时只有单方向发生额且期末结账后无余额的科目（如管理费用、财务费用和营业费用等），也可以只设单方向栏。

二、日记总账核算组织程序的主要工作步骤

日记总账核算组织程序的一般处理程序为：

（1）根据原始凭证或原始凭证汇总表，编制记账凭证。

（2）根据收款凭证、付款凭证及其所附的原始凭证，逐笔顺序登记库存现金日记账和银行存款日记账。

（3）根据记账凭证及其所附的原始凭证（或汇总原始凭证），登记各种明细分类账。

（4）根据记账凭证逐日逐笔登记日记总账。每笔经济业务的借方发生额和贷方发生额应该分别登记在同一行的有关科目的借方栏和贷方栏（属于分类性质的记录），并将发生额记入“发生额”栏内（属于序时性质的记录）。但是，为了简化核算，对于收、付款业务，可以根据收款凭证和付款凭证逐日汇总登

记；对于转账业务，应该根据转账凭证逐日逐笔登记。

（5）定期（或月末）将日记总账与有关明细账核对。月末，应结算出各栏的合计数，并计算各科目的月末借方（或贷方）余额。“发生额”栏所列本月发生额合计数应与全部科目的借方发生额合计数和贷方发生额合计数核对相符。

（6）月份终了，根据日记总账、各种明细账记录及其他有关资料编制会计报表。

日记总账核算组织程序可用图 11－5 表示。

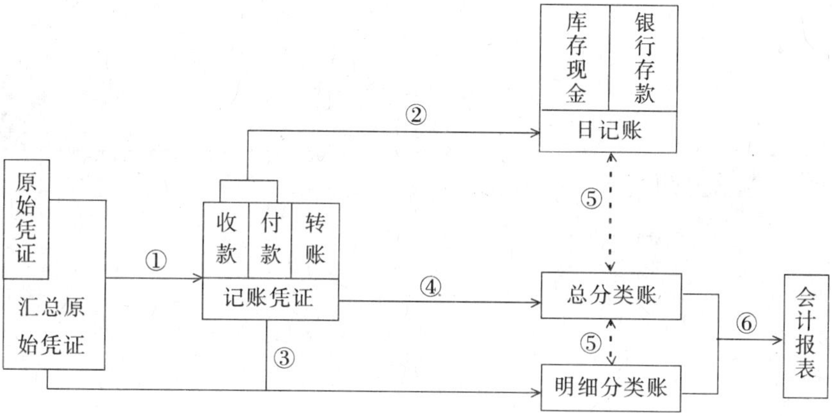

图 11－5 日记总账核算组织程序

三、日记总账核算组织程序的优缺点和适用范围

日记总账核算组织程序的优点：记账手续简单；容易检查记账的正确性；对科目之间的对应关系和经济业务全貌可一目了然，便于会计分析；可以直接根据日记总账编制会计报表，且不必另外再进行试算平衡。

日记总账核算组织程序的缺点：当会计科目较多时，账页过大，使用不便；不便于记账的分工，不便于加强内部控制。

因此，日记总账核算组织程序主要适用于规模较小、经济业务较简单，使用的会计科目不多的单位。

复习思考题

1. 简述科学合理地确定适用于企业的核算组织程序的意义。
2. 简述建立企业会计核算组织程序的基本要求。
3. 记账凭证核算组织程序的特点、基本程序和适用范围是什么？

4. 汇总记账凭证核算组织程序的特点、基本程序和适用范围是什么？

5. 科目汇总表核算组织程序的特点、基本程序和适用范围是什么？

6. 简述汇总记账凭证的编制方法。

7. 简述科目汇总表的编制方法。

主要名词

会计核算组织程序　记账凭证　科目汇总表　汇总记账凭证　日记总账　多栏式日记账

习题

东方公司200×年12月1日有关总账及明细账账户余额如表11－56所示。

表11－56　东方公司账户余额表

200×年12月1日　单位：元

账户名称	借方余额	账户名称	贷方余额
现金	1 000	短期借款	50 000
银行存款	236 000	应付账款：华美公司	18 000
应收账款：大洋公司	8 000	应交税费	40 000
其他应收款：张浩	1 400	其中：应交增值税	16 000
原材料	60 000	应交所得税	24 000
其中：A材料3 000千克	30 000	预提费用	990
B材料1 500千克	30 000	实收资本	1 000 000
生产成本	8 040	本年利润	85 000
其中：材料	6 400	累计折旧	24 000
工资	900		
费用	740		
库存商品：1 500件	142 500		
待摊费用	600		
固定资产	760 450		
合计	1 217 990	合计	1 217 990

该公司12月份发生下列经济业务：

①3日，以银行存款支付前欠华美公司的材料款18 000元。

②4日，向华美公司购入A材料1 000千克，单价10元，增值税1 700元，价税合计11 700元。材料已验收入库，货税款暂欠。

③5日，收到大洋公司的所欠货款8 000元，存入银行。

④5日，采购员张浩报销差旅费1 300元，交回现金100元。

⑤ 6 日，以银行存款支付已预提银行借款利息 990 元。

⑥ 7 日，向红光公司购入 B 材料 5 000 千克，单价 20 元，增值税 17 000 元，价税合计 117 000 元。以银行存款支付，材料已验收入库。

⑦ 8 日，以银行存款上缴上月应交增值税 16 000 元、所得税 24 000 元。

⑧ 9 日，向大洋公司销售甲产品 800 件，每件售价 150 元，增值税 20 400 元，货税款收存银行。

⑨ 10 日，以现金支付公司购买办公用品费 100 元。

⑩ 10 日，以现金支付车间办公用品费 70 元。

⑪ 12 日，生产车间为制造甲产品领用下列材料：A 材料 2 000 千克；B 材料 1 600 千克。单位成本分别为 10 元、20 元。

⑫ 12 日，向银行提取现金 30 700 元，备发工资。

⑬ 12 日，以现金 30 700 元支付本月职工工资。

⑭ 13 日，以银行存款支付广告费 1 000 元。

⑮ 14 日，以现金支付公司办公人员市内交通费 160 元。

⑯ 15 日，将不需用设备 1 台出售给光明公司，设备原价 5 000 元，已提折旧 1 500 元，价款 3 500 元收存银行。

⑰ 16 日，销售产品 200 件，每件售价 150 元，增值税 5 100 元，款项收存银行。

⑱ 17 日，向华美公司购入 A 材料 3 000 千克，价税合计 35 100 元，当即以银行存款支付。材料已验收入库。

⑲ 20 日，生产车间为制造甲产品领用下列材料：A 材料 2 000 千克；B 材料 2 000 千克。单位成本分别为 10 元、20 元。

⑳ 25 日，以银行存款支付本月水电费 2 500 元。其中车间耗用 2 100 元，公司管理部门耗用 400 元。

㉑ 25 日，以银行存款支付本月公司电话费 1 500 元。

㉒ 31 日，结转本月职工工资 30 700 元。其中生产工人工资 28 000 元，车间管理人员工资 1 500 元，公司管理人员工资 1 200 元。

㉓ 31 日，按上述人员工资总额的 14% 计提职工福利费。

㉔ 31 日，计提本月固定资产折旧费。其中生产车间用固定资产折旧 2 200 元，公司用固定资产折旧 800 元。

㉕ 31 日，预提银行借款利息 330 元。

㉖ 31 日，摊销应由公司负担的本月保险费用 200 元。

㉗ 31 日，将本月发生的制造费用 6 080 元转入生产成本账户。

㉘ 31 日，结转本月完工产品的生产成本 158 040 元。本月生产产品 1 500 件，全部完工验收入库。

㉙ 31 日，销售产品 500 件，每件售价 150 元，增值税 12 750 元，货税款收存银行。

㉚ 31 日，以银行存款归还前欠华美公司货款 11 700 元。

㉛ 31 日，计算并结转本月产品销售成本，1 500 件全部售完，成本 158 040 元。

㉜ 31 日，按 25% 所得税率计算本月应交所得税。

㉝ 31 日，结清各成本、费用账户。

㉞ 31 日，结清各收入账户。

㉟ 31 日，结转全年净利润。

要求：

（1）根据以上资料编制记账凭证。

（2）根据记账凭证逐笔顺序登记日记账及有关明细分类账。

（3）编制科目汇总表，根据科目汇总表登记总账。

（4）编制资产负债表和利润表。

第十二章　会计工作组织及会计职业道德

做好会计工作组织，对于建立和完善企业会计工作秩序、提高会计工作质量、充分发挥会计监督作用、加强企业经营管理、提高企业经济效益具有重要的意义。

会计工作组织包括会计工作执行机构和会计工作管理体系的设置与实施。会计工作执行机构是具体处理本单位会计事务的机构，会计工作组织包括会计机构的设置、会计人员的分工以及对会计人员的职责权限的规定。会计管理体系包括会计工作规范、会计工作管理机构。

通过本章的学习，应该掌握以下内容：

（1）企业如何设置会计机构和配备会计人员；

（2）会计机构负责人和会计人员的资格、职责和权限；

（3）会计人员职业道德规范；

（4）会计工作管理体制；

（5）会计工作交接及档案管理。

第一节　会计机构和会计人员

为了组织好企业单位的财务与会计工作，企业单位应该按照《会计法》、《总会计师条例》及相关法规，设置会计机构，配备必要的会计人员。

一、会计机构

会计机构是各单位贯彻执行财经法规、制定和执行会计制度、组织领导和办理会计事务的职能机构。会计人员是直接从事会计工作的人员。建立健全会计机构，配备必要数量和一定素质的、具有从业资格的会计人员，是各单位做好会计工作、充分发挥会计职能作用的重要保证。我国《会计法》第三十六条第一款规定："各单位应当根据会计业务的需要，设置会计机构，或者在有关机关中设置会计人员并指定会计主管人员；不具备设置条件的，应当委托经批准设立从事会计代理记账业务的中介机构代理记账。”

从有效发挥会计职能作用的角度看，实行企业化管理的事业单位，大、中型企业（包括集团公司、股份公司、有限责任公司），应当设置会计机构；业务较多的行政单位、社会团体和其他组织也应设置会计机构。合理地设置会计机构，是完成会计目标、发挥会计职能作用的前提，是做好会计工作的重要保证。

在现实中各单位对会计机构的名称叫法不一，如“财务部”——（处、科、股）、“会计部”、“计财部”、“财会部”等。不管叫什么名称，会计机构是单位的一个重要的职能管理部门。会计机构在厂长、经理及总会计师的领导下，负责企业的会计工作。根据企业的实际需要，会计机构下设“资金组”、“材料组”、“成本组”、“综合组”。在大型企业、上市公司，可以把财务与会计分开，将“资金组”单独设为与会计部门并列的“资金部”或“投资部”。

随着民营经济、个体经济的发展，其经济组织的经营规模较小、人员不多，不可能也没有必要设置专门的会计机构或者配备专职的会计人员，可以委托代理记账。如上所述，《会计法》规定：“不具备设置条件的，应当委托经批准设立从事会计代理记账业务的中介机构代理记账。”财政部于1994年6月23日颁布了《代理记账管理暂行办法》，对代理记账机构设置的条件、代理记账的业务范围、代理记账机构与委托人的关系、代理记账人员应遵循的道德规则等作了具体的规定。

二、单位负责人的会计责任

我国《会计法》规定：“单位负责人对本单位的会计工作和会计资料的真实性、完整性负责。”这就明确了单位负责人是本单位会计行为的责任主体。《会计法》还规定：“单位负责人，是指单位法定代表人或者法律、行政法规规定代表单位行使职权的主要负责人。”也就是说，单位负责人主要包括两类人员：一是单位的法定代表人（也称法人代表），即依法代表法人单位行使职权的负责人，如国有企业的厂长（经理）、公司制企业的董事长、国家机关的最高行政官员等；二是按照法律、行政法规规定代表单位行使职权的负责人，即依法代表非法人单位行使职权的负责人，如代表合伙企业执行合伙企业事务的合伙人、个人独资企业的投资人等。注意：单位负责人并不是指具体负责本单位经营管理事务的总经理，也不是具体负责财务会计工作的总会计师或财务经理。

明确单位负责人为本单位会计行为的责任主体，并不是要单位负责人事必躬亲、直接代替会计人员办理会计事务，而是应当建立健全有效的内部控制制度、内部制约机制，明确会计工作相关人员的职责权限、工作规程和纪律要求，并从正常途径了解上述制度的执行情况和会计工作相关人员履行职责情况，保证单位负责人的管理意志在各个环节得以贯彻，保证会计工作相关人员按照经单位负责人认可的程序要求办理会计事务，保证办理会计事务的规则、程序能够有效实施，控制违法、舞弊等行为的发生。《会计法》第二十八条还规定：“单位负责人应当保证会计机构、会计人员依法履行职责，不得授意、指使、强令会计机构、会计人员违法办理会计事项。”

三、会计机构负责人

会计机构负责人、会计主管人员是单位负责会计工作的中层领导人员，对企业会计工作起组织、管理等作用。因此，设置会计机构的单位，应当配备会计机构负责人；在有关机构中配备专职会计人员的，应当在专职会计人员中指定会计主管人员。指定会计机构负责人、会计主管人员的目的是强化责任制，防止出现会计工作无人负责的局面。

《会计法》第三十八条第二款规定：“担任单位会计机构负责人（会计主管人员）的，除取得会计从业资格证书外，还应当具备会计师以上专业技术职务资格或者从事会计工作三年以上经历。”这是对单位会计机构负责人（会计主管人员）任职资格作出的特别规定。

在单位负责人的领导下，会计机构负责人（会计主管人员）负有组织、管理本单位所有会计工作的责任，其工作水平的高低、工作质量的好坏，直接关系到整个单位会计工作的水平和质量。如果会计机构负责人（会计主管人员）的政治素质好，业务水平高，具有较强的组织领导能力，不仅对于领导和组织本单位的会计工作十分有利，而且，对于加强企业经营管理等也十分有益。相反，如果对会计机构负责人（会计主管人员）任用不当，会计机构负责人（会计主管人员）的政策水平、业务水平和组织领导能力不能适应工作要求，不仅会影响本单位会计工作的开展，甚至会给单位带来经济上的损失。可以说，会计机构负责人（会计主管人员）的任用是否得当，对一个单位会计工作的好坏关系重大；对能否保证国家的财经政策等在一个单位内得到正确贯彻执行关系重大；对能否有效地维护广大投资者、债权人等的合法权益关系重大。

为了完善会计机构负责人（会计主管人员）的任职资格和条件，1996 年财政部制定颁布《会计基础工作规范》，对会计机构负责人（会计主管人员）应当具备的条件作了规定。这些条件共有 5 个方面：

（1）政治思想条件。政治思想条件指要能坚持原则、廉洁奉公、遵纪守法，具有良好的职业道德。会计机构负责人如不能遵纪守法，必将给国家造成经济损失。会计工作直接处理经济业务，经济上的问题必然会在会计处理中反映出来。如果不能坚持原则，就不可能去维护国家的财经纪律，不可能坚持单位的规章制度，也就不会去纠正违反财经纪律的行为。会计工作时时要与“钱”、“物”打交道，没有廉洁奉公的品质和良好的职业道德，就可能经不住金钱的诱惑，还可能犯下合伙作弊的错误，甚至走上犯罪的道路。

(2) 专业技术资格和工作经历条件。会计工作具有很强的专业性和技术性，要求会计人员必须具备必要的专业知识和专业技能。对会计机构负责人或会计主管人员来说，要全面组织和负责一个单位的会计工作，对其专业技术方面的要求也就更有必要了。

工作经历条件是指主管一个单位或者主管一个单位内一个重要方面的财务会计工作时间不少于 3 年，这是对会计机构负责人或会计主管人员的最低要求。会计工作专业性和技术性较强的特点，要求会计机构负责人或会计主管人员必须具有一定的工作经验。

(3) 政策业务水平条件。政策业务水平条件是指熟悉国家财经法律、法规、规章制度和方针、政策，掌握会计业务管理的有关知识。由于会计工作政策性较强的特点，从事财务会计工作，尤其是作为会计机构负责人或会计主管人员，必须熟悉和掌握国家有关的法律、法规、规章制度和与会计工作相关的理论知识，否则，不但不能完成会计的本职工作，还可能把企业管理工作引入法律“误区”，给单位和个人带来不良后果。

(4) 组织能力。作为会计机构负责人或会计主管人员，不仅要求自己是会计工作的行家里手，更重要的是要领导和组织好本单位的会计工作，因此要求其必须具备一定的领导才能和组织才能，包括协调能力和综合分析能力。

(5) 身体条件。身体条件是指要求身体状况能够适应本职工作的需要。会计工作劳动强度大、技术难度高，作为会计机构负责人或会计主管人员，必须有较好的身体状况，以适应和胜任本职工作。

四、会计人员

会计人员是各单位直接从事会计工作、处理会计业务的专职人员。建立健全会计机构，配备与本单位工作要求相适应的、具有较高业务素质的会计人员，是做好会计工作、充分发挥会计职能的组织保证。会计工作是一项技术性较强的工作，在企业经济管理中占有相当重要的地位。一名会计人员如果没有良好的专业技能是很难胜任这项工作的。关于会计人员应当具备的条件，《会计基础工作规范》从最基本的要求出发，规定了两方面条件：一是应当配备持有会计证的会计人员，未取得会计证的人员，不得从事会计工作。《会计法》

第三十八条规定："从事会计工作的人员，必须取得会计从业资格证书。"二是应当具有必要的专业知识和专业技能，熟悉国家有关法律、法规和财务会计制度，遵守职业道德。由于受我国会计学历教育规模的限制，目前会计队伍中具备规定学历的比例还不高，要迅速提高会计人员的政治和业务素质，加强在职会计人员培训是重要途径之一。

1. 会计人员继续教育

会计人员继续教育的层次按照会计职称分为高级、中级、初级 3 个级别。会计人员继续教育实行统一规划、分级管理的原则。会计人员继续教育的形式包括接受培训和自学两种。关于会计人员继续教育的学时的规定是：中、高级会计人员继续教育时间每年不少于68 小时，其中接受培训时间不少于20 小时，自学不少于 48 小时；初级会计人员继续教育的时间每年不少于 72 小时，其中接受培训时间不少于 24 小时，自学时间不少于 48 小时。会计人员继续教育要坚持理论联系实际、讲求实效、学以致用的原则。其内容主要包括：会计理论与实务；财务、会计法规制度；会计职业道德规范；其他相关的知识与法规。

对会计人员继续教育情况要进行检查与考核。根据规定，每一名会计人员每年必须完成规定学时的继续教育。如果未能完成规定学时学习，又无正当理由的，予以警告。连续两年未能完成规定学时的，不办理从业资格证书的年检，不得参加上一档次会计专业技术资格考试，不得参加高级会计师评审，不得参加先进会计工作者的评选，财政部门不予颁发荣誉证书。连续 3 年未完成规定学时的，其会计从业资格证书自行失效（按新修订的《会计法》规定，需 5 年后重新取得会计从业资格），同时吊销其会计专业技术资格，也不允许参加高级会计师评审。

2. 会计机构、会计人员的职责权限

《会计法》规定："会计机构、会计人员依法进行会计核算，实行会计监督。"会计机构、会计人员的基本职责是进行会计核算，实行会计监督。

会计核算是指以货币为主要的计量单位，采用专门的方法，通过确认、计量、计算、记录、分类、汇总等程序，对单位的经济活动进行连续、系统、完整的反映，提供会计资料的全过程。这一过程是通过会计机构、会计人员的每一具体会计行为完成或者实现的。进行会计核算是会计机构、会计人员负有责任的职务行为，不是可为可不为的行为，任何其他人都没有进行会计核算的权利；会计机构、会计人员进行会计核算，必须严格遵守《会计法》关于会计核算的规定，不受来自任何方面的干扰和指挥，不能任意而为。

会计监督是指会计机构、会计人员在办理会计事务、进行会计核算过程中，对本单位不合法、欠合理以及无效益或者效益不高的经济业务事项提出质疑、抵制或者建议纠正的行为，以保证本单位经济活动全过程合法、合理和有效。会计监督作为会计机构、会计人员的另一项职责，与会计核算的职责相辅相成。

禁止非法干预和妨害会计机构、会计人员依法履行职责。会计机构、会计人员进行会计核算，实行会计监督，只服从会计法律、法规和国家统一的会计制度，不受来自任何单位或个人的非法干预和妨碍。这是《会计法》赋予会计机构、会计人员的职权。

会计机构、会计人员是会计工作的核心，要实现会计资料的真实、完整，就必须赋予会计机构、会计人员依法进行会计核算、实行会计监督的职责。要保证会计机构、会计人员切实履行依法进行会计核算、实行会计监督的职责，就必须排除各种干扰，保证会计人员的权利不受侵犯。《会计法》第四十六条规定："单位负责人对依法履行职责、抵制违反《会计法》规定行为的会计人员降级、撤职、调离工作岗位、解聘或者开除等方式实行打击报复，构成犯罪的，依法追究刑事责任；尚不构成犯罪的，由其所在单位或者有关单位依法给予行政处分。对受打击报复的会计人员，应当恢复名誉或原有职务、级别。"

五、总会计师

总会计师是在单位负责人的领导下，主管本单位的会计工作，进行会计核算、实行会计监督工作的负责人。建立总会计师制度，是我国在企业管理中加强财务管理、成本管理，充分发挥会计核算、会计监督职能，促进企业经济效益不断提高的一项重要措施。《会计法》第三十六条规定："国有的和国有资产占控股地位或者主导地位的大、中型企业必须设置总会计师。总会计师的任职资格、任免程序、职责权限由国务院规定。"《会计基础工作规范》对设置总会计师问题作了3个方面的规定：一是大、中型企业应当根据《会计法》、《总会计师条例》等规定设置总会计师。总会计师由具有会计师以上专业技术资格的人员担任。对于总会计师的具体任职资格，《总会计师条例》作了具体规定。二是设置总会计师的单位，总会计师应当行使《总会计师条例》规定的职责、权限。三是总会计师的任命（聘任）、免职（解聘）依照《总会计师条例》和有关法律的规定办理，即国有大、中型企业总会计师的任免依照《总会计师条例》第十五条规定。企业的总会计师由本单位主要行政领导人提名，政府主管部门任命或聘任；免职或者解聘程序与任命或者聘任程序相同。

《总会计师条例》中规定总会计师的任职资格（须具备的条件）与会计机构负责人、会计主管人员的条件基本相同。

总会计师的职责具体包括有4个方面的内容：①编制和执行预算、财务收支计划、信贷计划，拟订资金筹措和使用方案，开辟财源，有效地使用资金；②进行成本费用预测、计划、控制、核算、分析和考核，督促企业有关部门降低消耗、节约费用、提高经济效益；③建立、健全经济核算制度，利用财务会计资料进行经济活动分析；④承办企业主要行政领导人交办的其他工作。

总会计师的权限主要有5个方面的内容：①对违反国家财经法律、法规、方针、政策、制度和有可能在经济上造成损失、浪费的行为，有权制止或者纠正；②有权组织企业各职能部门、直属机构的经济核算、财务会计和成本管理方面的工作；③主管审批财务收支工作，除一般的财务收支可以由总会计师授权的会计机构负责人或者其他指定人员审批外，重大的财务收支，须经总会计师审批或者由总会计师报企业主要行政领导人批准；④预算、财务收支计划、成本和费用计划、信贷计划、财务专题报告、会计决算报表，须经总会计师签署，涉及财务收支的重大业务计划、合同等在企业内部须经总会计师会签；⑤对会计人员的任用、晋升、调动、奖惩提出意见，考核会计机构负责人或会计主管人员。

六、会计工作岗位

在会计机构内部和会计人员中建立岗位责任制，定人员、定岗位、明确分工、各司其职，有利于会计工作程序化、规范化，有利于落实责任和会计人员钻研分管的业务，有利于提高工作效率和工作质量。对会计工作岗位的设置，《会计基础工作规范》规定了其基本原则：一是会计工作岗位可以一人一岗、一人多岗或者一岗多人，但应当符合内部牵制制度的要求。出纳人员不得兼管稽核、会计档案保管和收入、费用、债权债务账目的登记工作。二是会计人员的工作岗位应当有计划地进行轮换，以促进会计人员全面熟悉业务，不断提高业务素质。三是会计工作岗位的设置由各单位根据会计业务需要确定。《会计基础工作规范》还提出了示范性的会计工作岗位设置方案，即：会计机构负责人或者会计主管人员、出纳、财产物资核算、工资核算、成本费用核算、财务成果核算、资金核算、往来结算、总账报表、稽核、档案管理等岗位。实行会计电算化和管理会计的单位，可以根据需要设置相应工作岗位，也可以与其他工作岗位相结合。

七、会计人员回避制度

回避制度是我国人事管理的一项重要制度。事实表明，会计工作中的一些违法违纪活动，确实存在利用同在一个单位的亲属关系共同作弊的现象。在会计人员中实行回避制度，十分必要。我国相关法规对会计人员回避制度作出了规定，如1993年8月14日国务院颁布的《国家公务员暂行条例》第六十一条规定："国家公务员之间有夫妻关系、直系血亲关系、三代以内旁系血亲关系以及近姻亲关系的……也不得在其中一方担任领导职务的机关从事监察、审计、人事、财务工作。"根据上述规定的精神，结合会计工作的实际情况，《会计基础工作规范》规定："国家机关、国有企业、事业单位任用会计人员应当实行回避制度。单位领导人的直系亲属不得担任本单位的会计机构负责人、会计主管人员。会计机构负责人、会计主管人员的直系亲属不得在本单位会计机构中担任出纳工作。"至于其他单位是否实行会计人员回避制度，《会计基础工作规范》没有明确规定。

第二节　会计职业道德

近些年来，在世界范围内的企业或公司实务中，更多的注意力集中在会计人员的职业道德方面。21世纪到来之初，美国"安然"、"施乐"、"世通"，中国"琼民源"、"蓝田"、"银广夏"、"红光实业"等财务舞弊案件的接连曝光，在向人们展示：会计诚信出了问题，会计的道德标准已经严重滑坡，注册会计师行业已声誉大损。财务会计报告使用者的利益被这些虚假财务会计报告编制者（会计人员）置于脑后，而呈现在会计信息使用者面前的、经注册会计师审核通过的报告主体的财务状况、经营成果及现金流量总是使人觉得满意的画面。一时间，"精明会计"（cute accountant）、"炒作账簿"、"篡改账目"、"粉饰报告"这些戴在会计人员头上的词汇纷纷出现。因此，加强会计职业道德建设、提高会计人员的职业道德水准是会计行业急需解决的问题。

一、会计职业道德的基本概念

1. 道德的概念

在现代伦理学中，道德是指以善恶、美丑、荣辱等观念为标准，通过社会舆论、信念和传统习惯来评价人们的行为，调整人与人之间、个人与社会之间关系的原则和规范的总和。道德具有3个主要特点：

（1）一定社会的道德是一定经济关系的产物。经济关系改变了，社会道德也会相应发生变化。

（2）道德规范是一种内在的情感、意志和信念，并以善恶、美丑、荣辱等观念来评价人们的社会行为，从而达到调整人们的相互关系的目的。因此，它属于不同于政治、法律的调整人们相互关系的社会意识。

（3）道德规范通过社会舆论、内心信念和传统习惯来发挥其调整人们相互关系的作用。因此，它的作用方式与政治、法律等社会意识的作用方式不同，并且大部分道德规范具有非强制性。

2. 职业道德的概念

职业是指人们在社会生活中对社会所承担的一定职责和所从事的专门业务。它是人们由于社会分工和单位内部的劳动分工而长期从事的具有专门业务和特定职责的，并以此作为主要生活来源的社会活动。

职业道德是指人们在职业活动的范围内具有职业特征的行为准则和规范的总和。它是同人们的职业活动紧密联系的特殊的道德要求，是一般社会道德在职业生活中的具体体现。

职业道德既是从业人员在进行职业活动时应遵循的行为规范，同时，又是从业人员对社会所应承担的责任和义务。人们在特定的职业活动中形成了特殊的职业关系、职业利益、职业活动范围和方式，由此形成了不同职业人员的道德规范。职业道德的基本内容是忠于职守。

职业道德作为道德的一个组成部分，具有自身的特点。一般来说，职业道德的特点有：

（1）职业道德主要表现在已“走向社会”的成人的意识行为之中。

（2）职业道德与职业生活、职业要求相联系，具有较强的稳定性和继承性。

（3）职业道德明确而又具体，并具有多样性和较大的适用性。

3. 会计职业道德

会计职业道德是指在会计职业活动中，会计人员应遵循的职业行为准则和规范。会计职业道德包括他律和自律两个方面。他律是以会计职业责任和义务为核心，侧重于防范会计人员的不正当的职业行为，因而通常以政府或社会组织的限制性或禁止性条款形式公布会计人员不应该做什么。自律是以职业良心、职业精神为核心，侧重于倡导会计人员应自觉遵循的职业行为，因而通常以描述形式提出会计人员应该做什么。会计职业道德是调整与单位有关各方面经济利益关系、有效实现财务会计的目标和内部控制的目标的手段。自律是会计人员职业道德建设的基石，诚信是会计职业道德的根本。

会计职业道德的作用主要有：理顺经济关系的调节作用；实现会计目标的保证作用；职业行为选择的认识与导向作用；培养高素质会计专业人才的教育作用；提高会计道德水准和企业经济效益的推动作用。

二、会计职业道德的基本内容

1. 会计职业道德的基本内容

我国《会计法》第三十九条规定："会计人员应当遵守职业道德，提高业务素质。对会计人员的教育和培训工作应当加强。"

会计人员职业道德是会计人员从事会计工作应当遵循的道德标准。建立会计人员职业道德规范，是对会计人员强化道德约束，防止和杜绝会计人员在工作中出现不道德行为的有效措施。建立基层单位会计人员的职业道德规范，在我国几乎属空白。但在实际工作中，会计人员丧失原则、有意隐瞒真实情况甚至为违法违纪活动出谋划策的行为时有发生，严重违背了作为一个会计人员应当具备的基本道德标准，因此，强调会计人员职业道德刻不容缓。在建立会计人员职业道德规范的基础上，强化对会计人员的职业道德教育和监督检查，提高会计人员的职业道德水平，是我国相当长一段时期内会计工作的重点。因此，《会计基础工作规范》专门对会计人员的职业道德问题作出了规定，主要包括以下6个方面的内容：

（1）敬业爱岗。即会计人员应当热爱本职工作，努力钻研业务，使自己的知识和技能适应所从事工作的要求。

（2）熟悉法规。会计人员应当熟悉财经法律、法规和国家统一的会计制度，并结合工作进行广泛宣传。

（3）依法办事。会计人员应当按照《会计法》和相关法律、法规、规章制度规定的程序和要求进行会计工作，保证所提供的会计信息合法、真实、准确、及时、完整。

（4）客观公正。会计人员办理会计事务时应当实事求是、客观公正，不能按照领导人授意编制虚假会计信息。

（5）搞好服务。会计人员应当熟悉本单位的生产经营和业务管理情况，运用所掌握的会计信息和会计方法，为改善单位内部管理、提高经济效益服务。

（6）保守秘密。会计人员应当保守本单位的商业秘密，除法律、法规制度允许和单位领导人同意外，不能私自向外界提供或者泄露单位的会计信息。

《会计基础工作规范》同时要求，财政部门、业务主管部门和各单位应当定期检查会计人员遵守职业道德的情况，并作为会计人员晋升、晋级、聘任专业职务、表彰奖励的重要考核依据。会计人员违反职业道德的，由所在单位进行处罚；情节严重的，由会计证发证机关吊销其会计证。

2. 会计职业道德的案例分析

“琼民源”创造中国股市“神话”

海南民源股份有限公司（简称“琼民源”）董事长马玉和为了在深圳证券交易所树立公司“良好”的业绩形象，以达到顺利发行10亿元人民币的可转换公司债券、扭转公司亏损的目的，在1996年5月至1997年年初期间，向股东和社会公众提供虚假的会计报表，虚报5.66亿元利润，虚增6.57亿元资本公积金，使股价在1年内飞涨600%，创造了1996年中国股市“神话”。因此误导了广大的投资者，严重损害了股东和其他利益相关者的利益，并造成“琼民源”股票交易停牌。在“琼民源”一案中，公司会计班文绍不但未能抵制这一违法损德行为，反而按马玉和的要求直接参与了“粉饰会计报表，提供虚假会计信息”的活动。

结果，法院认定马玉和、班文绍等犯有提供虚假财务会计报告罪，并判处马玉和有期徒刑3年，判处班文绍有期徒刑2年，缓刑2年。

以上案例说明：

（1）各种会计信息造假行为，无论其动机如何（如确保职位、借款、逃避纳税义务、推卸责任、避免处罚、隐瞒违法行为、证券发行、股票上市等），也无论其造假方式如何，都需要会计人员参与其中。若会计人员具有良好的职业道德素质，能够坚持会计准则，并对有关人员予以必要的说服和劝阻，定能大大减少“琼民源”、“中天勤”式重大会计事件的发生。

（2）近年来，我国的会计法规、制度和职业道德建设虽然得到了较大程度的改善，但会计监督机制还不健全，法律责任难以落实，内部控制流于形式，会计人员职业道德意识和观念还不强，道德自律不够。这些是导致会计信息失真的根本原因。

（3）会计职业道德主要从两个方面影响会计人员的职业行为：第一，会计人员的职业道德意识、道德观念、道德意志和内心信念等个人道德素质的影响；第二，社会舆论、职业道德教育、职业道德习惯、职业道德传统等社会因素的影响。

（4）“琼民源”等事件的发生，说明对执业者诚信教育不够和自律监管体制不健全。证券市场是一个充满机会诱惑的场所，需要用法律、法规、制度制约参与者的经济行为，对其保持必要的威慑力。同时，当巨大的经济利益与严肃的道德规范发生碰撞时，还需要辅以潜移默化的诚信教育，使人心的天平倾向于道德规范。

第三节　会计工作管理体制

会计工作管理体制是划分管理会计工作职责权限关系的制度，包括会计工作管理组织形式、管理权限划分、管理机构设置等内容。会计工作是一项经济管理活动，为了规范会计工作，保证会计工作在经济管理中发挥作用，政府部门应在宏观上对会计工作进行必要的指导、监督和管理。政府部门如何指导、监督和管理会计工作，世界各国有不同的做法。我国作为社会主义市场经济国家，公有制占主导地位，会计工作在维护社会主义市场经济秩序中有其特殊的作用，要求基层单位的会计工作在为本单位的经营管理和业务活动服务的同时，要为国家宏观调控服务。要做到这一点，政府部门必须加强对会计工作的指导和管理，包括：会计政策、标准的制定；政策、标准贯彻执行情况的检查；会计专业技术资格的确认和会计从业资格的管理；督促基层单位加强会计工作和提高会计工作水平等，这些内容构成了我国的会计工作管理体制。我国的会计工作管理体制，主要有 4 个方面内容：一是明确会计工作的主管部门；二是明确国家统一的会计制度的制定权限；三是明确对会计工作的监督检查部门和监督检查范围；四是明确对会计人员的管理内容。《会计法》在第一章“总则”中分别对会计工作的主管部门和国家统一的会计制度制定权限问题作出了规定，在第四章“会计监督”中对会计工作的监督检查问题作出了规定，在第五章“会计机构和会计人员”中对会计人员管理问题作出了规定。

一、会计工作的主管部门

《会计法》第七条规定：“国务院财政部门主管全国的会计工作。县级以上地方各级人民政府财政部门管理本行政区域内的会计工作。”这规定了会计工作由财政部门主管并明确在管理体制上实行“统一领导，分级管理”的原则。

财政部门主管会计工作，不仅是一种权力，更重要的是一种责任。虽然财政部门的主要任务是组织财政收入、安排财政支出、实行宏观经济调控，但会计秩序混乱、财政制度得不到贯彻执行，必然会造成财政收入流失、支出失控，最终给财政工作带来不利影响。因此，《会计法》规定财政部门主管会计工作，这是国家法律赋予财政部门的重要责任。如果财政部门放松对会计工作的管理，造成会计秩序混乱，则不仅是一种工作上的失误，而且是一种违法行为，应承担法律责任。

财政部门主管会计工作应遵循“统一领导，分级管理”的原则。“统一领导，分级管理”是划分会计工作管理权责的重要原则，也体现了管理的效率原则。财政部门主管会计工作，主要是在统一规划、统一领导的前提下，实行分级负责、分级管理，充分调动地区、部门、单位管理会计工作的积极性和创造性。具体做法是国务院财政部门在统一规划、统一领导会计工作的前提下，发挥各级人民政府财政部门和中央各部门管理会计工作的积极性，各级人民政府财政部门和中央各业务主管部门应积极配合国务院财政部门管理好本地区、本部门的会计工作；各级人民政府财政部门根据上级财政部门的规划和要求，结合本地区的实际情况，管理本地区的会计工作，并取得同级其他管理部门的支持和配合。

二、制定会计制度的权限

会计制度是指政府管理部门对处理会计事务所制定的规章、准则、办法等规范性文件的总称，包括对会计工作、会计核算、会计监督、会计人员、会计档案等方面的规范性文件。由于我国是社会主义市场经济国家，在发挥市场主体作用的同时，必须进行必要的宏观调控。国家在进行宏观调控中，不仅需要各基层单位提供真实、完整的会计资料，也需要各单位的会计工作在处理各种利益关系中维护国家的方针、政策和法律、法规。会计制度既是各单位组织会计管理工作和产生相互可比、口径一致的会计资料的依据，也是国家财政经济政策在会计工作中的具体体现。因此，会计制度作为经济管理手段法制化的重要组成部分，必须纳入政府部门的管理范围。

国家实行统一的会计制度，是规范会计行为的重要保证。《会计法》第八条规定，国家统一的会计制度由国务院财政部门根据《会计法》制定并公布。国务院有关部门可以依照《会计法》和国家统一的会计制度，制定对会计核算和会计监督有特殊要求的行业实施国家统一的会计制度的具体办法或者补充规定，报国务院财政部门审核批准。中国人民解放军总后勤部可以依照《会计法》和国家统一的会计制度制定军队实施国家统一的会计制度的具体办法，报国务院财政部门备案。这是对国家统一的会计制度制定权限的规定。

三、建立内部会计管理制度

建立和健全单位内部会计管理制度是贯彻执行会计法律、法规、规章、制度，保证单位会计工作有序进行的重要措施，也是加强会计基础工作的重要手段。实践证明，建立并严格执行单位内部会计管理制度的单位，其会计基础工作就比较扎实，会计工作在经济管理中就能有效地发挥作用。因此，《会计基础工作规范》在第五章对建立单位内部会计管理制度的问题作了原则性规定。

1. 制定内部会计管理制度应遵循的原则

制定内部会计管理制度，应当遵循一定的原则，以保证内部会计管理制度科学合理、切实可行。这些原则包括：

（1）应当执行法律、法规和国家统一的财务会计制度；

（2）应当体现本单位的生产经营、业务管理的特点和要求；

（3）应当全面规范本单位的各项会计工作，建立和健全会计基础工作，保证会计工作的有序进行；

（4）应当科学、合理，便于操作和执行；

（5）应当定期检查执行情况；

（6）应当根据管理需要和执行中的问题不断完善。

2. 内部会计管理制度的基本内容

《会计基础工作规范》从强化会计管理和各单位的实际情况出发，示范性地提出了应当建立的12项内部会计管理制度，分别是：内部会计管理体系、会计人员岗位责任制度、账务处理程序制度、内部牵制制度、稽核制度、原始记录管理制度、定额管理制度、计量验收制度、财产清查制度、财务收支审批制度、成本核算制度、财务会计分析制度。同时，对各项制度应当包括的主要内容，提出了原则性指导意见。应当强调，各单位建立哪些内部会计管理制度，各项内部会计管理制度包括哪些内容，主要取决于单位内部的经营管理需要，不同类型的单位也会对内部会计管理制度有不同的选择，如行政单位往往不需要建立成本核算制度等。《会计基础工作规范》所提出的建立内部会计管理制度的示范性要求，只作为指导意见，一方面是引导各单位加强内部会计管理制度建设，另一方面是为了避免各单位在制定内部会计管理制度过程中出现不必要的失误。

四、会计工作交接

会计工作交接制度是会计工作的一项重要制度，也是会计基础工作的重要内容。办理好会计工作交接，有利于保持会计工作的连续性，有利于明确责任。关于会计工作交接制度的要求，《会计法》第四十一条规定，会计人员调动工作或者离职，必须与接管人员办理交接手续。一般会计人员办理交接手续，同会计机构负责人（会计主管人员）监交；会计机构负责人（会计主管人员）办理交接手续，同单位负责人监交，必要时主管单位可以派人会同监交。《会计基础工作规范》在此基础上对会计工作交接的具体要求作出了进一步的规定，其主要内容有：

（1）基本要求。会计人员工作调动或者因故离职，必须将本人所经管的会计工作全部移交给接替人员，没有办清交接手续不得调动或者离职。在实际工作中，有些应当办理移交手续的会计人员借故不办理移交手续，或者迟迟不移交其所经管的会计工作，使正常的会计工作受到影响，这是制度上所不允许的，单位领导人应当督促经办人员及时办理移交手续。

（2）办理移交手续前的准备工作。会计人员在办理移交手续前，必须及时办理完毕未了的会计事项，包括：对已经受理的经济业务尚未填制会计凭证的，应当填制完毕；尚未登记的账目，应当登记完毕，并在最后一笔余额后加盖经办人员印章；整理应该移交的各项资料，对未了事项写出书面说明等。同时，编制移交清册，列明应当移交的会计凭证、会计账簿、财务报表、现金、有价证券、印章及其他会计用品等。会计机构负责人、会计主管人员移交时，还应将全部财务会计工作、重大财务收支问题和会计人员的情况等，向接替人员介绍清楚，需要移交的遗留问题，应当写出书面材料。

（3）按照移交清册逐项移交，交接双方要按照移交清册列明的内容，进行逐项交接。其中：现金要根据会计账簿记录余额进行点交，不得短缺；有价证券的数量要与会计账簿记录一致。由于一些有价证券如债券、国库券等面额与发行价格可能不一致，因此，在对这些有价证券的实际发行价格、利（股）息等按照会计账簿余额进行交接的同时，应当对上述有价证券的数量（如张数等）也按有关会计账簿记录点交清楚；所有会计资料必须完整无缺，如有短缺，必须查明原因，并在移交清册中注明，由移交人负责；银行存款账户余额要与银行对账单核对，各种财产物资和债权债务的明细账户余额要与总账有关账户余额核对，核对清楚后，才能交接；移交人员经管的票据、印章及其他会计用品等，也必须交接清楚。特别是实行会计电算化的单位，对有关电子数据应当在电子计算机上进行实际操作，以检查电子数据的运行和有关数字的情况。交接工作结束后，交接双方和监交人要在移交清册上签名或者盖章，以明确责任；同时，移交清册由交接双方以及单位各执 1 份，以供备查。

（4）专人负责监交。在办理会计工作交接手续时，要有专人负责监交，以保证交接工作的顺利进行。一般会计人员办理交接手续，由单位的会计机构负责人、会计主管人员负责监交；会计机构负责人、会计主管人员办理交接手续，由单位负责人负责监交，必要时可由上级主管部门派人会同监交。必要时由上级主管部门派人会同监交是指交接双方需要上级主管单位监交或者上级主管单位认为需要参与监交。通常有 3 种情况：一是所属单位负责人不能监交，需要由上级主管单位派人代表主管单位监交的，如因单位撤并而办理交接手续等；二是所属单位负责人不能尽快监交，需要由上级主管单位派人督促监交的，如上级主管单位责成所属单位撤换不合格的会计机构负责人、会计主管人员，所属单位负责人以种种借口拖延不办理交接手续时，上级主管单位就应派人督促会同监交等；三是不宜由所属单位负责人单独监交，而需要上级主管单位会同监交的，如所属单位负责人与办理交接手续的会计机构负责人、会计主管人员有矛盾，交接时需要上级主管单位派人会同监交，以防可能发生单位负责人借机刁难等情况。此外，上级主管单位认为交接中存在某种问题需要派人监交的，也可以派人会同监交。

（5）临时工作交接。对于会计人员临时离职或者因病暂时不能工作而需要有人接替或者代理工作的，也应当按照规定办理交接手续。同样，临时离职或者因病暂时离岗的会计人员恢复工作的，也要与临时接替或者代理人员办理交接手续，目的是保持会计工作的连续和分清责任。对于移交人员因病或者其他特殊原因不能亲自办理移交的，在这种情况下，经单位负责人批准，可以由移交人员委托他人代办移交手续，但委托人应当对所移交的会计工作和相关资料承担责任，不得借口委托他人代办交接而推脱责任。

（6）移交后的责任。移交人员对自己经办且已经移交的会计资料的合法性、真实性，要承担法律责任，不能因为会计资料已经移交而推脱责任。

五、会计档案管理

会计档案是指会计凭证、会计账簿和财务报表等会计核算专业材料。它是记录和反映经济业务的重要史料和证据，充分利用会计档案资料，具有便于总结工作经验、指导经营管理、查证经济财务问题、防止贪污舞弊等重要作用。因此，各单位必须加强对会计档案的管理工作，建立和健全会计档案的立卷、归档、保管、调阅和销毁等管理制度，切实地把会计档案管好。

《会计法》第二十三条规定：“各单位对会计凭证、会计账簿、财务会计报告和其他会计资料应当建立档案，妥善保管。会计档案的保管期限和销毁办法，由国务院财政部门会同有关部门制定。”这是对会计档案管理的规定。

为加强我国会计档案的科学管理，统一全国会计档案工作制度，《会计法》从原则上规定了会计档案的范围、保管、销毁等问题，从而将会计档案管理问题纳入法制化轨道。各单位应当按照规定，加强对会计档案的管理。如果不按规定管理会计档案，致使会计档案毁损、消失的，就是违法行为，应当承担法律责任。

会计档案管理是一项技术性、政策性很强的工作，为此，《会计法》授权国务院财政部门会同有关部门制定有关会计档案的保管期限、销毁办法等管理规定。财政部和国家档案局在总结会计档案管理经验和教训的基础上，根据经济发展和会计改革的要求，于1998年修订了《会计档案管理办法》，对会计档案的立卷、归档、保管、调阅和销毁，及单位变更后的会计档案管理等问题作出了更加明确的规定。《会计档案管理办法》的规定可以归纳为如下几点：

（1）会计档案应当妥善保管。会计档案由单位会计机构负责整理立卷归档，并保管1年期满后移交单位的会计档案管理机构，没有专门档案管理机构的单位应由会计机构指定专人继续保管；单位会计档案不得外借，遇有特殊情况，经本单位负责人批准可以提供查阅或者复制原件。

（2）会计档案应当分期保管。会计档案保管期限分为永久和定期两类。定期保管期限分为3年、5年、10年、15年和25年5类，保管期限从会计年度终了后第一天算起。

（3）会计档案应当按规定程序销毁。对于保管期满的会计档案，需要销毁时，应由单位档案管理机构提出销毁意见，会同会计机构共同鉴定，严格审查，编造销毁清册，报单位负责人批准后，由单位档案管理机构和会计机构共同派员监销；保管期满但未结清的债权债务原始凭证及其他未了事项的原始凭证，不得销毁，应当单独抽出立卷，保管到未了事项完结时为止；建设单位在建期间的会计档案，不得销毁。企业会计和建设单位会计档案保管期限如下表所示。

企业会计和建设单位会计档案保管期限表

顺序	档案名称	保管期限	备注
	一、会计凭证类		
1	原始凭证、记账凭证和汇总凭证	15年	
	其中涉及外事和对私改造的会计凭证	永久	
	二、会计账簿类		
2	日记账	15年	
	其中：现金和银行存款日记账	25年	
3	明细账	15年	
4	总账	15年	包括日记总账
5	固定资产卡片		固定资产报废清理后保存5年
6	辅助账户	15年	
7	涉及外事和对私改造的账	永久	
	三、会计报表类		包括各级主管部门的汇总会计报表
8	主要财务指标快报	3年	包括文字分析

（续上表）

顺序	档案名称	保管期限	备注
9	月、季度会计报表	5年	包括文字分析
10	年度会计报表（决算）	永久	包括文字分析
	四、其他类		
11	会计移交清册	15年	
12	会计档案保管清册	25年	
13	会计档案销毁清册	25年	

复习思考题

1. 企业会计机构一般应怎样设置？

2. 我国《会计法》规定，谁对本单位的会计工作和会计资料的真实性、完整性负责？为什么？

3. 如何分清单位负责人、会计机构负责人（会计主管人员）对企业会计工作的责任？

4. 担任企业会计机构负责人（会计主管人员）的条件是什么？

5. 会计人员职业道德的基本内容有哪些？

6. 我国会计工作的主管部门是哪个部门？

7. 我国会计资料的保管规定是怎样的？

8. 我国会计专业技术职称的层次是怎样的？

9. 我国会计法规体系是怎样的？各层次的法规分别由谁制定？

10. 会计人员的回避制度是什么？

主要名词

会计机构　会计职业道德　会计人员　单位负责人　会计机构负责人　会计档案　会计工作管理体制　会计回避制度　会计技术职称

参考文献

1. 郭道扬．会计史教程．北京：中国财政经济出版社，1999

2. 文硕．西方会计史．北京：中国商业出版社，1987

3. 王海民，杨进，刘韬．会计发展概论．西安：陕西科学技术出版社，1988

4. 罗绍德，蒋训练．初级财务会计学．成都：西南财经大学出版社，2001

5. 广东省财政厅会计人员继续教育教材编委会．会计职业道德．广州：暨南大学出版社，2003

6. 中华人民共和国财政部．企业会计准则．北京：经济科学出版社，2006

7. 财政部会计司编写组．企业会计准则讲解．北京：人民出版社，2007

8. 中华人民共和国财政部．企业会计准则——应用指南．北京：中国财政经济出版社，2006